Dedicated to my parents, Mr. Mou and Ms. Yu,
along with William P. Alford and Carol S. Steiker,
whose love and support have inspired me to explore the world.

本书是 2020 年度教育部人文社科科学研究青年基金项目
（20YJC820035） 的成果

崇明中青年刑事法文库·第二辑

吴宏耀　主编

The Pluralistic Structure
of Criminal Appeal System

刑事上诉制度的多元构造

牟绿叶　著

中国政法大学出版社

2024·北京

声　明　1. 版权所有，侵权必究。
　　　　 2. 如有缺页、倒装问题，由出版社负责退换。

图书在版编目（CIP）数据

刑事上诉制度的多元构造 / 牟绿叶著. -- 北京：中国政法大学出版社, 2024. 8. -- ISBN 978-7-5764-1756-2

Ⅰ. D925.218.24

中国国家版本馆 CIP 数据核字第 2024RB5422 号

书　名	刑事上诉制度的多元构造 XINGSHI SHANGSU ZHIDU DE DUOYUAN GOUZAO
出版者	中国政法大学出版社
地　址	北京市海淀区西土城路 25 号
邮　箱	bianjishi07public@163.com
网　址	http://www.cuplpress.com（网络实名：中国政法大学出版社）
电　话	010-58908466(第七编辑部) 010-58908334(邮购部)
承　印	固安华明印业有限公司
开　本	720mm×960mm　1/16
印　张	16.75
字　数	226 千字
版　次	2024 年 8 月第 1 版
印　次	2024 年 8 月第 1 次印刷
定　价	75.00 元

序　言

本书主题是刑事上诉制度，具体篇章围绕二审程序展开，但不囿于"二审"，亦涵盖对再审程序和整个审级制度的分析和讨论。鉴于案件的第一审管辖、犯罪轻重的定性、上诉权的性质等议题必然受到刑法和刑事政策的影响，任何刑事程序法的基础理论均应回溯到刑法和刑罚、刑事证据和刑事政策的核心命题。[1]因此，本书以"制度"而非"程序"命题，彰显对刑罚目的、犯罪性质和政策边界等相关议题的关注。整个上诉制度是一套原则、规则、机构的集合体，其背后蕴含一以贯之的价值和理念，"构造"一词表明本书不仅旨在具体规范的建构，更致力于勾勒一种以价值和观念为导向的观察视角、思维方式和分析框架。纵使无法悉数涵盖上诉和审级的所有议题，但却足以将核心议题纳入多元化、立体化、精细化的构造之中，用规范和实践论证抽象结构，并在抽象结构具体化的过程中探索制度演进的方向，促成价值、规范、实践、结构和行为主体之间的相互形塑和联袂互动。是以，定题为：刑事上诉制度的多元构造。

本书写作的直接目的在于"填空"，即充实刑事上诉权的传统见解，填补单一上诉制度的研究空白。近年来，我国在刑事司法领域围绕"以审判为中心"、认罪认罚从宽制度、非法证据排除规则、监察制度和人民陪审员制度等主题持续进行改革和探索，刑事第一审程序在审理程序、审判对象、审判组织等方面呈现出多元化发展趋势。行文布局和章节写作遵循第一审程序和第

---

[1] See R. A. Duff, *Answering for Crime: Responsibility and Liability in the Criminal Law*, Oxford: Hart Publishing, 2009, pp. 8-9.

二审程序之间"审级联动"的思路，不仅研究上诉理由审核制、上诉审模式、中间上诉、禁止不利益变更原则等具体问题，更要据此概括刑事上诉的类型和结构。具体议题的观察、描述和剖析可以为搭建多元上诉结构提供案例、论据和支撑，宏观框架的勾勒则可以厘清具体议题背后的"公约数"，即镶嵌在多元结构之中、体现于具体制度之上的价值、原理和政策。此处受教于大卫·葛兰（David Garland）之"结构类型方法论"，攀附、模仿和思齐之意毋庸讳言。

传统研究和法律规范的空白促使作者持续观察和阅读。我国1979年《刑事诉讼法》[1]确立的上诉制度至今未发生实质变化。被告人只要对一审裁决不服，就有权提起上诉，对被告人的上诉权，不得以任何借口加以剥夺。然而，当前第一审程序和第二审程序之间不再是"一对一"的单轨关系，1979年的立法者无法预测诉讼对象、一审程序、认罪认罚等因素牵引第一审程序的形态演进，而当下二审程序仍保持单一建构、重复听审、效果难测的状态，越发难以回应第一审程序多样化、复杂化带来的需求和挑战。本书将着眼于1979年以降四十余年的时间跨度，以纵向视角划定一个历史基点、展开一段叙事脉络。

20世纪90年代以降，比较法的译介蔚为大观。庆幸抑或不幸，上诉制度未被卷入彼时潮流。二十余年的经验显示并印证，纵使改革者试图尽可能地借鉴一个法律理念、模仿一套规范制度，由于主体、结构、制度设计、激励机制等因素，移植的法律制度在继受法国度仍可能发生变异。[2]在刑事诉讼领域，由于移植的"碎片化"、有限性，移植后的制度与既有制度之间也未能形成有效协调，制度整体的系统化不足。[3]制度变异的风险导致出现切勿过度依赖比较法的警告。"比较，而非照搬移植；谨慎，而非投鼠忌器。"本书

---

〔1〕 为行为方便，本书中涉及的我国法律法规直接使用简称，例如《中华人民共和国刑事诉讼法》简称《刑事诉讼法》，全书统一，不再一一说明。

〔2〕 Máximo Langer, "From Legal Transplant to Legal Translations: The Globalization of Plea Bargaining and the Americanization Thesis in Criminal Procedure", *Harvard International Law Journal*, Vol. 45, 2004, p. 31.

〔3〕 左卫民："当代中国刑事诉讼法律移植：经验与思考"，载《中外法学》2012年第6期。

秉持"中国的问题、世界的眼光",[1]从比较法中寻求解决本土问题的思路,不是粗糙、破碎、拼图式的制度移植,而是努力提供一套面向中国读者、回应中国问题的体系性思路、选项和方案。

历史叙事和比较思维之目的在于拓宽视野、更新知识、改变观念。若仅囿于我国刑事诉讼的制定法变迁,则倾向于认定上诉权的绝对性,进而抵制任何削弱"绝对权"的对话和改革。四十年历程可说较长,但在人类法治进程中略短。"人们经常存在一个致命的惯性思维,即以当下现实看作历史发展的终点,常以时代'弄潮儿'的姿态认为我们熟知的一切从未改变,认为今天即是历史发展的新纪元。"[2]一百余年前,英国在1907年颁布法案建立刑事上诉制度,距1689年《权利法案》的颁布已有两百一十八年。当今世界,唯有南非等几个国家将上诉权写入宪法,其根本无法与生命、自由等基本权利相提并论,纵使基本权利亦可基于更高的价值目标而予以适当限制。既然上诉权不是基本权利,也就不存在"限制不得""变动不得"的观念、学理或制度层面的障碍。因此,何不暂且放下执念,听我絮叨本书的内容概要。

本书标题"刑事上诉制度的多元构造"亦是贯穿始终的理论红线和核心命题。通过观察我国刑事司法改革的理论、规范、实务,各个章节旨在剖析立法问题、评估改革实效、总结实务经验、启发探索思考,致力于拓展上诉权的基础理论、证成上诉制度的内在逻辑、筹谋审级制度的完善思路。各章内容分为三大部分:

第一,我国刑事上诉制度的发展趋势和上诉理由审核制之提出。十余年来,刑事实体法和程序法发生了深刻变革,刑法体现出明显的扩张趋势,刑事程序领域正在深入推进"以审判为中心"和认罪认罚从宽制度的改革,同时探索具有中国特色的轻罪诉讼体系。然而,上诉权和上诉制度的研究和改革相对滞后。在"案多人少"的矛盾日益突出、犯罪范围和刑罚结构不断调整、刑事诉讼体系日益多元化之际,第一章将重新检视上诉权和上诉制度,

---

[1] 陈瑞华:"徘徊于问题与主义之间",载《读书》2004年第1期。

[2] See David Garland, *The Culture of Control: Crime and Social Order in Contemporary Society*, Chicago: The University of Chicago Press, 2001, p.22.

既是回应社会生活和刑事司法领域中的深刻变革，也是为后续篇章提供一套理论工具和分析框架。

世界主要国家和国际公约为保障被告人的上诉权，分别确立了权利型上诉（right to appeal）或裁量型上诉（discretionary appeal）。[1] 我国自1979年《刑事诉讼法》颁布实施以来，历来坚持的是权利型上诉。本质上，上诉权要求国家保障被告人获得上一级法院听审的机会，两种上诉权的制度表达形式都体现了保障上诉机会的要求。作为第二章的核心概念，上诉理由审核制是裁量型上诉的重要特征，它体现了被告人之申请权和法院之决定权的分离。裁量型上诉既能确保被告人有机会获得上诉救济，也有助于防止滥行上诉、控制案件数量、维护第一审程序的中心地位。第二章围绕理论和实践的分析表明，确立裁量型上诉和上诉理由审核制具有正当性、必要性和可行性。

第二，"审级联动"视角下刑事上诉制度多元化发展的具体形态。第三章以认罪认罚从宽制度和速裁程序改革为对象初步探索二元上诉结构。实务中，很多认罪认罚的被告人以量刑过重为由提起"空白上诉"。为了规范被告人合理行使上诉权，保障认罪认罚从宽制度的效率价值，二元上诉结构提出，在速裁程序中引入裁量型上诉和上诉理由审核制，在普通程序和简易程序中沿用2018年《刑事诉讼法》第227条规定的权利型上诉。在裁量型上诉中，被告人应首先向二审法院申请上诉，法院认为具有合理理由并符合上诉条件的，才能启动二审程序。由于上诉理由审核制限制了上诉权，我们应在法官告知义务、律师有效辩护和检察官抗诉等方面额外关照被告人权利。

第四章讨论人民陪审员制度和"双轨制"上诉审模式。在"以审判为中心"和人民陪审员制度的改革中，刑事案件第一审程序的审理对象、审理程序和裁判主体呈现多元化的发展趋势。为保障第一审程序的中心地位并实现《人民陪审员法》的立法目标，二审程序应在当前复审制的单一轨道外，引入事后审查制，要求二审法院尊重陪审员参与所作之一审判决，仅审查原判决是否"妥当"，同时允许被告方在例外情形中提交新证据。相应地，我国可以

---

[1] See Liz Campbell, Andrew Ashworth & Mike Redmayne, *The Criminal Process*, 5th ed., Oxford: Oxford University Press, 2019, chapter 12.

在七人合议庭的案件中率先试点事后审查制,在三人合议庭的案件中维持复审制,探索"双轨制"的上诉审模式。

第五章关注非法证据排除程序的中间上诉。英美两国设有中间上诉来审查证据的可采性问题。中间上诉有助于及时纠正错误的证据裁定,节省司法资源,并保障最终裁判结果的准确性。中间上诉基本采用裁量型上诉和上诉理由审核制,并设置严格的上诉条件,以此控制上诉数量并提高上诉审查的质量。法院经中间上诉所作的裁决应具有终局效力。研判中间上诉的制度功能,详述上诉程序的具体建构,能够凸显"尽早发现、尽早排除"非法证据的重要意义。非法证据排除程序的中间上诉对刑事诉讼中的其他程序性问题亦具参考意义。

第六章聚焦于职务犯罪案件中的认罪认罚从宽制度,是遵循第一审和第二审程序之间"审级联动"思路,以二审上诉视角剖析问题的"类案"分析。在职务犯罪的调查中,"认罪认罚"和"从宽处罚"是一种单向度的关系,监察机关有权决定是否提出从宽处罚的建议,律师无法介入监察调查并提供法律帮助,检察机关也不能进行有效的法律监督。这些规范缺陷导致下游程序出现了"三高"或"一高"现象,最明显的是认罪认罚的职务犯罪案件的上诉率明显高于所有认罪认罚案件的平均上诉率。从"审级联动"视角来看,监察调查处于整个刑事程序的上游,为防止调查阶段出现违法行为,并确保认罪认罚的自愿性、合法性和真实性,以及供述的真实性和全案事实认定的准确性,有必要在告知义务、律师帮助、监督机制等方面,对职务犯罪调查中的认罪认罚从宽制度予以完善。

第三,"多元多轨"的上诉结构以及"金字塔型"的审级构造。在前六章建构起多元上诉结构的基础上,第七章围绕2019年余金平交通肇事案展开"个案"分析。本案引发了对上诉不加刑原则或禁止不利益变更原则的探讨。表面上,禁止不利益变更原则仅涉及二审法院量刑裁量的权限问题,但在刑法修订和犯罪法律后果多元化的背景下,禁止不利益变更原则的确立、适用和完善不仅有助于我们反思第一审裁判和第二审上诉之间的关系,更会对第二审、死刑复核审甚至再审程序提出新的挑战和要求。更重要的是,禁止不利益变更原则是整个上诉制度的一部分,我们应从上诉理由审核制、一部上诉制度和有限量刑审查等方面予以综合研议,这对上诉制度的完善具有整体性、实质性的推动作用。

第八章总结"多元多轨"的上诉结构并对未来制度完善提供若干思路。要言之,我国应综合考虑案件类型、刑罚轻重、认罪与否、一审程序等因素以及二审程序的价值功能和政策导向,探索建构多元多轨的上诉结构,在上诉阶段进一步推进案件的繁简分流和司法资源的优化配置。末章之后附有英国处理有罪答辩案件的上诉程序,表明作者近年来的学术旨趣,即适度区分"英""美",深度对比观察,交一份有品质的比较法答卷。

本书无意"塞满塞好"上诉的所有内容,亦非将公正、权利、效率等价值理念盲目灌注多元结构之中,避免结构分析沦为纯粹的抽象思辨和理论模型,防止它们成为预先设定的、唯一的、不容置疑的红线,终了反而固化思维并有碍实践。作者青睐以框架和结构为导向,坦然承认上诉制度承载多元价值,价值之间亦有协力、竞争和冲突,也不可避免地受到政策的渗透和影响,呈现出一定的不确定性和开放性。[1]面对不确定性,"我们需要的是真正的好奇而不是简单的信条,真诚的求真而不是懒惰的接纳,系统的探讨而不是时髦的答案"。[2]唯有洞察历史脉络和发展趋势,方能将抽象的规范目的和分析框架转化为扎根本土实践、回应现实问题、契合未来方向的制度表达。如此,才不负上诉制度兼顾"个案救济"和"通案救济"之使命。

回首全书篇章,大部分议题是在现行两审终审制的框架下展开讨论。作者唯憧憬的是,沿着当前改革方向继续推进审级制度的多元化、精细化发展,以实质化的第一审为坚实基础,探索建构二元或多元化的二审上诉程序,并在适时进行刑事第三审的理论研议和试点探索,逐步形塑"第一审是中心,第二审侧重救济,第三审严格法律审"的"金字塔型"审级构造。如此,才不负本书"刑事上诉制度"而非"刑事二审程序"之立意。

法学,作为一门社会学科,不宜一味追逐自然科学那般凸显预测性的因

---

[1] 参见黄舒芃:《什么是法释义学?以二次战后德国宪法释义学的发展为借镜》,台湾大学出版中心2020年版,第220—221页。

[2] [美]黄宗智:《实践与理论:中国社会、经济与法律的历史与现实研究》,法律出版社2015年版,第360页。

果解释理论,而应关注当今时代和当下社会的现实和问题,启发对于价值、权力、政策等宏大议题的思考和争鸣。[1]刑事上诉制度的结构分析并非止步于"刑事""上诉"或"结构"的唯一正解,而是映射观念更新、社会变迁、制度演进、法治进步的一段沟通叙事,期待为"理解当下、研议未来"提供些许智力支持。如此,不负刑事法"追逐正义,不舍爱与自由"之天性。

牟绿叶

2024 年盛夏,葳蕤之江

---

[1] Bent Flyvbjerg, *Making Social Science Matter: Why Social Inquiry Fails and How it Can Succeed Again*, New York: Cambridge University Press, 2001, p. 166.

目　录

序　言 ... 001

第一章
刑事上诉制度的多元化发展趋势 ... 001

第一节　四十年来刑事上诉制度的变与不变 ... 001
第二节　比较法视野下上诉权的制度保障 ... 008
第三节　上诉权的本质和制度建构的影响因素 ... 014

第二章
上诉理由审核制及其中国化 ... 022

第一节　上诉权的两种形式：权利型上诉和裁量型上诉 ... 022
第二节　上诉理由审核制之确立 ... 026
第三节　上诉理由审核制的理论依据和制度表达 ... 037

第三章
认罪认罚案件的二审程序 ... 045

第一节　认罪认罚案件二审程序的重要性 ... 046
第二节　认罪认罚案件的二元上诉结构 ... 051

第三节　认罪认罚案件的上诉理由　055
第四节　二审法院的审查和处理　066

第四章
人民陪审员参与刑事审判的上诉审构造　072

第一节　我国刑事上诉审的构造及其反思　073
第二节　民众参与刑事审判的上诉审构造模式　079
第三节　我国"双轨制"上诉审查模式的建构路径　090

第五章
非法证据排除的中间上诉程序　101

第一节　英美的中间上诉及其制度土壤　101
第三节　中间上诉制度的基本要素　110
第三节　中间上诉制度的借鉴意义　127

第六章
从二审视角透视职务犯罪案件中认罪认罚从宽制度的缺陷和完善　131

第一节　以"审级联动"视角检视认罪认罚的职务犯罪案件　131
第二节　职务犯罪案件调查阶段认罪认罚的制度缺陷　133
第三节　制度缺陷的表现："三高"和"一高"现象的定性
　　　　描述和定量分析　138
第四节　制度完善的初步思路　143

第七章
禁止不利益变更原则及其中国化　151

第一节　研究禁止不利益变更原则的必要性　151

第二节　上诉不加刑原则在理论和实务层面的问题　　154
第三节　确立禁止不利益变更原则之必要性　　161
第四节　"不利益"的判断标准及其适用　　174
第五节　禁止不利益变更原则和上诉制度的互动和完善　　183

第八章
多元上诉结构的规范建构路径　　190

第一节　多元上诉结构的初步完善思路　　191
第二节　多元上诉结构的长远建构图景　　192

附　录　　196

附录一　英国有罪答辩案件的上诉程序　　196
附录二　我国相关法律法规及司法解释　　211

参考文献　　236

第一章
刑事上诉制度的多元化发展趋势

第一节 四十年来我国刑事上诉制度的变与不变

我国1979年《刑事诉讼法》确立的上诉制度至今未发生实质变化。被告人只要对一审裁决不服，就有权提起上诉，对被告人的上诉权，不得以任何借口加以剥夺。四十余年来，我国刑事实体法和程序法领域均发生了深刻变革，尤其是在最近十余年，刑法体现出明显的扩张趋势，刑事诉讼正在推进"以审判为中心"和认罪认罚从宽制度的改革，同时也在探索建构中国特色的轻罪诉讼体系。然而，上诉权和二审程序的研究和改革相对滞后。在"案多人少"的矛盾日益突出、犯罪范围和刑罚结构不断调整、刑事诉讼体系多元化发展的背景下，有必要重新检视上诉制度以回应改革开放四十余年来刑事司法领域中的深刻变革。

在1997年至2012年两次修订刑事诉讼法的年份之间，一审收案数稳步上升，2013年以来更是出现了大幅增长。二十年间，二审收案数的增长趋势和一审收案数基本一致。（图1-1）

近年来案件数量增长的一个重要原因是刑法的扩张。随着刑法积极参与社会治理，刑法修正案（八）和（九）共增27个新罪，占过去20年新增犯罪总数（61个）的44%，体现出明显的犯罪化趋势。[1]伴随着犯罪门槛降低和轻罪条款扩张，犯罪数量的整体增加成为不言自明的结论。[2]以"醉驾入

---

[1] 时延安："犯罪化与惩罚体系的完善"，载《中国社会科学》2018年第10期。
[2] 何荣功："我国轻罪立法的体系思考"，载《中外法学》2018年第5期。

刑"为例，2019年上半年危险驾驶罪的案件审结数量已超越盗窃罪，成为第一大类犯罪。[1]西方学者在研究上诉制度时发现，犯罪率和犯罪范围都是关键的变量，犯罪越多，为一审程序提供的案件就越多，最终也会导致上诉率的提高。[2]在我国，轻罪的增加同样导致进入刑事程序的案件数量逐年增加。如果一国的出罪机制有限，一审案件的剧增会增加二审法院的负担；若在刑罚结构上还存在"轻罪重刑"的问题，会更加刺激上诉。[3]

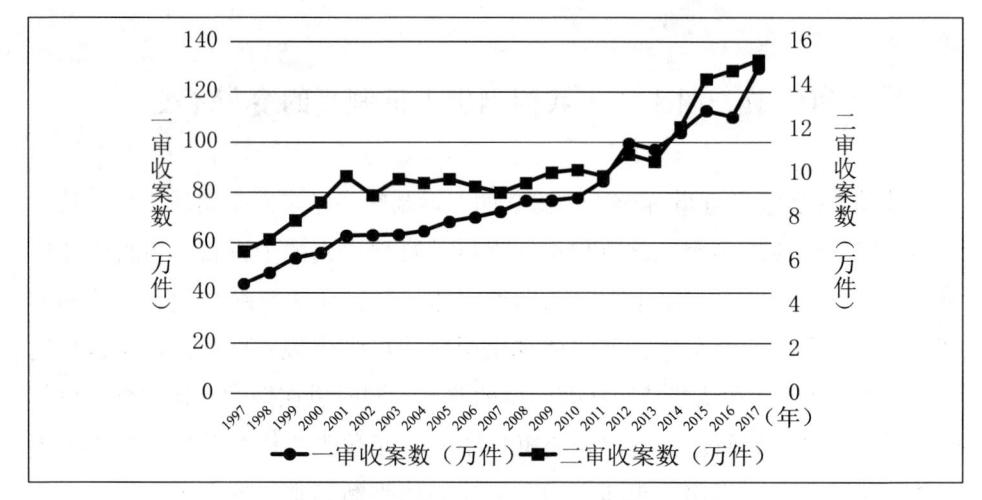

图1-1 1997年至2017年法院刑事一审、二审收案数[4]

刑事上诉制度的研究应结合刑事第一审程序多元化、精细化的发展趋势。在量刑规范化改革和非法证据排除规则施行后，我国刑事第一审程序的裁判对象被细化为定罪、量刑和程序合法性问题。[5]2018年《刑事诉讼法》修正

---

[1] 参见孙航："最高人民法院发布2019年第一季度审判执行工作数据"，载《人民法院报》2019年5月16日，第4版。

[2] See Thomas Marvell, "Is There an Appeal from the Caseload Deluge", *The Judges' Journal*, Vol. 24, 1985, p. 52.

[3] 关于轻罪重刑及其对刑事司法的影响，参见陈兴良："犯罪范围的扩张与刑罚结构的调整——《刑法修正案（九）》述评"，载《法律科学（西北政法大学学报）》2016年第4期；[德]贝恩德·许乃曼："公正程序（公正审判）与刑事诉讼中的协商（辩诉交易）"，刘昶译，载陈光中主编：《公正审判与认罪协商》，法律出版社2018年版，第31-32页。

[4] 数据来源于《中国法律年鉴（1997年—2017年）》。

[5] 参见陈瑞华："刑事司法裁判的三种形态"，载《中外法学》2012年第6期。

后，一审程序形成了普通程序、简易程序和速裁程序的三级"递减"格局。[1]然而，目前的上诉程序和审级制度应对多样、复杂问题的方式较为单一，难以满足司法实践对公正与效率的多元需求，尤其是难以解决案件数量骤增和司法资源有限之间的矛盾。[2]二审程序轻易、频繁地启动，有损一审裁决之权威性和终局性；二审法院在受理案件时不分案件性质对之平均用力，无法实现轻重分离、快慢分道的改革目标。因此，本章首先描述第一审程序的多元化对第二审程序带来的变化和挑战。这主要体现在以下三个方面：

一、认罪认罚从宽制度和速裁程序

2016年"两高三部"颁布了《关于在部分地区开展刑事案件认罪认罚从宽制度试点工作的办法》（以下简称《认罪认罚从宽制度试点办法》），正式启动了试点改革，2018年《刑事诉讼法》修正案总结了认罪认罚从宽制度、速裁程序试点的工作经验，将试点中行之有效的做法补充进了《刑事诉讼法》。2019年10月，"两高三部"正式颁布《关于适用认罪认罚从宽制度的指导意见》，但《认罪认罚从宽制度试点办法》《刑事诉讼法》和《关于适用认罪认罚从宽制度的指导意见》都没有关注认罪认罚案件二审程序的特殊性，实务中的做法仍是参照普通案件的二审程序。各地的统计数据显示认罪认罚案件的上诉率不高，最高人民法院在试点改革的中期报告中指出，被告人上诉率仅为3.6%。[3]2020年前后，最高人民检察院的数据统计亦显示："被告人认罪服法成为常态，认罪认罚案件一审后上诉率仅为3.9%。"[4]然而，在这些案件中，被告人经常没有任何新的证据或理由，仅以量刑过重为由提起"空白上诉"，其目的是利用上诉不加刑原则来延长诉讼周期，从而留在看守

---

[1] 参见魏晓娜："完善认罪认罚从宽制度：中国语境下的关键词展开"，载《法学研究》2016年第4期。

[2] 参见郭松："被追诉人的权利处分：基础规范与制度构建"，载《法学研究》2019年第1期。

[3] 周强："关于在部分地区开展刑事案件认罪认罚从宽制度试点工作情况的中期报告：——2017年12月23日在第十二届全国人民代表大会常务委员会第三十一次会议上"，载《人民法院报》2017年12月24日，第1-2版。

[4] 张军："认罪认罚从宽：刑事司法与犯罪治理'中国方案'"，载《人民论坛》2020年第30期。

所服刑，逃避参加监狱劳动。[1]在适用速裁程序审理的案件中，平均每起案件一审用时7天，被告人提起"空白上诉"后，二审审理周期却长达2个月。[2]没有限制条件的二审程序严重影响了认罪认罚从宽制度的效率价值。

学者和实务人员就保障或限制上诉权存在争议。代表性的观点指出，上诉权是被告人享有的一项基本权利，不能予以剥夺或限制。[3]同时，陈光中教授和熊秋红教授等人提出建立上诉审查程序，赋予被告人有条件的上诉权，[4]孙长永教授认为可以限制认罪认罚被告人的上诉权，[5]谢小剑教授则提出了"以简化二审程序以应对滥用量刑上诉权"的方案。[6]进一步说，从整个学术研究的脉络来看，我国刑事二审程序和审级制度的重要著作发表至今已十余年，它们集中关注二审程序的功能和构造，包括上诉理由、审理范围、审理方式等议题。[7]这些为反思当前改革作了铺垫，但没有跟进十余年来刑事司法改革的最新动态，无法有效回应案件剧增、刑法扩张和认罪认罚从宽制度等重大改革举措带来的挑战。

二、人民陪审员制度和上诉审模式的探索

2018年《人民陪审员法》的颁布施行赋予了"以审判为中心"改革新的

---

[1] 参见许聪、何晓慧："从刑事速裁到认罪认罚从宽——福建法院刑事诉讼改革调查（上）"，载《人民法院报》2017年7月7日，第1版；赵树坤、徐艳霞："认罪认罚从宽制中的'技术性上诉'"，载《中国社会科学报》2018年7月11日，第5版。

[2] 颜世征、张楚昊："认罪认罚案件被告人上诉应对机制"，载《人民检察》2017年第15期。

[3] 参见朱孝清："认罪认罚从宽制度中的几个理论问题"，载《法学杂志》2017年第9期；最高人民法院刑一庭课题组："关于刑事案件速裁程序试点若干问题的思考"，载《法律适用》2016年第4期；张薇、李磊："认罪认罚从宽案件上诉权的限定问题"，载《人民法院报》2018年7月19日，第7版。

[4] 陈光中、马康："认罪认罚从宽制度若干重要问题探讨"，载《法学》2016年第8期；熊秋红："认罪认罚从宽的理论审视与制度完善"，载《法学》2016年第10期。

[5] 参见孙长永："比较法视野下认罪认罚案件被告人的上诉权"，载《比较法研究》2019年第3期。

[6] 谢小剑："认罪认罚从宽案件中以抗诉应对量刑上诉之质疑"，载《环球法律评论》2023年第2期。

[7] 参见顾永忠：《刑事上诉程序研究》，中国人民公安大学出版社2003年版；王超：《刑事上诉制度的功能与构造》，中国人民公安大学出版社2008年版；陈光中主编：《中国刑事二审程序改革之研究》，北京大学出版社2011年版；易延友："我国刑事审级制度的建构与反思"，载《法学研究》2009年第3期；林喜芬："我国刑事审级制度功能考辩与变迁改良"，载《东方法学》2009年第5期；孙远："论刑事上诉审构造"，载《法学家》2012年第4期。

内涵。为实现人民陪审员参与司法的目标并落实庭审实质化的要求，应改变法庭依据案卷材料作出判决的做法，让人民陪审员通过当庭的证据调查活动来形成内心确信。[1]唯我国没有确立"起诉状一本主义"，未能阻隔公安和检察机关在审前收集的信息进入法庭审判，2019年《最高人民法院关于适用〈人民陪审员法〉若干问题的解释》第8条也规定，法院应当在开庭前为陪审员阅卷提供便利条件。实务中，人民陪审员几乎不会在开庭前专程阅卷，只是在开庭前间隙翻翻案卷。[2]而且，对于案情复杂、影响重大或可能判处重刑的案件，人民陪审员即使在庭前阅卷，也难以全面、准确地把握案情和争议问题。因此，在确立人民陪审员制度后，应割断侦查和起诉信息进入审判程序的通道，以实现陪审员实质参与庭审。[3]

《人民陪审员法》带来了新的法庭组成及其职权配置形式。依照2018年《刑事诉讼法》第183条和《人民陪审员法》第21条、第22条的规定，地方各级人民法院审判第一审案件，可以由审判员和人民陪审员共三人或者七人组成合议庭。在三人合议庭中，人民陪审员有权对事实认定、法律适用，独立发表意见，行使表决权；人民陪审员参加七人合议庭审判案件，对事实认定，独立发表意见，并与法官共同表决；对法律适用，可以发表意见，但不参加表决。然而，无论是三人还是七人合议庭，抑或一审程序是否贯彻了庭审实质化的要求，一审判决后，二审程序的立法和实务与其他案件没有区别。只要被告人不服一审判决，二审法院都应启动二审程序，不区分有争议或无争议问题，一律进行全面审查。这种重复审理的效果值得商榷，[4]但可以肯定的是，重复审理相当耗费司法资源，而且不利于保障人民陪审员参与所作之判决的权威性以及第一审程序的中心地位。

---

[1] 有关德国是否允许陪审员接触案卷材料以及我国实务的相关分析，参见黄河："裁判者的认知与刑事卷宗的利用——直接审理原则的展开"，载《当代法学》2019年第5期。

[2] 参见刘方勇、廖永安："我国人民陪审员制度运行实证研究——以中部某县级市为分析样本"，载《法学家》2016年第4期。

[3] 参见魏晓娜："人民陪审员制度改革：框架内外的思考"，载《内蒙古社会科学》2020年第3期。

[4] 参见易延友："我国刑事审级制度的建构与反思"，载《法学研究》2009年第3期；魏晓娜："以审判为中心的刑事诉讼制度改革"，载《法学研究》2015年第4期；牟绿叶："我国刑事上诉制度多元化的建构路径——以认罪认罚案件为切入点"，载《法学研究》2020年第2期。

以人民陪审员制度改革为契机，我们应重新审视刑事二审程序改革的必要性和复杂性。一般而言，上诉制度具有"个案救济"和"通案救济"两大功能，既要在个案中纠正错误、保障权利，也要发挥维护法律统一实施的功能，并在现行法体系出现漏洞时，通过解释法律和个案裁判来实现"法的续造"。"以审判为中心"的改革注重的是一审程序的中心地位，二审处于程序下游，其重要性尚未受到应有之重视。从技术层面看，二审程序涉及审查范围、审理方式、法院处理等议题，对此，我国学者在十余年前已有详细研究。[1]然而，上诉制度的改革绝不是一个可以和整个刑事程序割裂开来独自讨论的课题，上诉审的模式建构应建立在第一审程序的基础上，涵盖上诉的功能、与第一审的关系、司法资源的配置等诸多问题。因此，如何选择上诉审构造的模式，使其既不会造成二审法院负担过重，又能兼顾"个案救济"和"通案救济"两大功能，其实与第一审采行的诉讼程序和证据法则有紧密关系。人民陪审员制度的改革探索促使我们反思当前二审程序单一的复审制构造。

三、排除非法证据程序及其上诉救济

2017年6月，"两高三部"颁布了《关于办理刑事案件严格排除非法证据若干问题的规定》（以下简称《严格排除非法证据规定》）。同年12月，为了进一步完善排除规则的体系建构并深化"以审判为中心"的诉讼制度改革，最高人民法院制定颁布了《人民法院办理刑事案件排除非法证据规程（试行）》。根据《刑事诉讼法》和这些规范性文件的规定，被告人对于一审法院的证据裁决不能提出单独的上诉，只能和本案其他定罪、量刑问题一并提起上诉。二审法院不能就证据的合法性问题单独作出裁决，只能和本案定罪、量刑问题一并作出处理。[2]即使排除非法证据，在二审全面审查原则下，法

---

[1] 参见陈光中主编：《中国刑事二审程序改革之研究》，北京大学出版社2011年版；孙远："论刑事上诉审构造"，载《法学家》2012年第4期；王超："刑事初审程序对刑事第二审构造的影响"，载《华东政法大学学报》2008年第2期；刘磊："刑事上诉审之构造"，载《中国刑事法杂志》2007年第4期。

[2] 戴长林、罗国良、刘静坤：《中国非法证据排除制度：原理·案例·适用》（修订版），法律出版社2017年版，第191-192页。

院和法官已经知悉了证据的实质内容，他们认定事实的心证过程也难免会受到一定的影响。更重要的是，如果被排除的是一审据以定罪的关键证据，被告人原本在一审后就可以被宣告无罪，但却必须等二审结束才能重获自由，这不仅有损排除规则的权利保障功能，也会造成司法资源的浪费。所以，在刑事程序一审的审理对象细化为定罪、量刑和证据合法性问题后，二审是否"全面"维持审查原则，不无疑义。

我国对证据合法性的上诉审查类似于英美的直接上诉制度。[1]此外，英美对非法证据问题还设有另一种救济途径，即中间上诉（interlocutory appeal）。它是指初审法官对证据可采性问题作出裁决之后，当事人向上诉法院提起的即时上诉。[2]我国学者在讨论排除非法证据的救济途径时已经关注到了中间上诉，[3]也有观点明确提出应当建构中间上诉程序。[4]但是，中间上诉本身的理论争议、制度利弊和实际运行效果仍值得进一步研究。更重要的是，中间上诉不仅涉及技术性的制度建构，也关乎一审法院和上诉法院之间的权力分配，以及控辩双方之间的权力和权利的平衡，最终也会影响整个诉讼程序的公平和效率。[5]

以上是认罪认罚从宽制度、人民陪审员制度和非法证据排除规则等刑事司法改革重要举措对刑事第二审程序带来的挑战。挑战亦是机遇。本书写作的直接目的就是将我国刑事上诉制度纳入司法改革的广阔背景之下，以"刑事上诉制度的多元构造"为理论红线，观察、分析、探索、论证多元化结构中上诉制度的演进历程、改革动因、权利思维和完善逻辑。

---

[1] 关于直接上诉程序的介绍，参见［英］爱伦·豪切斯泰勒·斯黛丽、南希·弗兰克：《美国刑事法院诉讼程序》，陈卫东、徐美君译，中国人民大学出版社2002年版，第549页。

[2] 参见薛波主编：《元照英美法词典》，法律出版社2003年版，第714页。

[3] 参见陈瑞华："非法证据排除程序再讨论"，载《法学研究》2014年第2期；李本森："非法证据排除规则的辩护功能和完善"，载陈光中主编：《非法证据排除规则实施问题研究》，北京大学出版社2014年版，第276页。

[4] 参见许乐："非法证据排除程序研究"，西南政法大学2016年博士学位论文。

[5] Wayne LaFave, *Search and Seizure: A Treatise on the Fourth Amendment* (volume 6), St Paul, MN: Thomson Reuters, 2017, p. 556.

第二节 比较法视野下上诉权的制度保障

刑事被告人享有获得公正审判的权利,唯公正审判不是"完美审判",无论如何精确的审判制度,皆无法彻底避免错误,故需上诉制度提供救济,以减少事实误认的风险并保障被告人的诉讼权利。上诉制度还具有未来面向性,当下级法院的裁决存在适用法律错误时,上诉法院负有职责来维护法律的统一适用,并在法体系出现漏洞时解释法律、创制判例。鉴于上诉制度的重要性,两大法系主要国家和国际公约均保障被告人的上诉权,这主要体现在以下四个方面。

一、各国和国际公约普遍规定被告人有权向上一级法院提起上诉

这种上诉权是绝对或自动上诉权(absolute or automatic right to appeal),亦称完全的上诉权,只要满足形式要件就不会受到限制。从历史维度来看,在普通法早期的刑事案件中没有上诉权。时至十九世纪中期,英国著名学者边沁极力主张在刑事案件中确立上诉权,但遭到了当时几乎所有法官的反对,他们坚信冤错案件是极少数的,不值得引入上诉制度来提供救济。[1]在1900年前后,英国曝光了几桩骇人听闻的错案,极大损害了法院权威和司法公信,最终促使政府在1907年颁布了第一部《英国刑事上诉法案》,并成立了专门的刑事上诉法院。[2]此后,1968年修订的《英国刑事上诉法案》和1980年《英国治安法院法》以制定法的形式分别规定皇室法院、治安法院中的被告人享有一定形式的上诉权。例如,英国治安法院就轻罪案件判决有罪后,若被告人未作有罪答辩,有权就定罪和量刑问题向皇室法院提起上诉。上诉只要在判决后21天内提出,就无须获得法院的批准。

在德国,根据《德国刑事诉讼法》第312条和《德国法院组织法》第24

---

[1] Peter Marshall, "A Comparative Analysis of the Right to Appeal", *Duke Journal of Comparative & International Law*, Vol. 22, 2011, pp. 7–8.

[2] Rosemary Pattenden, *English Criminal Appeals* (1844–1994), Oxford: Oxford University Press, 1996, pp. 30–31.

条、第 25 条规定，对于初级法院一审管辖的轻罪案件，可以由法官一人独任审理或由一名法官和两名参审员组成参审法庭，前者可判处两年以下自由刑，后者可判处四年以下自由刑。无论独任审理还是参审法庭，抑或控辩双方是否达成认罪协商，只要被告人不服一审法院之裁决，就有权就事实和法律问题提起上诉。〔1〕此外，《公民权利和政治权利国际公约》第 14（5）条和《欧洲人权公约》第 7 号议定书第 2 条都要求缔约国保障被告人有权获得上一级法院对定罪或量刑问题的再次审查。〔2〕

美国联邦宪法没有确立上诉权，最高法院在 2005 年哈尔伯特诉密歇根州案（Halbert v. Michigan）中重申了一百年前的立场：上诉权不是宪法权利。〔3〕如今，上诉制度当然是刑事程序的重要组成部分，尤其是在二十世纪后半叶，上诉法院的首要职能就是通过个案裁判来促进"法律的生长"。〔4〕有鉴于此，联邦和各州都以制定法的形式赋予被告人向上一级法院提起上诉之权利。〔5〕一方面，无论是重罪还是轻罪案件，联邦和大多数州都规定被告人享有绝对上诉权；另一方面，如果被告人未作有罪答辩，在陪审团或法官判决有罪后，也享有该权利。近年来，美国不断有呼声要求确立宪法性的上诉权，但这没有必要。因为在宪法层面，最高法院已经通过宪法第十四修正案之平等保护条款，确保了制定法赋予的上诉权得以实现。其中，最重要的保障有二：一是不能因为经济、种族等因素限制上诉权；二是要求律师在辩

---

〔1〕 本书引用的有关《德国刑事诉讼法》和《德国法院组织法》的相关条款，依据《世界各国刑事诉讼法》编辑委员会编译：《世界各国刑事诉讼法》欧洲卷（上），中国检察出版社 2016 年版，第 240-353 页。

〔2〕 就一国而言，上诉一般由该国的上一级法院（court）来受理；在诸如欧洲人权法院之类的跨国司法组织中，一般是由缔约国公民向跨国司法组织的法庭（tribunal）提起上诉。为行文方便，本书统称为上一级法院。此外，对《欧洲人权公约》里所指的审查（review）应采最广义的解读，包括针对事实和法律问题的全面审查，以及只针对法律问题的事后审查。因各国采不同立法例，"审查"的含义要作具体分析。

〔3〕 Halbert v. Michigan, 545 U. S. 605 (2005), p. 610.

〔4〕 Paul Carrington, "Justice on Appeal in Criminal Cases: A Twentieth-Century Perspective", *Marquette Law Review*, Vol. 93, 2009, p. 465.

〔5〕 这种向上一级法院提起的是直接上诉（direct appeal）。被告人在直接上诉失败后，还可以向有管辖权的法院申请间接上诉（collateral appeal）或定罪后的人身保护令（post-conviction habeas corpus）。此外，在联邦和一些州，被告人还有权就管辖、豁免或证据资格等问题提出中间上诉（interlocutory appeal）。

诉协商中提供有效帮助。[1]此外，在英美法系国家中，南非和印度甚至将上诉权写入了宪法。[2]总之，无论以宪法、制定法还是国际公约的形式，世界通行的原则是保障被告人的上诉权。

二、即使被告人作了有罪答辩，各国和国际公约仍赋予其一定形式的上诉权，确保其获得上一级法院的救济

第一种形式是绝对上诉权。例如，在美国联邦司法系统，答辩有罪的被告人仍享有完全的上诉权。但经历20世纪90年代初的案件爆炸式增长后，美国已经意识到不可能提供足够的法院和法官来处理所有上诉案件。[3]已故的伦奎斯特大法官曾一再建议，鉴于上诉成本、迅速审判和判决终局性等考量因素，联邦司法系统应改变上诉救济之形式。[4]伦奎斯特大法官赞同的是第二种形式的上诉权，即裁量型上诉，由法院审查上诉理由来决定是否启动正式的听审程序。欧洲理事会明确指出，裁量型上诉符合《欧洲人权公约》保障上诉权的要求。[5]例如，在英国皇室法院一审管辖的重罪案件中，无论是陪审团判决有罪，还是法官基于有罪答辩作出有罪判决，被告人都可以对定罪和量刑问题向上诉法院刑事法庭（the Criminal Division of the Court Appeal）[6]申请上诉，或由原审法官提供一份本案适合上诉的证明书（certificate）。上诉法院只有认定原审定罪是不安全（unsafe）时，才会批准上诉。[7]实务中，原审法官不愿看到自己的判决受到质疑，几乎不会出具上诉适格的证明书，

---

[1] See Griffin v. Illinois, 351 U. S. 12 (1956); Padilla v. Kentucky, 559 U. S. 356 (2010).

[2] Constitution of the Republic of South Africa, § 35 (3) (o); Constitution of India, §§ 132-134.

[3] Robert Parker & Ron Chapman, "Accepting Reality: The Time for Adopting Discretionary Review in the Courts of Appeals Has Arrived", *SMU Law Review*, Vol. 50, 1997, pp. 574-575.

[4] Marc Arkin, "Rethinking the Constitutional Right to a Criminal Appeal", *UCLA Law Review*, Vol. 39, 1992, p. 508.

[5] See Council of Europe, "Explanatory Report to the Protocol No. 7 to the Convention for the Protection of Human Rights and Fundamental Freedoms", available at https://rm.coe.int/16800c96fd, last visited February 4, 2024.

[6] 全书涉及英国的上诉制度时，皆简称为上诉法院。

[7] United Kingdom Criminal Appeal Act 1995, Part I, Section 1 & 2.

所以多数被告人必须向上诉法院申请上诉。

美国多个州也采用这种上诉救济形式,要求答辩有罪之人必须基于法定理由向法院申请上诉。[1]《密歇根州宪法》第 20 条规定,上诉是被告人的一项权利(appeal as a matter of right),但作了有罪答辩或不置可否的答辩后,只能申请上诉,而不再享有绝对上诉权。在辩诉交易的实务中,检察官经常以"量刑剪刀差"来促使被告人承认有罪,在随后的听证程序中,被告人通常只是按照律师起草的样本,向法官简单陈述事实。[2]法官很少对答辩的事实基础展开有效审查,而且通常不会涉及量刑事实,遂难以发挥法院和听证程序应有的作用。[3]与绝对上诉权相比,裁量型上诉虽然对上诉提出了额外要求,但答辩有罪之人仍有机会向上一级法院寻求救济,反映答辩自愿性或一审法院审查程序等方面存在的问题。因此,它也是保障被告人行使上诉权并获得救济的重要形式。

三、被告人向法院申请上诉后,法院应充分听审上诉理由,确保这种形式的上诉救济是有效的

联合国人权委员会在林莉诉牙买加案(Lumley v. Jamaica)中指出,被告人申请上诉后,法院应根据案件性质及所涉及的证据和法律,对定罪和量刑问题予以充分审查。一国保障上诉申请获得充分听审后,就不侵犯《公民权利和政治权利国际公约》第 14(5)条赋予之上诉权。[4] 英国的做法是赋予被告人获得两次审查的机会,以确保有效听审上诉理由。上诉法院收到申请后,由一名法官进行书面审查并作出决定,是否批准上诉都要载明简短理由。若法官拒绝批准,被告人可以再次更新申请并附上相关理由和证据,请求上

---

[1] Yale Kamisar et al., *Modern Criminal Procedure*, 13th ed., St Paul, MN: Thomson Reuters, 2012, p. 1538.

[2] Stephanos Bibas & Richard Bierschbach, "Integrating Remorse and Apology into Criminal Procedure", *The Yale Law Journal*, Vol. 114, 2004, p. 140.

[3] Christopher Slobogin, "Plea Bargaining and the Substantive and Procedural Goals of Criminal Justice: From Retribution and Adversarialism to Preventive Justice and Hybrid-Inquisitorialism", *William & Mary Law Review*, Vol. 57, 2016, pp. 1518-1519.

[4] See Lumley v. Jamaica, Human Rights Committee, No. 662/1995, 1999, para. 7.3.

诉法院组成全席法庭重新审查。全席法庭由两至三名法官组成，以公开听证的方式展开审查。[1]但两次听审机会是在一个审级内的两次审查，对于全席法庭的裁决，被告人不得再行提起上诉。

鉴于各国司法体制之差异，《欧洲人权公约》的缔约国有权自行设计上诉制度，规定不同的上诉理由、期限和审查范围，也可以要求在特定案件中基于法定理由向法院申请上诉。无论何种上诉制度，都应贯彻《欧洲人权公约》第13条之"有效救济"条款的要求，即当被告人的上诉权受到侵犯时，缔约国应依据国内法提供有效救济。欧洲人权法院在克龙巴赫诉法国案（Krombach v. France）中指出，对上诉权的任何限制都必须基于合法目的，不能侵犯被告人之公正审判权。[2]对上诉理由之审查不得恣意裁量，而且被告人应当有机会获得直接的听审。[3]若上诉法院只是基于审判效率之考量而拒绝批准上诉，则违反了公约的要求。[4]与欧洲人权法院采用的公正审判标准不同，美国通过个案分析来判断上诉申请是否得到了充分听审。例如，政府应对贫穷的被告人提供必要的帮助，若他们因无法负担上诉费用而不能申请上诉时，其上诉权就受到了不合理的限制。[5]此外，上诉理由之审查应贯彻法官保留原则，不能由法官助理或其他非司法人员代替为之，以此确保审查的权威性并体现对被告人权利的尊重。[6]无论是"公正审判"还是"个案分析"，它们都旨在确保上诉申请获得充分、有效的听审，体现了保障上诉权的必然要求。

四、在特定情形中，明确禁止放弃上诉权

在认罪协商过程中，被告人处于实力和资讯的劣势地位，面对"量刑剪

---

[1] Liz Campbell, Andrew Ashworth & Mike Redmayne, *The Criminal Process*, 5th ed., Oxford: Oxford University Press, 2019, p. 389.

[2] Krombach v. France, European Court of Human Rights, 2001, para. 96.

[3] Gurepka v. Ukraine, European Court of Human Rights, 2005, para. 59.

[4] Stefan Trechsel, *Human Rights in Criminal Proceedings*, Oxford: Oxford University Press, 2005, p. 367.

[5] Griffin v. Illinois, 351 U. S. 12 (1956), p. 24.

[6] Alex Ellerson, "The Right to Appeal and Appellate Procedural Reform", *Columbia Law Review*, Vol. 91, 1991, p. 392.

刀差"经常难以作出自愿、明智之选择。禁止弃权即保障上诉权,这能够防止一审程序过分追逐效率而影响认罪的自愿性和协商程序的规范性。美国学者发现,大约三分之二的被告人在答辩有罪后放弃了量刑上诉权,相应地,检察官给予了额外的量刑优惠。[1]被告人可以自愿、明知、明智地放弃上诉权,但若弃权会导致严重的司法不公,法院有权拒绝承认弃权条款的有效性。迄今为止,法院已经认定下列情形中的弃权是无效的:量刑超过法定幅度、考虑了种族等禁止因素、无效辩护以及量刑范围过于宽泛。[2]这里值得关注的是无效辩护。最高法院在2012年拉弗勒诉库珀案(Lafler v. Cooper)和密苏里诉弗莱案(Missouri v. Frye)中指出,如果律师没有将检察官的建议告知被告人,或者律师提出了错误的意见,致使被告人最终被判处的刑罚高于量刑建议的,属于无效辩护。[3]此后,联邦和各州的很多检察官在协商中要求被告人作出弃权承诺,有研究发现约35%的被告人放弃了以无效辩护为由提起上诉的权利。[4]鉴于辩护权对于保障公正审判之重要性,美国司法部在2014年发布指导意见,禁止检察官在协商过程中要求被告人放弃获得有效辩护的权利。[5]

在德国2013年之前认罪协商的实务中,普遍存在要求被告人放弃上诉权的做法。德国司法部为了应对案多人少的问题,逐步采用数量评估的方式来监督检察官办案。这种评估机制突出了效率价值,但却损害了检察官的中立性和客观性,[6]导致其在协商过程中积极促使被告人放弃上诉权。法院也不排斥这种做法,因为认罪之后的事实调查非常简易,完全不能等同于完整审

---

[1] Nancy King & Michael O'Neil, "Appeal Waivers and the Future of Sentencing Policy", *Duke Law Journal*, Vol. 55, 2005, pp. 211-212.

[2] United States v. Khattak, 273 F. 3d 557 (2001), pp. 562-563.

[3] See generally Lafler v. Cooper, 566 U. S. 156 (2012); Missouri v. Frye, 566 U. S. 134 (2012).

[4] Susan Klein, Donna Lee Elm & Alena Remis, "Waiving the Criminal Justice System: An Empirical and Constitutional Analysis", *American Criminal Law Review*, Vol. 52, 2015, pp. 87-88.

[5] James Cole, "Department Policy on Waiver of Claims of Ineffective Assistance of Counsel", available at https://www.justice.gov/file/70111/download, last visited on January 2, 2024.

[6] See Jacqueline Ross & Stephen Thaman, *Comparative Criminal Procedure*, Northampton: Edward Elgar Publishing, 2016, p. 226.

判中的证据调查和事实认定活动。[1]但是，简易化的审查有违实体真实原则，加之被告人一般不能直接参与协商过程，很可能因"量刑剪刀差"而作出错误供述。[2]因此，联邦宪法法院在2013年明令禁止放弃上诉权，强调查明真相和迅速处理案件都是刑事程序的重要目标，法院不能因达成认罪协议而懈怠查明真相之职责。[3]如果被告人在协商过程中受到了不当压力，或法院急于履行告知义务，或协商过程违反了程序透明和记录完整等要求，则构成上诉之法定理由。综上，美、德禁止放弃上诉权的要求能够防止被告人因屈服各种压力而丧失上诉救济的机会，从而确保他们在具有上诉理由时，可以请求上一级法院对一审阶段的认罪协商进行事后监督。

第三节 上诉权的本质和制度建构的影响因素

一、上诉权的本质

禁止酷刑是世界主要国家和司法辖区普遍遵守的规则，欧洲人权法院对此反复强调，《欧洲人权公约》第3条之反酷刑条款保障的一项绝对权（absolute right），即使是在危害国家或公共安全的紧急情形中，法院也不能将之与其他利益进行权衡。[4]与此不同，上诉权不是一项绝对权，被告人不一定享有自动上诉权（automatic right to appeal），各国和司法辖区可以权衡上诉所蕴含之私益和公益，就是否享有上诉权或享有何种形式的上诉权作出不同的规定。

即使在少数确立宪法性上诉权的国家，上诉权也不是绝对权，限制上诉权的典型制度表达就是上诉理由审核制。南非在1996年修订的《南非宪

---

[1] Stephen Thaman, *World Plea Bargaining*, Durham: Carolina Academic Press, 2010, p. 174.

[2] See Stefan König & Stefan Harrendorf, "Negotiated Agreements and Open Communication in Criminal Trials: The Viewpoint of the Defense", *German Law Journal*, Vol. 15, 2014, p. 73.

[3] See Folker Bittmann, "Consensual Elements in German Criminal Procedural Law", *German Law Journal*, Vol. 15, 2014, p. 21.

[4] Gäfgen v. Germany, European Court of Human Rights, 2010, para. 176.

法》第 35 条中明确被告人有权向上一级法院上诉，宪法法院在 1997 年恩图利（Ntuli）案中确认这是自动上诉权。[1]但很快出现了问题，大量没有价值的案件涌入上诉法院，短时间内造成案件堆积如山。同年，南非议会迅速通过了刑事诉讼修正案，规定对下级法院的一审判决，上诉必须获得上诉法院的许可。宪法法院在 2001 年斯廷（Steyn）案中裁决上诉审核是违宪的，因为下级法院中的被告人基本没有律师帮助，没有能力起草上诉申请书，即便进入了上诉理由的审核听证程序，上诉法院也无法得到一审的审判记录并了解详细情形。[2]南非议会在 2003 年又修订了刑事诉讼法，重点解决斯廷案中提出的问题，此后，宪法法院也认可了上诉理由审核制的合宪性。

《欧洲人权公约》第 7 号议定书第 2 条以"原则和例外"的形式表明，缔约国有权在例外情形中限制或剥夺上诉权。该条规定，被告人有权要求上一级法院或法庭（tribunal）对定罪或量刑问题再次进行审查。[3]但鉴于欧洲各国司法体制存在差异，各国有权自行设计上诉制度，规定不同的上诉理由、期限、审查范围以及何种错误可以进入上诉审查。《欧洲人权公约》的咨询委员会还指出，缔约国可以规定在特定案件中必须申请上诉的许可。[4]此外，第 2 条还规定了保障上诉权的三种例外情形：一是由各国法律界定的轻罪案件；二是由各国最高法院审理的一审案件；三是一审判无罪、上诉后改判有罪的案件。这三类情形是《欧洲人权公约》明确允许对上诉权予以剥夺的案件。

明确上诉权不是绝对权，具有两方面的制度意义。第一，区分权利型上

---

[1] S v Ntuli, 1996 (1) SA 1207 (CC), para. 30.

[2] S v Steyn, 2001 (1) SA 1146 (CC), paras. 12, 36.

[3] 就一国而言，上诉一般由该国较高一级的法院（court）来受理；在诸如欧洲人权法院之类的跨国司法组织中，一般是由缔约国公民向跨国司法组织的法庭（tribunal）提出上诉。为行文方便，本书统称为上一级法院。此外，《欧洲人权公约》所言的审查（review）应采最广义的解读，包括针对事实和法律问题的全面审查，以及只针对法律问题的事后审查制。因各国采不同的立法例，"审查"的含义要作具体分析。

[4] Council of Europe, "Explanatory Report to the Protocol No. 7 to the Convention for the Protection of Human Rights and Fundamental Freedoms", available at https://rm.coe.int/16800c96fd, last visited on May 23, 2023.

诉和裁量型上诉。"任何上诉制度之永恒难题是，如何在有限的人力、物力与时间的前提下，解决下级审争议案件，俾以一方面保障人民权利与实现正义，另一方面以落实法治安定性与权威性。"[1]权利型上诉意指被告人享有自动上诉权，一旦提起上诉，法院皆有回应之义务，须以判决或裁定形式终结上诉程序。权利型上诉中的上诉权具有一定的绝对权属性，但在维护一审裁决之安定性和权威性方面略显不足。相反，在裁量型上诉中，被告人只享有申请上诉的权利，一般表现为申请上诉的许可，法院有权对形式要求、上诉理由和争点价值进行初步审查，并决定是否启动进一步的听审程序。此时，被告人只享有申请权，而不是启动二审程序的绝对权，法院的初步审查有助于保障一审裁决确立的法律关系不被轻易否定。

英美法系国家一般兼采两种类型的上诉。例如，在英国治安法院判决有罪后，若被告人未作有罪答辩，则有权就定罪量刑问题提起权利型上诉，但在皇室法院判决有罪后，被告人首先必须申请上诉，上诉法院享有裁量判断是否启动二审程序的决定权。[2]又如，美国联邦宪法没有规定上诉权，但联邦和各州都在制定法中赋予被告人提起一次权利型上诉的权利，若第一次上诉失败，可以继续向上一级法院申请上诉，但第二次及之后的上诉属于裁量型上诉，由法院决定是否接受。[3]我国2018年《刑事诉讼法》第227条沿用了1979年以来的规定，被告人只要对一审裁决不服就有权提起上诉，这属于权利型上诉。在两审终审制下，二审法院作出的裁决立即生效，被告人的上诉权用尽，只能提起申诉。

第二，审级制度的建构是有限的。司法资源的有限性决定了上诉权保障的有限性，被告人究竟享有几次上诉的机会，既取决于上诉制度的功能，也取决于私益和公益的平衡。[4]上诉制度虽具多项功能，但若允许对每一个审

---

[1] 林超骏："许可上诉制、美国最高法院与金字塔型诉讼建构"，载《台北大学法学论丛》2019年（总）第109期。

[2] 参见[英]约翰·斯普莱克：《英国刑事诉讼程序》，徐美君、杨立涛译，中国人民大学出版社2006年版，第614页、第645页。

[3] Joshua Dressler, Alan C. Michaels & Ric Simmons, *Understanding Criminal Procedure* (*Volume One*: *Investigation*), 7th ed., Durham: Carolina Academic Press, 2017, p.12.

[4] 参见傅郁林："审级制度的建构原理"，载《中国社会科学》2002年第4期。

级的裁决都可以提起上诉，恐会对法治社会原则下之"法安定性"与"法和平性"之要求构成严重威胁。[1]因此，西方国家的代表性观点认为，审级制度的建构和相应的规定、要件属于立法政策之问题，不涉及诉讼权利的核心内容，也不会出现违宪情形。[2]各国立法者应在综合考虑一国上诉法院处理案件的能力以及犯罪率、案件数量、法官数量和法院体系等多种因素之后，建构符合一国传统、国情和政策需求的审级制度。制度建构的核心目标在于，既要发挥个案之纠错和救济功能，也要合理分配有限的司法资源，在部分案件中通过上诉听审来维护法律统一实施并实现"法律的生长"。在我国，中级人民法院管辖危害国家安全、恐怖活动案件以及可能被判处无期徒刑、死刑的案件，这是根据案件类型和罪行轻重对审级管辖作出的规定。在"以审判为中心"和认罪认罚的改革中，被告人认罪与否已经成为决定程序适用的关键因素，然而，即使一审彻底贯彻了"以审判为中心"的所有要求，或者一审中的认罪认罚毫无问题，被告人仍享有自动上诉权。不问案件类型、罪行轻重、审级管辖或认罪与否而一律坚持权利型上诉的做法，实乃过度强调了审级制度的绝对性及其纠错功能。

综观各国和国际公约对上诉权的保障方式，我们发现，上诉权的本质是要求国家保障被告人获得上一级法院听审的机会。按照基本权利和国家义务的理论，国家有义务去尊重、保障和保护公民的基本权利，[3]这三类又可分为国家的消极义务和积极义务，分别对应基本权利的防御性功能和受益性功能。[4]上诉权不具有基本权利的属性，是一种纯粹的制度化权利，它依赖于一国法体系的创设，其在法体系中的地位或重要性也依赖于法体系的制度化安排。[5]上诉权对应的国家义务介于消极和积极义务之间，既不是为了防御

---

[1] 杨云骅："刑事上诉第三审采'严格法律审兼采上诉许可制'的疑虑"，载《月旦法学杂志》2018年第11期。

[2] 沈冠伶："第三审许可上诉制之探讨——以通常诉讼事件为中心及着重于'原则上重要性'之标准建立"，载《台北大学法学论丛》2005年（总）第57期。

[3] Manfred Nowak, *Introduction to the International Human Rights Regime*, Leiden: Martinus Nijhoff Publishers, 2003, pp.48-51.

[4] 张翔：《基本权利的规范建构》（增订版），法律出版社2017年版，第114、184页。

[5] 参见陈景辉："比例原则的普遍化与基本权利的性质"，载《中国法学》2017年第5期。

国家干预，也不是为了享受国家福利，而是更接近卡尔·施米特所言之"制度保障"。[1]施米特以此强调国家有积极义务去制定和形成制度，从而为实现基本权利之客观价值秩序提供程序和组织上的保障。质言之，上诉权的本质要求是在当事人主张权利时，国家有义务为实现上诉权提供程序、组织等方面的保障。

我国《宪法》没有规定上诉权和审级制度，上诉权的"制度保障"主要体现在《刑事诉讼法》《法院组织法》和《法官法》等法体系中。《刑事诉讼法》确立了两审终审制，还就二审法院的审查范围、组织形式、听审和处理方式等方面提供程序保障。此外，我国还依据《法院组织法》和《法官法》对处理上诉案件投入了一定的司法资源，从管理人员编制和保障法院经费两个方面来确保上下级法院有效发挥各自的职能，同时不断提高法官个人的职业素养。这些程序、组织和人员方面的保障都是为了让被告人有机会行使上诉权，实现上诉权之主观权利和客观价值秩序的双重属性。

刑事诉讼中存在类似的权利。例如对质权，美国欧文斯案（United States v. Owens）指出，对质权条款只是保障当事人有机会去交叉询问证人，而不是按照个人意愿在每个案件中都充分有效地与不利于己的证人对质。[2]《欧洲人权公约》第6条之对质条款仅要求缔约国保障被告人有充分、合适的机会去询问不利于己的证人，而不关注个案中对质诘问的具体效果。[3]又如，普通民众参与审判需经过一定的遴选程序，这会额外消耗司法资源，但《最高人民法院关于适用〈中华人民共和国人民陪审员法〉若干问题的解释》第2条规定确保了被告人有机会申请人民陪审员参加合议庭审判，当然，被告人也可以放弃权利接受法官组成的合议庭审判。这类权利的一个共同特点是，直到被告人主张权利之前，其都处于休眠状态。国家承担之义务不是确保每项权利最终得以实现，也不是保证当事人主张权利后一定获得有利于他们的结果，而是，国家义务之核心在于保障当事人主张并实现权利的机会。就上诉

---

[1] 参见［德］卡尔·施米特：《宪法学说》（修订译本），刘锋译，上海人民出版社2018年版，第229—232页。

[2] United States v. Owens, 484 U. S. 554（1988），p. 554.

[3] Kostovski v. Netherlands, European Court of Human Rights, 1989, para. 41.

权而言，《德国基本法》保障公民之"法院提供救济请求权"，但不保障绝对享有审级救济的机会。若诉讼程序提供了至少一次要求法院裁判的机会，就已经满足了法治国家对此的最低限度要求。[1]易延友教授发现英美法系国家赋予当事人很多上诉的"机会"，以发挥救济权利之功能。[2]傅郁林教授也强调，作为当事人权利的上诉机会要受制于公正与效率的平衡、个案当事人权利保障与公众权利保障的平衡等准则。[3]要言之，上诉权要求国家保障的是行使权利的"机会"，而非权利的现实行使，至于上诉权的表现形式和个案的裁决结果，由国家和法院作个别化、具体化的判断。"机会"之外不再是上诉权的本质要求。

二、影响上诉制度具体建构的因素

比较法经验显示，在保障被告人获得上一级法院审查机会的前提下，上诉制度的具体建构各有不同，一般取决于以下四个因素：

第一，刑事司法体制的整体结构和上诉制度的功能预期。英美和德国的上诉权不是宪法权利，但在大陆法系的其他一些国家，上诉权具有宪法属性，这源于它们科层式的刑事司法体制，即把上诉作为一种科层式管理的工具，承载维持中央集权和监督地方司法官员的功能。[4]当上诉成为保障中央权威和政策实施的重要方式时，有必要确立上诉权的宪法地位。相较而言，英美法系的整个司法体制呈现出"去中心化"的协同式构造，刑事审判强调的是第一审的中心地位，侧重关注的是刑罚的个别化。[5]通过一审来解决纠纷才是国家的重要目标，二审程序不具有中心地位，也就没必要以宪法来凸显上诉权的重要性。唯上诉制度具有纠错、救济、创制先例等功能，各国都赋予

---

[1] 杨云骅："刑事上诉第三审采'严格法律审兼采上诉许可制'的疑虑"，载《月旦法学杂志》2018年第11期。

[2] 参见易延友："我国刑事审级制度的建构与反思"，载《法学研究》2009年第3期。

[3] 傅郁林："审级制度的建构原理"，载《中国社会科学》2002年第4期。

[4] [美]马丁·夏皮罗：《法院：比较法上和政治学上的分析》，张生等译，中国政法大学出版社2005年版，第55页。

[5] Mirjan Damaška, "Structures of Authority and Comparative Criminal Procedure", *The Yale Law Journal*, Vol. 83, 1975, pp. 514-515.

被告人一定形式的上诉权。各国刑事司法体制的整体构造以及上诉制度在整体构造中的功能定位，共同决定了上诉权的基本属性和制度表现形式。

第二，第一审程序实质化的程度。国家保障被告人享有何种形式的上诉救济，与第一审之裁判品质密切相关。一审法院对证据调查、事实认定和法律适用问题进行充分审理后，会更倾向于限缩上诉救济的机会。英国上诉程序的一个显著特征是不鼓励控辩双方上诉。[1]尤其是在重罪案件中，陪审团或法官作出一审判决后，上诉不再是常规程序，而且主要不是为了纠错，而是为了保障被告人获得公正审判的权利以及担保裁判之适正，所实施的法律救济手段。[2]德国较重或最严重的犯罪，由州法院或州高等法院作出一审判决后，被告人只能提起法律审的上诉。[3]立法没有赋予他们获得第二次事实审的原因在于，一审中的审判组织由多名法官组成，强制提供律师帮助，并进行了充分的证据调查。[4]在此基础上，上诉救济限于法律问题的规定不违反"一审中心"和法治国家的基本要求。可见，第一审程序的品质会影响上诉权的表现形式和二审程序的建构，只有在坚实的第一审基础上，才可以对上诉权的行使课以额外要求。

第三，刑罚轻重是决定上诉权配置的第一个直接因素。这表现在三个方面。其一，重罪案件的一审管辖级别较高，同时英美法系国家还赋予被告人接受陪审团审判的权利，目的就是为一审判决提供坚实的事实审基础。以此为前提，一般就不再赋予被告人绝对上诉权。例如，英国皇室法院一审判决的重罪案件，无论被告人是否答辩有罪，都必须提出理由来申请上诉。其二，对于轻罪案件，各国倾向于赋予绝对上诉权，因为轻罪案件的一审程序相对简易、迅速，保障上诉权能够防止过分追求诉讼效率而出现司法不公。其三，在少数情形中，可以限制或剥夺轻微案件的上诉权。《德国刑事诉讼法》第

---

〔1〕 Liz Campbell, Andrew Ashworth & Mike Redmayne, *The Criminal Process*, 5th ed., Oxford: Oxford University Press, 2019, p.385.

〔2〕 沈宜生："英国刑事上诉制度"，载《法学新论》2010年（总）第27期。

〔3〕 《德国刑事诉讼法》第333条。此外，《德国法院组织法》第74条和第120条对较重的犯罪和最严重的犯罪作了列举式的明确界定，基本标准是被告人可能被判处四年以上自由刑。

〔4〕 参见［德］科劳斯·缇德曼："德国刑事诉讼法导论"，载宗玉琨译注：《德国刑事诉讼法典》，知识产权出版社2013年版，第28-29页。

313条第1款规定，如果被告人被判处15日以下日额罚金，在保留处刑警告的情形中被判处15日以下日额罚金或罚款，仅当上诉被接受时，上诉才为准许。"接受"是指法院认可上诉请求后才展开审理，体现了立法对于预算、人力等资源因素的优先考量。[1]此外，《欧洲人权公约》第7号议定书第2条规定，缔约国可以根据各国法律界定的轻微案件，不赋予上诉权。轻微案件的一个判断标准是能否被判处监禁刑，各国对部分轻罪、违警罪等不致判处监禁刑的案件，可采用一审终审制。这项例外体现了"法官不问小事"这一拉丁谚语，在现代社会则着重反映了迅速审判原则的要求。[2]

第四，认罪与否是决定上诉权配置的第二个直接因素。被告人的认罪表明其对事实认定、法律适用和审理程序不存在实质异议，简化的一审程序和受限的上诉机会相结合，更能体现有罪答辩或认罪协商的公共属性，即大幅节省审判资源，让法院集中精力处理有争议的案件，从而增强公众对刑事司法的公信力和认可度。例如，英国被告人在治安法院或皇室法院答辩有罪后，都要基于合理理由向法院申请上诉，美国大多数州的做法亦是如此。在德国宪法法院明令禁止之前，实务中普遍认为放弃上诉权是认罪协商的题中之义。[3]需要强调的是，若要以有罪答辩或认罪协商来对上诉权的行使课以额外条件，必须确保被告人获得上诉救济的机会，防止认罪不是自由意志之产物。最后，综合"刑罚轻重"和"认罪与否"两个因素，上诉权的国别化特征更加鲜明，上诉制度的建构也更加精细、复杂。究其原因，上诉权的本质是要求国家保障被告人获得上一级法院听审的机会，立法者可以权衡个人权利和公共利益，并根据案件之不同性质来建构各国的上诉制度。

---

[1] Michael Bohlander, *Principles of German Criminal Procedure*, Oxford: Hart Publishing, 2012, p. 252, footnote 10.

[2] Stefan Trechsel, *Human Rights in Criminal Proceedings*, Oxford: Oxford University Press, 2005, p. 369.

[3] Stephen Thaman, *World Plea Bargaining*, Durham: Carolina Academic Press, 2010, p. 176.

第二章

上诉理由审核制及其中国化

我国民事诉讼研究对裁量型上诉并不陌生，法院对民事案件的申诉和申请再审的审查，以及检察机关对申诉的审查，都体现了裁量型上诉的原理。[1] 在刑事诉讼中，我国历来坚持的是绝对上诉权，淡化了作为当事人权利的上诉权和法院对上诉进行审查之间的差异。在第一章对中国发展趋势和比较法研究的基础上，本章进一步论述刑事上诉权的两种表现形式以及上诉理由审核制的制度意义和建构逻辑。

第一节 上诉权的两种形式：权利型上诉和裁量型上诉

一、审核上诉理由是裁量型上诉的重要特征

"有权利就有救济"，但权利的性质不同，救济形式亦有差异。上诉权的制度表现形式有二：权利型上诉和裁量型上诉。权利型上诉是指被告人享有绝对上诉权，一旦提起上诉，无论上诉理由为何，法院皆有回应之义务，须以判决或裁定形式终结上诉程序。权利型上诉能让被告人容易获得法院之救济，但在维护一审裁决之安定性和防止权利滥用方面略显不足。裁量型上诉是指被告人只享有申请上诉的权利，法院有权对上诉理由或争点价值进行初步审查，并决定是否启动进一步的正式听审程序。"初步审查"这一要求表明，法律在提供救济之前设置了更多的门槛条件，这能确保一审裁决确立的法律关系不被轻易否定。

---

[1] 傅郁林："审级制度的建构原理"，载《中国社会科学》2002年第4期。

对上诉理由的审查和核准是裁量型上诉的重要特征,体现了"上诉"和"审查"两个诉讼行为的区分。在权利型上诉中,"上诉"行为满足形式要件就具有启动二审程序的效力;裁量型上诉中的"上诉"本质上只是提出申请,满足形式要件后,法院经"审查"上诉理由后才能核准启动二审程序。要言之,上诉理由审核制体现了当事人之申请权和法院之决定权的分离。我国2018年《刑事诉讼法》第227条沿用了1979年以来的规定,被告人只要对一审裁决不服就有权提起上诉,这是权利型上诉。在两审终审制下,二审法院的裁决立即生效,被告人的上诉权用尽,只能提起申诉。依据2018年《刑事诉讼法》第252条和第253条的规定,法院认为符合五种法定情形,才能启动再审程序,这本质上属于裁量型上诉。

明确上诉权的两种表现形式,有助于凸显审级制度的有限性。司法资源的有限性决定了上诉权保障的有限性,被告人究竟享有几次上诉的机会,既取决于上诉制度的功能,也取决于私益和公益的平衡。[1]上诉制度具有重要功能,但若允许对每一个审级的裁决都可以提起上诉,恐会对法治国家原则下之"法安定性"与"法和平性"构成严重威胁。而且,审级制度的建构和相应的规定、要件属于立法政策之问题,不涉及诉讼权利的核心内容,也不会出现违宪情形。[2]立法者可以综合考虑法院处理案件的能力以及犯罪率、案件数量、法官数量和法院体系等多种因素,决定赋予被告人提起几次权利型上诉或裁量型上诉的机会。在我国两审终审制下,即使一审程序贯彻了庭审实质化的各项要求,或认罪认罚毫无问题,被告人也有权要求二审法院再次进行全面审查。不问案件类型、刑罚轻重、审级管辖或认罪与否而一律坚持权利型上诉的做法,实乃过度强调了审级制度的绝对性。

二、上诉理由审核制体现了案件过滤的原理

我国正在推进审前和一审阶段的繁简分流,即根据案件难易、刑罚轻重、认罪与否等情况,适用刑事速裁、简易程序和普通程序多样化、多层次的诉

---

[1] 傅郁林:"审级制度的建构原理",载《中国社会科学》2002年第4期。

[2] 参见沈冠伶:"第三审许可上诉制之探讨——以通常诉讼事件为中心及着重于'原则上重要性'之标准建立",载《台北大学法学论丛》2005年(总)第57期。

讼程序体系。[1]但在上诉阶段,法院不再对案件进行层次性、差别化的处理,而是按照权利型上诉的要求一律启动二审程序,并且不区分事实或法律问题、有争议或无争议问题,一律予以全面审查。二审法院对案件没有甄选和决定权,无法应对被告人利用上诉来拖延诉讼周期的问题,导致在审前和一审阶段推行的分流案件、提升效率的改革举措,在二审阶段无法发挥持续效果。

审核上诉理由的要求集中体现了案件过滤(screening)的原理,其目的是在启动二审程序前,由法院判断案件是否具有进一步听审的价值。美国选择多种方式来应对案件压力,在非罪化处理、转处程序[2]和辩诉交易之外,审查上诉理由的做法是上诉阶段过滤案件的重要机制。[3]欧洲人权法院也指出,审查上诉理由并不否定《欧洲人权公约》的上诉权条款,而是为了能让法院来控制听审案件的数量,因为就欧洲人权法院自身来说,在2004年年底就积压了8万多个案件。[4]此外,以2010年至2017年英国皇室法院一审管辖的重罪案件为例,每年约有1400个案件申请上诉,平均只有11.4%左右的申请得到了批准。[5]相反,在欧陆国家科层式的刑事司法体制中,常在不同的部门配置数以百计的法官,但由于缺乏规制案件流程之过滤和筛选机制,导致数量可观的案件流向法院体系的上层。[6]两大法系的不同经验表明,上诉理由审核制之过滤原理能让上诉法院决定听审案件的类型、范围和数量,防止没有价值的案件过度消耗法官精力和司法资源。

我国立法和实务中已经反映出类似的要求,最典型的是非法证据排除的

---

[1] 熊秋红:"为法官减负、为司法提速——如何破解'案多人少'司法困局",载《人民论坛》2019年第2期。

[2] 关于非罪化处理(de-criminalization)和转处程序(diversion)的讨论,see Alex Ellerson, "The Right to Appeal and Appellate Procedural Reform", *Columbia Law Review*, Vol. 91, 1991, pp. 399-400.

[3] See John Oakley, "The Screening of Appeals: The Ninth Circuit's Experience in the Eighties and Innovations for the Nineties", *BYU Law Review*, Vol. 1991, 1991, p. 860.

[4] Stefan Trechsel, *Human Rights in Criminal Proceedings*, Oxford: Oxford University Press, 2005, p. 366.

[5] Liz Campbell, Andrew Ashworth & Mike Redmayne, *The Criminal Process*, 5th ed., Oxford: Oxford University Press, 2019, p. 389.

[6] Carlo Guarnieri et al., *The Power of Judges: A Comparative Study of Courts and Democracy*, Oxford: Oxford University Press, 2002, pp. 95-97.

二审程序。2017年《严格排除非法证据规定》第38条第2款规定，如果辩护方在一审未提出排除非法证据申请，在二审申请排除证据的，应当说明理由。二审法院首先应审查理由，再决定是否启动调查程序。若二审首次申请排除证据，非法证据可能已经对一审事实认定造成了不可逆转的影响。而且，"以审判为中心"的改革已经确保辩护方有机会在庭前会议和一审庭审阶段申请排除证据，除非辩护方存在合理理由，否则不予启动调查程序。要求辩护方"说明理由"体现了上诉理由审核制的要求，这既能过滤掉没有理由的排非申请，强化一审处理程序合法性问题的中心地位，也能落实"尽早发现、尽早排除"非法证据的政策要求。同时，在两审终审制下，二审法院第一次裁决非法证据问题后，控辩双方不能再提起中间上诉或直接上诉，此时，该程序合法性问题本质上是一审终审制。所以，二审法院的事先审查能在两审终审制下最大限度地保障控辩双方就程序问题享有的审级利益。

孙长永教授在研究认罪认罚案件的上诉权时提出，被告人只有在限定的理由范围内才可以上诉，[1]该观点契合了上诉理由审核制的要求。与此不同，"两高三部"《关于适用认罪认罚从宽制度的指导意见》第45条指出，可以通过不开庭审理的方式来处理认罪认罚的上诉案件，青岛市关于认罪认罚改革的规定要求审查认罪认罚的被告人上诉的真实原因，长沙市的工作办法要求重点审查上诉请求和上诉动机。根据这些规范性文件，法院首先启动二审程序，然后才审查上诉理由。相反，若法院经初步审查认为上诉没有合理理由的，可以事先过滤掉案件并关闭二审程序，节省不必要的程序运转和资源损耗。

最后，从整个刑事司法体制来看，上诉理由审核制的过滤作用更加重要。在西方国家大犯罪圈刑法体系下，刑事司法扮演着节制刑罚适用的角色，司法进程承载着案件过滤和将案件移出诉讼程序的功能，这被形象地称为"漏斗式"的刑事司法体制。[2]上诉过滤机制是"漏斗式"构造中的重要环节，

---

〔1〕 参见孙长永："比较法视野下认罪认罚案件被告人的上诉权"，载《比较法研究》2019年第3期。

〔2〕 See David Garland, *The Culture of Control: Crime and Social Order in Contemporary Society*, Chicago: The University of Chicago Press, 2001, p.62.

能够保障上诉法院的正常运作并发挥"司法造法"之功能。[1]我国刑事司法体制呈现的是"直筒式"构造，被追诉人一旦进入刑事程序，通常就意味着将被定罪和追究刑事责任。[2]加之检察机关行使不起诉裁量权的空间有限，法院承载着绝大部分案件的审判职责，如果一审和二审之间没有"过滤阀"，大量案件便会经由权利型上诉的路径涌入二审法院。二审法院既是上诉法院，也承担部分案件的一审职责，而二审法院总体的数量、人员和规模有限，难以有效应对办案压力和结案任务。更重要的是，"以审判为中心"的改革就是要建立以一审为中心的事实认定机制，如果轻易启动二审程序并再次进行全面审查，恐削弱一审裁决的权威性和安定性。因此，上诉理由审核制具有实体法和程序法的双重意义，既能应对犯罪体系不断扩大带来的案件增长，也能保障一审程序的中心地位。

第二节　上诉理由审核制之确立

我国近年来刑法的扩张导致轻微案件的数量明显增多，其在全部案件中所占比例也越来越高，轻微案件的处理消耗了大量司法资源。为了继续推进刑事司法改革，优化资源配置的要求更加迫切。目前，我国遵循两条基本思路来缓解"案多人少"的问题：一是质效思路，即提高办案效率。员额制改革将法官精英推向了审判工作的第一线，但中央要求法官员额控制在专项编制的39%以下，这反而导致部分地方"案多人少"的矛盾愈加突出。[3]二是增量思路，即增加法院数量和法官编制。如北京和上海增设了中级人民法院，也有呼声要求增加专项编制。但法院和法官的增量是有限的，而从长远看，我国犯罪范围的扩展将是一个持续的立法过程，[4]不断增多的一审和二审案

---

〔1〕See J. R. Spencer, "Does Our Present Criminal Appeal System Make Sense?", *Criminal Law Review*, No. 8, 2006, pp. 692-693.

〔2〕何荣功："我国轻罪立法的体系思考"，载《中外法学》2018年第5期。

〔3〕李浩主编：《员额制、司法责任制改革与司法的现代化》，法律出版社2017年版，第69-70页。

〔4〕陈兴良："犯罪范围的扩张与刑罚结构的调整——《刑法修正案件（九）》述评"，载《法律科学（西北政法大学学报）》2016年第4期。

件将对司法资源提出更多要求。此外,我国傅郁林教授和美国波斯纳法官都指出,案件数量的剧增所引起的法院规模的扩大增加了判决冲突的可能性,判决冲突又会进一步刺激寻求上诉的欲望。[1]在质效和增量思路难以有效解决问题时,我们发现,自1979年以来我国一直忽略了上诉权的另一种表现形式,即忽略了上诉阶段推进案件繁简分流的重要性。当前,公诉案件一审程序已经形成普通程序、简易程序和速裁程序所组成的多元程序体系,二审程序的设计越来越难以满足多样化、多层次诉讼机制的需求。故,有必要引入裁量型上诉和上诉理由审核制,以在上诉阶段实现公正和效率之间的价值平衡。

一、确立上诉理由审核制的正当性

我国可以首先在被告人认罪认罚的部分案件中确立裁量型上诉,让法院经审核上诉理由来决定是否启动二审程序。这项改革的正当性基础体现在四个方面。

第一,从上诉制度的价值取向来看,引入上诉理由审核制体现了对效率、资源等公共利益的优先考量。在审前和一审阶段,我国《刑事诉讼法》及相关规定已经贯彻了公正优先、兼顾效率的立法精神。侦查人员应告知嫌疑人诉讼权利和认罪认罚的相关规定,检察机关在审查起诉环节应再次告知权利并听取辩护人或值班律师的意见,确保嫌疑人知悉认罪认罚的性质和后果。为了保障"底线正义"并坚持"法官保留原则",法庭又将进行第三次权利告知并对认罪认罚的自愿性、真实性和合法性进行司法审查。[2]对于被告人而言,既可以在审查起诉阶段不签署具结书,也有权向法庭反映认罪认罚存在的问题,若一审宣判前仍未提出质疑,就表明法、检、被告人和被害人对事实证据、定罪量刑和程序适用形成了具有法律效力的"四方合意"。[3]至此,国家已经通过权利告知、法院审查和从宽处理等机制充分保障了被告人

---

[1] 参见傅郁林:"审级制度的建构原理",载《中国社会科学》2002年第4期;[美]理查·A. 波斯纳:《联邦法院:挑战与改革》,邓海平译,中国政法大学出版社2002年版,第140页。

[2] 参见熊秋红:"比较法视野下的认罪认罚从宽制度——兼论刑事诉讼'第四范式'",载《比较法研究》2019年第5期。

[3] 孙长永:"比较法视野下认罪认罚案件被告人的上诉权",载《比较法研究》2019年第3期。

的权利，在追求效率的同时最大限度地确保了案件得到公正处理。一审宣判后，被告人的"空白上诉"将单方面否定"四方合意"，致使审前和一审阶段有关认罪认罚的各项实体和程序机制付之一炬。上诉权不仅是个人权利，更具有公共属性。在"以审判为中心"的改革中，普通程序中庭审实质化带来的"繁者更繁"必然要求"简者更简"，上诉权的公共属性集中体现为促进司法资源的优化配置，在二审阶段将有限的资源进一步向重大、疑难、复杂和不认罪案件倾斜。[1]因此，在审前和一审程序充分保障权利的基础上，要求被告人提出上诉理由，体现了对效率、资源等多元价值的合理追求。

第二，有罪答辩和轻微案件是影响上诉制度建构的两个重要因素。一方面，欧洲理事会在解释《欧洲人权公约》的上诉权条款时指出，并不是每个被告人都有权就定罪或量刑问题向上一级法院申请审查，如果已经作了有罪答辩，一国就有权将审查限缩在量刑问题上。又如，英国被告人在治安法院或皇室法院作有罪答辩后，都要申请上诉。另一方面，《欧洲人权公约》将轻微案件作为剥夺上诉权的例外情形。在我国，被告人认罪与否和刑罚轻重已经成为决定程序适用的两条重要线索。"以审判为中心"的改革要求建构重大、疑难、复杂和不认罪案件的精审、细审，简单、轻罪和认罪案件简审、快审的双轨制诉讼程序。[2]被告人不认罪的案件适用诉讼形态最完整的普通程序；被告人认罪认罚后，程序适用的关键因素是案件的严重程度。对于可能判处三年有期徒刑以上刑罚的案件，适用简易或普通程序，被告人认罪认罚的可以得到从宽处理；对于基层人民法院管辖的可能判处三年有期徒刑以下刑罚的案件，案件事实清楚，证据确实、充分的，属于轻微案件，可以适用速裁程序。可见，"认罪认罚"和"轻微案件"共同促使案件得到进一步分流。在二审阶段，为了与一审阶段的双轨诉讼程序接轨，实现诉讼程序与案件难易、刑罚轻重相适应，在被告人认罪认罚的轻微案件中，可以不再坚持权利型上诉。

第三，上诉理由审核制具有双重属性，虽然要求被告人提出合理理由，

---

[1] 参见陈瑞华："认罪认罚从宽制度的若干争议问题"，载《中国法学》2017年第1期。
[2] 胡云腾主编：《认罪认罚从宽制度的理解与适用》，人民法院出版社2018年版，第4页。

但仍能保障其有机会获得二审法院之救济，实现效率和公正之间的动态平衡。引入裁量型上诉时不能仅着眼于减少案件数量、提高审判效率，而应兼顾救济权利和维护公正审判。在上诉理由审核制下，被告人仍有机会向法院寻求救济，提出有关定罪量刑或一审程序是否合法等上诉理由。在我国目前认罪认罚的案件中，辩护方在上诉时已经提出了值得关注的理由。例如，冯某盗窃案的上诉理由是受到公安机关的刑讯逼供，焦某盗窃案中提出因侦查人员的引诱而签署了具结书。[1]如果辩护方提供了相关线索或材料，法院经初步审查后认为存在违法取证的可能性，应批准上诉并展开进一步调查，防止违法行为损害个人自由和司法公正。但这两个案件中，辩护方没有提供任何新证据，二审法院只能依据案卷和一审记录进行书面审查，最终维持了一审判决。此外，2018年《刑事诉讼法》第201条规定的被告人行为不构成犯罪、违背意愿认罪认罚、否认指控的犯罪事实、法律适用错误或其他可能影响公正审判的情形，都可以构成申请上诉的理由。上诉理由审核制不同于一审终审制，被告人仍有机会行使上诉权，法院也可以通过初步审查理由来防止一审裁决出现根本性的不公正。这体现出上诉理由审核制是一项维持效率和公正之间动态平衡的立法技术。

第四，上诉理由审核制可以促使被告人合理行使权利，实现个人主观权利和客观价值秩序的统一。近年来法律援助和值班律师制度的推广有助于嫌疑人、被告人尽早获得律师的帮助，律师介入案件后应和他们充分沟通，协调辩护思路，慎重选择认罪认罚。因为一旦签署认罪认罚具结书，就意味着在实体上放弃了无罪辩护和许多程序性权利。确保被告人自愿认罪认罚之目的在于，避免他们在下一个阶段撤回认罪认罚，导致认罪认罚自始无效。在这种情形下，程序进程会出阻碍，公安和检察机关必须将之作为不认罪认罚的案件，开展补充调查工作；法院遇有2018年《刑事诉讼法》第226条之情形，还应转换程序并重新审理。补充调查或重新审理必然额外消耗司法资源，但基于被告人之诉讼主体地位，有必要赋予其撤回认罪认罚的权利。然而，若被告人在一审宣判前一直认罪认罚，一审程序充分保障了其各项权利，法

---

[1] 冯某盗窃案（2019）鄂01刑终431号；焦某盗窃案（2019）鄂05刑终156号。

庭最终也在量刑建议的幅度内判处刑罚，再允许他们以"空白上诉"的方式撤回认罪认罚，将会空耗国家在审前和一审阶段已经投入的司法资源。而且，在权利型上诉下，国家需要再次审查大量轻微案件的"空白上诉"，为被告人的观望态度和侥幸心理第二次买单，造成对司法资源的"二度"空耗。所以，从权利行使和权利处分的原理看，尽管被告人享有是否认罪认罚的选择权，一旦在一审判决前保持认罪认罚，就对其诉讼权利作了处分，在上诉阶段再行变更权利处分必须受到客观价值秩序的制约。[1]这种制约集中体现在认罪认罚的阶段性上，包括正向引导和反向限制两个方面：一是允许认罪认罚的阶段，立法鼓励被告人尽早认罪认罚，这有助于公检法明确工作重点，节省司法资源，而且，正向的程序流转不会因补充调查或重新审理而产生额外的资源损耗，资源分配也可以尽早向重大、疑难、复杂或不认罪案件倾斜。二是撤回认罪认罚的阶段，认罪认罚必须在一审判决前撤回，除非具有合理理由，否则无法越过上诉理由审核制的门槛，防止两度空耗司法资源并损害一审判决的安定性。总之，事先审查上诉理由不仅可以防止不断增加的轻微案件过度消耗司法资源，还能提醒被告人合理行使权利，实现主观权利和客观价值秩序之间的统一。

二、确立上诉理由审核制的必要性

这种必要性在实务中最为迫切。自开展认罪认罚试点改革以来，被告人经常在一审裁决后仅以量刑过重为由提起"空白上诉"。认罪认罚改革之初衷是以"合意"来简化程序并提高效率，"空白上诉"会将案件拖入二审程序，反而延长了诉讼周期。本节将依据北大法宝对认罪认罚的相关案例进行宏观和微观两个层面的分析，以期论证引入上诉理由审核制的必要性。

在宏观层面，自2016年开展试点改革至2019年7月，以"认罪认罚"为关键词搜到的中级人民法院处理的刑事二审案件总计5318件，其中有3429件上诉案件提出量刑过重，约占总数的64.5%。二审维持原判共计2895件，故以量刑过重为由的上诉成功率很低，维持原判的比率高达84.4%。以此方

---

[1] 参见郭松："被追诉人的权利处分：基础规范与制度构建"，载《法学研究》2019年第1期。

法再对盗窃、危险驾驶、交通肇事等七类常见案件[1]进行分析，笔者发现，在一审认罪认罚的案件中，约有六成的案件会因量刑过重提出上诉，但大多数上诉最终被驳回，二审法院维持原判的比率普遍高达80%以上。（表2-1）

表2-1 以量刑过重为由的上诉统计（单位：件）

	案件总数	以量刑过重为由的上诉	占比率	维持原判	占比率
全部类型的案件	5318	3429	64.5%	2895	84.4%
盗窃罪	1295	952	73.5%	789	82.9%
危险驾驶罪	556	279	50.2%	232	83.2%
交通肇事罪	167	90	53.9%	77	85.6%
诈骗罪	390	254	65.1%	220	86.6%
抢夺罪	57	47	82.5%	34	72.3%
寻衅滋事罪	368	248	67.4%	218	87.9%
非法拘禁罪	108	81	75.0%	74	91.4%

鉴于个案情形存在差异，有些上诉可能仅提出量刑过重的问题，有些则涉及其他量刑情节，还有些会一并提出定罪和量刑问题，故作者增加了搜索关键词，进一步限定案件类型并对上诉理由和处理结果作细化梳理。2017年9月至2019年8月两年间，在北大法宝以"认罪认罚"和"速裁程序"为关键词搜到的中级人民法院处理的二审案件的有效样本数是469个。其中，辩护方在235个案件中仅提出量刑过重的理由，没有任何新的理由或证据，属于典型的"空白上诉"。在另外135个案件中，辩护方只是重复一审中既有的量刑情节，如初犯、偶犯、坦白、悔罪态度好或盗窃案中财物鉴定价格过高，或者提出了一些酌定量刑情节，如一贯表现良好，家庭情况特殊，预缴了罚

---

[1] 在2014年全国人大授权第一轮速裁程序试点改革时，是以"个罪"和"类罪"相结合的方式，规定速裁程序仅适用可能判处一年有期徒刑以下刑罚的特定案件，包括危险驾驶、交通肇事、盗窃、抢夺、寻衅滋事、非法拘禁六个个罪和诈骗、伤害、毒品、行贿、扰乱公共秩序五个类罪。故表2-1也主要围绕这些代表性案件展开统计分析。

金。在这类案件中，绝大部分（122件）没有新证据来支持减轻刑罚或改判缓刑的诉求，所以和第一类案件相似，可归为"空白上诉"。至此，针对量刑问题的"空白上诉"约占总数的76.1%，与上述宏观统计的数据基本一致。此外，有10个案件针对部分定罪事实提出质疑，或主张不构成犯罪，或主张构成其他罪名，同时也提出量刑过重的主张。另有45个案件在上诉阶段自愿撤诉。在这55个案件中，绝大部分也没有新的理由或证据。因此，广义来说，速裁案件中"空白上诉"的比率可达85%以上。

表 2-2 速裁案件的上诉统计（单位：件）

上诉理由	案件数量（件）	提交新证据（件）		二审维持（件）	二审改判（件）	上诉成功率（%）
		是	否			
仅提出量刑过重	235	0	235	231	4	1.7%
重复强调既有情节，或提出不重要的酌定情节	135	13	122	124	11	8.1%
质疑定罪事实并提出量刑过重	10	0	10	10	0	0
定罪错误	9	1	8	9	0	0
抗诉	11	4	7	6	2	18.2% *
自愿撤诉	45	0	45	/	/	/
特殊情形	12	0	12	9	2	16.7 **

* 另有2个案件撤诉，1个案件发回重审。

** 另有1个案件发回重审。

从宏观和微观的两组数据来看，在80%左右的案件中，辩护方在上诉时没有提出任何实质理由，控辩双方也没有新的争议，很少有新的信息或材料进入二审法院，法院只是依据一审法院认定的事实和证据进行重复审查，大多数上诉的结果是维持原判。笔者还发现，在表2-2第二类案件中，辩护方比较容易提交新证据，这些证据主要形成于一审判决之后，包括被告人及其家属退赃退赔、取得了被害人的谅解等，在 11 个案件中二审法院对其予以认可，相应减轻了处罚或改判缓刑，改判比率显著高于其他类型的上诉案件。

在速裁程序中引入上诉理由审核制，可以发挥过滤和分流的双重功能。一方面，经初步审查，若辩护方没有新证据或其他合理理由，法院可以直接驳回上诉，提前关闭二审程序。从表 2-1 和表 2-2 来看，约有七八成的上诉将被挡在二审法院之外，从而发挥上诉理由审核制之过滤案件、优化司法资源配置的功能。另一方面，该制度还具有未来面向性，即法院可以依据上诉理由提供相应的救济。例如，在上述冯某和焦某盗窃案中，二审法院如果认定侦查人员确有刑讯逼供或引诱行为，应撤销原判，将案件发回一审法院按照简易或普通程序重新审理，以此保障认罪认罚的自愿性和被告人的审级利益。又如，在表 2-2 最后一类特殊情形中，有 2 个案件涉及刑期折抵问题，另有 1 个案件的争点是缓刑考验期的设置。[1]这些案件对定罪和程序问题没有争议，法院需要重点解决的是刑期折抵和缓刑考验期中的法律问题。再如，在王某强制猥亵案中，一审法院没有采纳原公诉机关适用缓刑的量刑建议而判处王某某实刑，宣判前没有引导控辩双方就能否适用缓刑发表意见，二审法院认为这剥夺了双方的法定诉讼权利，可能影响公正审判，最终裁定发回重审。[2]在本案以及其他违反公开审判、回避制度等可能影响公正审判的情形中，并不涉及实体问题，二审法院应依据 2018 年《刑事诉讼法》第 238 条对一审中的程序违法提供专门的救济。

此外，确立上诉理由审核制还具有理论层面的必要性，有助于我们重新检视二审程序的功能定位以及二审全面审查原则。

第一，上诉理由审核制有助于淡化二审程序的纠错功能，强化救济功能。在我国学者和实务人员看来，限制上诉权的最大担忧在于影响二审的纠错功能，担心被告人失去对一审判决提出异议的机会。按通常解释，二审法院具有审级优势，法官的素质和经验优于一审法官，故能发现一审之错误。但二审

---

〔1〕 林某某串通投标案（2018）闽 01 刑终 1259 号；李某某容留他人吸毒案（2018）鄂 01 刑终 402 号；李某故意伤害案（2018）湘 01 刑终 417 号。

〔2〕 王某强制猥亵案（2018）津 01 刑终 900 号。

之纠错功能向来都饱受质疑。法国著名法制史学者阿德玛·艾斯梅因（Adhémar Esmein）指出，仅仅担忧一审可能出错，就要求上诉法官对一审判决展开审查，本身就是对司法公信的质疑，如果一审法官可能犯错，那为何二审法官就不会犯错？[1]而且，时间的经过会造成证据的散失或证人记忆的薄弱，何况二审法院在不开庭审理的情形下只能书面审查案卷材料，并不有利于真实发现。[2]增加一次审级救济既不意味着认知信息的增加和对案情甄别的深入，也不表明裁断准确度的必然提升，二审法院在纠错的同时可能正在犯错。[3]而且，尚未有实证研究表明，二审改判一定能纠正错误。相反，实务中启动再审程序的大都是二审案件，这说明原来二审判决也是错误的。所以，"纠错"可能只是一种观念层面的理想状态。[4]

在纠错功能无法提供充分理由时，上诉理由审核制凸显的是一种救济功能。救济功能强调的不是一审判决的结果可能出错，而是被告人应当有机会向上一级法院指出一审中存在的错误。在认罪认罚案件中，法院的事先审查足以确保被告人有机会反映认罪认罚和一审程序的问题。此外，上诉程序也具有独立价值，即在法官素质和技能同等的前提下，上诉的意义在于通过另一种思考程序可能会得出更好的答案。[5]质言之，法院在审查上诉理由时仍可以发现一审中的问题并提供相应的救济。无论是被告人反映的问题还是法院发现的问题，端赖于法官结合个案情形作具体分析，国家难以在每个案件中平均用力，全部实现上诉制度之纠错、救济或维护法律统一实施等"多项功能"。制度功能在具体情形中有不同的面孔，立法者应权衡多元价值对制度功能的发挥进行政策引导。在认罪认罚不自愿、不真实或不合法等情形中，纠错功能应予以凸显，二审法院应避免出现重大的司法不公；若没有合理的

---

[1] J. A. Jolowicz, "Appeal and Review in Comparative Law: Similarities, Differences and Purposes", *Melbourne University Law Review*, Vol. 15, 1986, p. 629.

[2] 陈运财："不对称上诉制度之初探"，载《检察新论》2011年（总）第9期。

[3] 参见傅郁林："审级制度的建构原理"，载《中国社会科学》2002年第4期；林喜芬："我国刑事审级制度功能考辨与变迁改良"，载《东方法学》2009年第5期。

[4] 张卫平：《转换的逻辑：民事诉讼体制转型分析》，法律出版社2007年版，第411页。

[5] Daniel Jutras, "The Narrowing Scope of Appellate Review: Has the Pendulum Swung Too Far?", *Manitoba Law Journal*, Vol. 32, 2006, p. 64.

上诉理由，应着重发挥二审程序之救济和保障法律统一实施等"多元功能"。

第二，淡化纠错、强化救济功能有助于反思全面审查原则。该原则体现了我国一直坚持的实事求是、有错必纠理念，体现出上级法院对下级法院以及控辩双方的不信任态度。〔1〕在颁布1979年《刑事诉讼法》时，证据规则尚未健全，裁判文书说理不够，审判质量尚不尽如人意，当事人往往不能针对案件存在的关键性问题提出上诉请求和理由，所以二审贯彻全面审查原则具有一定的现实意义。〔2〕在案件数量不多、裁判对象和程序比较单一的情况下，司法资源和诉讼效率之间的紧张关系并不明显。随着近年来司法改革的发展，控辩对抗、法官素质、证据规则和一审判决的品质都显著提升，"对下级法院不信任"这一理由显已过时。而且，在"案多人少"的情形下，对控辩双方没有争议之问题重复审理，不仅浪费资源，更会拖累有实质争议需要开庭审理的案件无法开庭，影响第二审案件的整体审判质量。〔3〕因此，有必要根据案件之不同性质来实现上诉之多元价值取向，并在制度层面引入多样化、多层次的审查方式。目前，完全取消全面审查原则仍有一定难度，在利用上诉理由审核制过滤掉大量"空白上诉"后，对于具有合理理由的上诉予以全面审查具有可行性和必要性。从长远看，我国应引入"一部上诉"原则，将上诉审查范围限定为控辩双方存在争议的问题，并依据刑罚轻重、上诉类型和审级制度等因素分别适用全面审查或部分审查，在多元上诉结构中确定不同的审查范围。

第三，有助于厘清当前的认识误区。有观点在论证认罪认罚案件应维持权利型上诉时指出，速裁案件的一审越简易，越应保障上诉。在比较法视野中，"程序越简，越应保障上诉权"的逻辑确有相应的制度。如前所述，在德国轻罪案件中，一审程序相对简易、迅速，被告人上诉后法院会进行彻底的复审。英国治安法院判决有罪后，被告人享有绝对上诉权。约翰·朗本（John Langbein）教授以制度溯源的方式解释了德国的制度建构：一是早期下

---

〔1〕 王超：《刑事上诉制度的功能与构造》，中国人民公安大学出版社2008年版，第113页。
〔2〕 顾永忠：《刑事上诉程序研究》，中国人民公安大学出版社2003年版，第66页。
〔3〕 魏晓娜："刑事审判中的事实问题与法律问题——从审判权限分工的视角展开"，载《中外法学》2019年第6期。

级法院审理轻罪案件的程序过于简单,没有律师参与;二是定罪依靠的是法官的主观确信,而不是相对客观的证明要求,定罪判决的可接受程度较低。[1]类似地,英国最初也对古老的"警察法院"充满不信任。[2]据此,英德保障轻罪案件上诉权的一个重要因素是历史传统。在现代一审程序日益完备的情况下,德国曾一再建议废止轻罪上诉案件的全面审查,英国上诉法院的罗宾·奥尔德法官(Lord Robin Auld)在其深刻影响英国改革报告中也建议废除轻罪案件中的权利型上诉。[3]所以,英德的制度表达不足以证成"程序越简,越应保障上诉权"的逻辑。

该逻辑在我国也面临三点质疑。首先,该逻辑背后体现的是实事求是、有错必纠的理念,而上诉之纠错功能存在诸多质疑,且上诉理由审核制亦能发挥一定的纠错功能。其次,英德的制度成因在于对一审法院的不信任,这项理由在我国不成立。我国一直强调法院应对认罪认罚进行司法审查,程序简化也不能降低证明标准,而是要求通过审前的"证明准备"达到确实、充分的程度。[4]而且,法律援助和值班律师的改革扩大了律师帮助的范围和效果,一审法院释法说理的水平和裁判文书的质量也有所提高。所以,我国不存在英德制度背后所表达的理由,立法的理由不存在,也就无须遵循"程序越简,越应保障上诉权"的逻辑推理。最后,该逻辑没有考虑认罪与否这一关键因素。英国治安法院判决有罪后,若被告人作有罪答辩,则一般不能针对定罪问题上诉;而德国被告人认罪后,仍有权对定罪和量刑提起上诉。因此,在"轻罪"这一共同前提下,加上"认罪与否"的因素后,各国上诉制度就出现了差异。究其原因,国家保障的是被告人获得上一级法院审查的机会,至于上诉权的表现形式和审级制度的具体建构,立法者可以综合考虑多种因素予以规定。历史传统、刑罚轻重、一审程序的类型和认罪与否都是重

---

[1] See John Langbein, *Comparative Criminal Procedure: Germany*, St. Paul, MN: West Publishing Company, 1977, pp. 78-79, 83-84.

[2] Richard Nobles & David Schiff, "The Right to Appeal and Workable Systems of Justice", *Modern Law Review*, Vol. 65, 2002, p. 695.

[3] Robin Auld, *Review of the Criminal Courts of England and Wales: Report*, London: Stationery Office, 2001, p. 617.

[4] 参见谢澍:"认罪认罚从宽制度中的证明标准",载《东方法学》2017年第5期。

要的考量因素，但哪一个都不是决定性的因素，"一审程序越简"和"保障上诉权"之间没有因果关系。

第三节　上诉理由审核制的理论依据和制度表达

一、上诉理由审核制的理论依据

上诉理由审核制有两个理论依据。第一个是权利型上诉和裁量型上诉的区分。权利型上诉是指当事人只要满足形式要件即可提起上诉，上诉必然启动二审程序；裁量型上诉是指当事人只享有向二审法院提出申请的权利，但申请并不必然启动二审程序。各国在其审级制度的建构中会选择不同类型的上诉。一般而言，被告人享有至少一次权利型上诉的机会，这体现了上诉程序的权利救济功能。与此不同，审级越高越会采用裁量型上诉，因为审级越高的法院的职责不在于认定事实，而是为了确定案件是否涉及重大的法律问题或公共利益。[1]而且，裁量型上诉能够过滤掉没有法律价值的上诉，让法院专注于统一法律适用、发展法律规则。

《公民权利和政治权利国际公约》第 14 条规定，凡被判定有罪者，应有权由一个较高级法庭对其定罪及刑罚进行复审，《欧洲人权公约》第 7 章第 2 条既规定了这种权利型上诉，同时指出各国可以依据国内法来限制轻罪案件中的上诉权。又如，美国宪法没有规定被告人在定罪之后有权上诉，但各州都通过制定法赋予被告人有权提起一次权利型上诉。如果上诉失败，可以继续向上一级法院提出上诉申请，但此时由法院决定是否接受上诉，属于裁量型上诉。[2]对于有罪答辩的案件，美国多数州允许被定罪的被告人提起权利型上诉，但至少有一个州已经修改了州宪法，规定对有罪答辩的上诉是裁量

---

[1] 参见[美]约书亚·德雷斯勒、艾伦·C.迈克尔斯：《美国刑事诉讼法精解》（第二卷·刑事审判），魏晓娜译，北京大学出版社 2009 年版，第 667 页。

[2] Joshua Dressler, Alan C. Michaels & Ric Simmons, *Understanding Criminal Procedure* (*Volume One: Investigation*), 7th ed., Durham: Carolina Academic Press, 2017, p. 12. 王兆鹏教授直接将 discretionary appeal 译为"许可性上诉"。

型的。[1]我国2018年《刑事诉讼法》第227条规定,被告人只要对一审裁决不服就有权提起上诉,这属于权利型上诉。在两审终审制下,二审法院作出的裁决立即生效,被告人的上诉权用尽,不能再向上一级法院申请裁量型上诉。

上诉理由审核制的第二个理论依据是"上诉"和"审查"两个概念的分离。我们习惯将之统称为"上诉审查",没有注意到"上诉"本质上只是一种申请权,并非一律能够启动二审程序。其实,"上诉"和"审查"的区分对于寻求救济的途径和方式来说至关重要。[2]第一,就"上诉"而言,当事人对一审裁决提起上诉,是为了申请二审法院听审案件中的相关争议。英国为有罪答辩和排除证据的裁定提供了不同的救济途径,被告人在治安法院作有罪答辩后,一般不能就定罪提起上诉;皇室法院依据有罪答辩作出定罪判决后,被告人可以向上诉法院主张定罪是无效或不安全的。[3]此外,对于皇室法院在审判中排除证据的裁决,检察官有权向上诉法院提起中间上诉。[4]这表明英国对上诉权的分配和上诉事由作出了明确区分,当事人为了寻求不同的救济必须向特定的法院提起上诉。我国对认罪认罚的案件或排除非法证据的裁定,没有设置不同的救济途径,而且,根据2018年《刑事诉讼法》第227条的规定,被告人只要不服一审裁决就有权提起上诉。也就是说,在我国法律的语境中,"上诉"作为一种申请权的本质并不明显。

第二,"审查"有两层含义。第一层是判断是否符合上诉条件,这是为了起到过滤案件的门槛作用。在权利型上诉中,法院只需进行形式审查,只要符合主体、管辖以及其他程序性要件,就满足了上诉条件;在裁量型上诉中,除形式要件外,法院还应审查是否符合本级法院的职责和功能。例如,美国控辩双方用尽普通上诉权后,可以向联邦最高法院提出上诉申请,大法官们

---

[1] [美]约书亚·德雷斯勒、艾伦·C.迈克尔斯:《美国刑事诉讼法精解》(第二卷·刑事审判),魏晓娜译,北京大学出版社2009年版,第67页。

[2] Andrew Keogh, *Criminal Appeals and Review Remedies for Magistrates' Court Decisions*, London: Blackstone Press Limited, 1999, pp. 1-2.

[3] Paul Taylor, *Taylor On Criminal Appeals*, 2nd ed., Oxford: Oxford University Press, 2012, pp. 22, 258.

[4] Ian Dennis, "Prosecution Appeals and Retrial for Serious Offences", *Criminal Law Review*, No. 8, 2004, pp. 620-621.

以"是否涉及重大的宪法问题"为标准进行个案审查，至少得到4名大法官的支持后，才会签发调卷令。"审查"的第二层含义是指上诉法院在权利型上诉中受理案件后，或在裁量型上诉中批准上诉申请后，对一审裁决进行的实质审查。各国审级构造不同，立法例包括复审制、续审制和事后审查制三种。[1] 我国刑事二审程序采复审制，二审法院对于事实认定、法律适用和刑罚裁量进行彻底的复审。

与上诉理由审核制相关的是裁量型上诉和"审查"的第一层含义。在裁量型上诉中，被告方提出上诉的申请后，法院享有初步审查权以及是否批准申请的决定权。此时，法院无须传唤证人，只需认定上诉理由具有一定的合理性，并具有相应的线索或材料，被告方也无须提供详尽的书面辩护意见，只需按要求填写一份格式化的申请表。在蒙内尔和莫斯利诉英国案（Monnel and Morris v. UK）中，英国向欧洲人权法院解释了申请上诉的两步式审查：首先判断申请上诉的理由是否合理，其次才会判断是否具有法律价值。如果具有合理理由和一定的法律价值，就批准上诉申请；相反，如果上诉理由不充分或者没有进一步考虑的意义，就予以驳回。[2] 在上诉的申请阶段，对上诉理由的审查程度不如正式的上诉听证程序，因为第一层含义的"审查"只需起到过滤和把关的作用，第二层含义的实质"审查"则需要着重解决一审中的争议问题。后者涉及上诉理由、审查范围、证明机制和处理方式等多个方面，后续予以详述。

二、上诉理由审核制的制度表达

在速裁案件中引入上诉理由审核制后，我国可以参考非法证据排除程序的相关规定来进行制度建构。2018年《刑事诉讼法》第58条第2款规定，被告方申请排除非法证据的，应当提供相关线索或材料，由被告方承担初步证明责任的目的在于防止其滥用申请权，避免浪费司法资源。[3] 初步证明责任

---

〔1〕 参见林钰雄：《刑事诉讼法》（下册），元照出版有限公司2013年版，第334页。

〔2〕 Monnell and Morris v. The United Kingdom, European Court of Human Right, 1988, para. 27.

〔3〕 参见戴长林、罗国良、刘静坤：《中国非法证据排除制度：原理·案例·适用》（修订版），法律出版社2017年版，第142页。

的要求不宜过高,只要能形成非法取证的合理怀疑,就应当启动调查程序。[1]本质上,排除非法证据的申请类似于裁量型上诉,法院经初步审查对取证合法性产生疑问的,才会举行听证程序。这体现出上诉理由审核制中"提出申请"和"法院审查"的两步式要求。相应地,为保障上诉申请获得充分有效的审查,应在四个方面适当制约法院的决定权,并对被告人权利予以额外关照。

第一,提出申请。被告方应当在上诉期限内向二审法院申请上诉,并提供相应的证据或事实。英国被告人可以向一审或者二审法院提出上诉申请,但实务中,由于一审法院不愿意看见自己的判决被质疑,批准上诉的很少,所以被告方大都向二审法院直接申请上诉。[2]我国可以要求一审法院在作出裁决时,必须告知申请上诉的权利和条件,由被告方决定是否直接向二审法院提出申请,以减少来自一审法院的阻力。二审法院在上诉期届满后开始审查,被告方有权在上诉期限内撤回申请,若撤回之后在上诉期限内又发现新的证据或事实,可以再次提出申请。上诉期届满,被告方没有提出申请的,一审裁决立即生效。

第二,准备上诉申请书。上诉的申请书不是完整的辩护意见,只需简要说明理由。我国司法实务中比较常见的理由包括被告人在上诉期间积极退赃退赔,得到了被害人或其家属的谅解,或者发现了新的证据或事实足以证明一审法院存在错误,应当减轻处罚或判处缓刑。申请人可以制作一份格式化的申请书,载明一审裁决、上诉人、辩护人、上诉理由等基本信息,以此来帮助二审法院进行有针对性的审查。此外,一审法院应当充分保障被告人申请上诉的权利并为其提供便利。二审法院批准上诉后才能启动二审程序;若拒绝批准,则一审裁决在上诉期届满后生效,被告人的上诉权用尽,只能行使申诉的权利。[3]被告人不能对是否批准上诉的裁决再行上诉。

第三,法院迅速审查。对上诉理由的审查势必造成一定的诉讼拖延,澳大利亚很多州在2011年出现了大范围的诉讼拖延,预备性的审查竟然耗费数

---

[1] 陈光中主编:《非法证据排除规则实施问题研究》,北京大学出版社2014年版,第18页。

[2] Liz Campbell, Andrew Ashworth & Mike Redmayne, *The Criminal Process*, 5th ed., Oxford: Oxford University Press, 2019, pp. 388-389.

[3] 参见陈卫东:"认罪认罚从宽制度研究",载《中国法学》2016年第2期。

月时间，[1]严重危及一审判决的安定性和被告人获得迅速审判的权利。有学者担忧，引入上诉理由审核制度后，二审法院既要形式审查是否符合上诉的条件，又要实质审查案件的争议，这样会更加拖延二审的周期，缩短被告人在监所服刑的时间。对此，必须强调的是，上诉理由的审核只是一种"迷你"的审查程序，应当以简化的形式迅速进行。本质上，理由审查不涉及案件的实体争议问题，被告方只需提供一定的证据或事实，向二审法院表明具有合理理由并符合上诉条件。"表明"一词意味着不是严格的司法证明，无须适用严格的证据规则，也不用达到"事实清楚，证据确实、充分"的程度。而且，上诉理由审核适用的是格式化的申请书，法院原则上采书面审查的方式，确有必要时可以听取控辩双方的意见。也就是说，上诉理由的审核阶段无须塑造出完整的诉讼形态，很多国家不要求一律举行公开听证，也不要求提供完整的上诉理由。至于上诉理由的审查主体，有些国家规定由多位上诉法官审查并作出决定，一旦拒绝，则不得再行上诉；英国则规定，若一名法官审查并拒绝上诉，被告人之后还可以请求全席法庭再次听审。无论何种方式，一般都不得对上诉申请的裁决再行上诉，防止落入无限审级的循环。要言之，上诉理由的审查只是启动二审程序的一道门槛，二审法院应当迅速地决定是否批准上诉并进入正式的二审程序。

第四，时间损失规则（loss of time rule）。这是上诉理由审核制的一个配套制度。英国上诉法院有权决定不将申请上诉期间的羁押日期计入最终的刑期，也就是说，如果法院没有批准上诉申请，审查期间的羁押日期将成为额外的惩罚。[2]我国《刑法》第44条和第47条对刑期折抵作了明确规定，在速裁案件中，被告人可能判处的刑罚较轻，若上诉申请的审查期间过长，同样可能让他们达到免于监狱服刑之目的。我们在要求法院迅速审查的同时，也可以规定，对于被告人提起的毫无理由的上诉申请，法院驳回之后有权决定审查期间的一部分羁押日期不计入刑期，以此来彻底打消被告人滥用上诉

---

[1] Chris Corns, "Leave to Appeal in Criminal Cases: The Victoria Model", *Current Issues in Criminal Justice*, Vol. 29, 2017, p. 48.

[2] See Liz Campbell, Andrew Ashworth & Mike Redmayne, *The Criminal Process*, 5th ed., Oxford: Oxford University Press, 2019, pp. 385-386.

权的动机。但需要注意的是，时间损失规则本质上是"未经审判"就增加了剥夺或限制被告人自由的时间，而且，英国要求法官依据个案裁量的方式来决定不计入刑期的时间，没有明确适用的规则。鉴于对该规则合法性以及法官裁量适用的方式的争议，我们在实务中需谨慎适用。

与权利型上诉相比，速裁程序中的裁量型上诉和上诉理由审核制在一定程度上限制了被告人的上诉权，对其权利行使影响重大，因而有必要采取以下三方面的措施，在限制上诉权的同时最大限度地确保司法公正。

第一，法官的加重告知义务和程序保障职责。一审法院应当告知被告人指控的罪名和可能判处的刑罚，鉴于实务中被告人对定罪基本没有争议，法院需要特别告知被告人量刑建议并不具有确定的效力，他们有权在法定量刑幅度内作出调整。采行上诉理由审核制后，法院需提醒被告人谨慎行使上诉权，并向他们解释法定的上诉理由，并告知上诉失败后的法律后果。被告人在充分了解上诉理由、上诉条件和相应的法律后果后打算申请上诉的，一审法院应提供格式化的上诉申请书并进行必要的帮助和指导。此外，法院应当简化案件移送的手续，缩短案卷、法律文书在上下级法院的传递时间，在保证审查质量的前提下，迅速进行上诉的申请和审查程序。

第二，律师应当在申请上诉时提供有效的帮助。英国上诉审查制的一个重要配套措施是保障被告人在一审和申请上诉阶段都有权获得法律援助，帮助他们决定是否作有罪答辩以及在一审判决后提起上诉、如何准备上诉申请。我国台湾地区引入协商程序时虽然注意到了律师的重要性，但却以节约辩护资源为由而采"半套式"强制辩护，只有"被告表示所愿受科之刑逾有期徒刑六月，且未受缓刑宣告，其未选任辩护人者，法院应指定公设辩护人或律师为辩护人"，其余则不在强制辩护范围内。[1]与此不同，我国大陆地区在2017年年底颁布了《关于开展刑事案件律师辩护全覆盖试点工作的办法》（以下简称《刑事辩护全覆盖试点办法》），2018年《刑事诉讼法》也特别强调值班律师的重要性，其第36条第2款规定嫌疑人、被告人有权约见值班律师，第174条第1款要求嫌疑人应当在辩护人或值班律师在场的情况下签署

---

[1] 林钰雄：《刑事诉讼法》（下册），元照出版有限公司2013年版，第280页。

认罪认罚具结书。这些规定都有助于嫌疑人、被告人及时获得律师帮助，了解认罪认罚的法律后果，特别是选择速裁程序后在上诉权方面受到的限制。

此外，律师在一审和二审的程序衔接过程中应继续提供帮助。我国台湾地区在 2007 年修改相关规定后要求在第二审上诉书状中叙述具体理由，否则案件无法进入二审的实体审判。但实务中，受制于经济条件的被告人在一审判决后就不能再获得律师的帮助，难以在上诉时"叙述具体理由"，王兆鹏教授称之为"上诉二审的鸿沟"。[1]日本在确立了第三审裁量上诉制后，因当事人对申请受理的法律问题和制作申请理由书并不熟悉，导致向最高法院提起第三审的上诉流于形式，利用率极低。[2]与此不同，美国联邦法律规定，法院在审判中为被告人指定的律师，应持续为被其辩护至所有上诉审级终了为止，除非该律师请求法院解除其责任。[3]所以，我们在引入上诉理由审核制后，应要求律师在一审和二审中提供不间断的帮助，特别是在一审结束后应继续和被告人沟通和协商，并决定是否提起上诉。如果决定上诉，要帮助被告人准备申请上诉的材料，必要时也需向二审法院发表意见，防止在一审和二审程序衔接之处出现"鸿沟"。

第三，应当对检察机关抗诉权作出限制。在我国实务中，一旦被告人以量刑过重为由上诉，有些检察机关会以抗诉作为应对措施，认为被告人上诉是对一审认罪认罚的反悔，一审从宽处理的事由已经改变，并请求二审法院予以改判。我国检察机关经常以抗诉来应对认罪认罚的被告人的上诉，主张上诉这一行为表明其不再认罪认罚，要求二审法院剥夺相应的量刑优惠。应当说，检察机关在审前已经围绕认罪认罚和量刑建议做了大量工作，若上诉毫无理由，容易产生抵触情绪，抗诉也确实能发挥一定的震慑作用。但是，抗诉权的行使要以一审裁决确有错误为前提，被告人的上诉行为发生在一审裁决之后，行为本身不能再作为评价一审裁决是否有误之标准。否则，被告人所作的与一审裁决前不一致的言行都将成为检察机关溯及既往否定一审裁

---

[1] 参见王兆鹏："上诉二审的鸿沟——理论与实证研究"，载《军法专刊》2008 年第 5 期。

[2] 参见［日］松尾浩也：《日本刑事诉讼法》(下)，张凌译，中国人民大学出版社 2005 年版，第 265 页。

[3] 18 U. S. Code § 3006A (c).

决的理由，这将威胁被告人之言行自由并动摇一审裁决的安定性。更重要的是，抗诉之震慑作用会给被告人带来压力，即使存在认罪认罚不自愿、不真实或不合法等理由，也不敢贸然上诉。上诉理由审核制将是否启动二审程序的决定权赋予中立的法院，有助于消除被告人的上诉顾虑，防止检察机关过分当事人化，维护上诉阶段的控辩平衡。在上诉理由审核制下，被告人的上诉权已经受到一定的限制，若仍允许检察机关以上诉反悔为由抗诉，会给被告人造成巨大的心理负担，即便存在法定的上诉理由，其也会担心丧失一审认罪认罚的量刑优惠而不敢上诉。[1]相反，上诉理由审核制把是否上诉的选择权赋予被告人，并由二审法院决定是否启动二审程序。这种被告人申请和法院审查相结合的做法能够避免检察机关过度当事人化，消除被告人上诉的心理负担，确保二审法院及时发现认罪认罚的瑕疵和一审程序中的其他问题。

---

[1] 参见杨云骅："协商失败后不利陈述之禁止使用"，载《月旦法学教室》2004年第8期。

第三章
认罪认罚案件的二审程序

在认罪认罚案件的上诉问题上，我国实务界和学界存在不同的观点。有的实务人员认为，认罪认罚后的上诉不符合诉讼经济之目的，为了整体上缩短认罪认罚案件的审理周期并合理配置司法资源，应在速裁程序中实行一审终审制。[1]学者们对能否剥夺或限制上诉权存在分歧。陈卫东教授认为可以依据案件类型来限制上诉权，适用速裁程序审理的案件不允许提起上诉，但适用普通程序的认罪认罚案件仍可以上诉。[2]魏晓娜教授指出，速裁程序中的被告人不享有上诉权，但可以提出事后异议。[3]与此不同，陈瑞华教授认为取消两审终审制难以保障认罪认罚的自愿性，也无法审查一审程序的违法行为。[4]此外，陈光中教授和熊秋红教授等人提出设立认罪认罚案件的上诉审查程序，赋予被告人有条件的上诉权。[5]

本章第一节结合德国和英美的立法和判例，论证认罪认罚案件二审程序的重要性。第二节对我国学者提出的"上诉审查程序"和"有条件的上诉权"作进一步思考，提出应在认罪认罚案件中建立二元上诉结构，即在速裁程序中引入裁量型上诉和上诉理由审核制，达到过滤案件、提高效率之目的；在普通程序、简易程序中沿用目前的权利型上诉，侧重发挥二审程序之救济权利、维护司法公正的功能。第三节和第四节是对认罪认罚案件的上诉理由、

---

[1] 参见丁国锋："刑事速裁一审终审呼声渐高"，载《法制日报》2015年11月2日，第5版。
[2] 参见陈卫东："认罪认罚从宽制度研究"，载《中国法学》2016年第2期。
[3] 魏晓娜："完善认罪认罚从宽制度：中国语境下的关键词展开"，载《法学研究》2016年第4期。
[4] 陈瑞华："认罪认罚从宽制度的若干争议问题"，载《中国法学》2017年第1期。
[5] 陈光中、马康："认罪认罚从宽制度若干重要问题探讨"，载《法学》2016年第8期；熊秋红："认罪认罚从宽的理论审视与制度完善"，载《法学》2016年第10期。

审查范围和法院处理方式的详细分析。这些制度设计不仅体现出二审程序的基本功能和多元价值，也涉及一审和二审之间的程序衔接和司法资源的合理配置问题。[1]也就是说，要解决如何既发挥二审程序的功能，又避免滥用上诉权、损害诉讼效率的问题。二元上诉结构有助于促进我国刑事二审程序的多元化、精致化发展。随着刑事司法改革的深入，一审法院审理的对象被细化为定罪、量刑和非法证据问题，一审程序也形成了普通程序、简易程序、速裁程序的三级"递简"格局。[2]在此基础上，二审程序因一审程序、审查对象、上诉理由的不同而在审查范围、证明机制和处理方式等方面有所不同。二元上诉结构能推进当前相对滞后的二审程序改革，并以一审、二审程序的联动视角来促进刑事上诉制度的整体完善。

第一节 认罪认罚案件二审程序的重要性

以"认罪认罚"和"速裁程序"为关键词，从2016年认罪认罚从宽制度试点改革开始至2018年《刑事诉讼法》修正案通过，在中国裁判文书网中搜索到了268份二审法院的裁决文书。[3]在这些案件中，有125个案件的被告人没提出任何新的证据或理由，仅以量刑过重为由提起上诉，约占总数的46.6%；在75个案件中被告人重复强调了一审中既有的量刑情节，如自首、悔罪、退赔退赃、偶犯或初犯等，在另外16个案件中提出了一些新的酌定量刑情节，如家庭经济困难、个人身体或精神有恙、没有犯罪记录等。也就是说，在80.6%的二审案件中，被告人没有任何新的证据，或仅有一些不重要的酌定量刑情节，属于"空白上诉"。

针对被告人为了留所服刑而滥用上诉权的问题，很多办案人员主张实行

---

[1] 参见陈运财："刑事诉讼第三审构造之探讨"，载《月旦法学杂志》2007年第4期。

[2] 魏晓娜："完善认罪认罚从宽制度：中国语境下的关键词展开"，载《法学研究》2016年第4期。

[3] 从全国人大2016年授权认罪认罚从宽制度试点改革到2018年10月26日为止，以"认罪认罚"和"速裁程序"为关键词在中国裁判文书网上搜索到的二审判决书、裁定书总共是275份，其中有7个案件重复，故有效样本是268个。

一审终审制，也有办案人员要求被告人在具结书中签字自愿放弃上诉权后，才可以适用速裁程序。[1]本书认为，以上诉不加刑原则来拖延审理周期、逃避监狱服刑，固然有损认罪认罚从宽制度的效率价值，而且可能变相鼓励没有上诉的被告人提起"空白上诉"，从而影响认罪认罚的全局改革。但是，一审终审制或者放弃上诉权的观点开错了解决问题的药方。上诉程序或上诉权不能仅仅着眼于诉讼效率，而应兼顾上诉程序的多元价值和功能。具体而言，认罪认罚案件的二审程序的意义表现在四个方面。

第一，二审程序具有监督一审程序和救济权利的功能。美德两国为了防止无辜的被告人为避免重刑而作有罪供述，要求法官对认罪的自愿性和答辩的事实基础进行审查。但是，在美国有罪答辩的听证程序中，被告人经常按照律师起草的样本，向法官作简短的事实陈述。[2]法官不会对事实基础进行有效的审查，很少涉及量刑事实，法院和听证程序的作用微小。[3]有学者指出，检察官隐瞒有利于被告人的证据是导致错误判决的一个重要因素。[4]德国法院对供述经常只进行形式化的确认，有调研发现受访法官中有67.1%的人表示总是会对有罪供述加以审查，另有38.3%的受访法官不会总是审查供述的可信性。另有学者发现，55%的受访律师表示，被告人因法院提出的"量刑的剪刀差"而作出了错误的供述。[5]所以，美国要求上诉法院对答辩的自愿性进行重点审查，德国也要求一审法院保持采信有罪供述程序的透明性并在判决中详细说理，从而让上诉法院进行有效的事后审

---

[1] 参见孙志伟："意大利认罪协商程序及其对刑事案件速裁程序的启示"，载《河北法学》2016年第4期。实务中也有要求放弃上诉权的案例，参见步某、高某故意伤害案一审刑事判决书，(2016) 浙0302刑初500号。

[2] Stephanos Bibas & Richard Bierschbach, "Integrating Remorse and Apology into Criminal Procedure", *The Yale Law Journal*, Vol. 114, 2004, p. 140.

[3] Christopher Slobogin, "Plea Bargaining and the Substantive and Procedural Goals of Criminal Justice: From Retribution and Adversarialism to Preventive Justice and Hybrid-Inquisitorialism", *William & Mary Law Review*, Vol. 57, 2016, pp. 1518-1519.

[4] Peter Joy, "The Criminal Discovery Problems: Is Legislation a Solution?", 52 *Washburn Law Journal*, Vol. 52, 2013, p. 44.

[5] Stefan König & Stefan Harrendorf, "Negotiated Agreements and Open Communication in Criminal Trials", *German Law Journal*, Vol. 15, 2014, p. 73.

查。[1]

在我国，作者统计的 268 个案件中有 6 个案件的被告人否定了一审认罪认罚的自愿性，他们提出签署具结书并非自愿，而是为了获得较轻的量刑，有 1 个甚至明确表示是为了早点出看守所。在这些情况下，二审法院就需承担监督和救济的职责，判断被告人是否为被迫认罪认罚。反之，如果实行一审终审或放弃上诉权，会使一审法院期待它的判决不会被上诉审查，懈怠查明真相的职责，导致在事实认定和刑罚裁量上出现错误。此外，"两高三部"《关于适用认罪认罚从宽制度的指导意见》第 16 条和第 18 条要求被害人参与认罪认罚案件的处理过程，作者发现在危险驾驶案、交通肇事案这两类案件中，很多被告人在上诉过程中积极赔偿了被害人损失，达成和解协议并取得了谅解，二审法院相应地对其减轻处罚。所以，二审不仅是对相关定罪、量刑问题的再次审查，也能促使被告人积极主动创造新的量刑情节，让被害人获得一定的救济，达到化解矛盾、修复社会关系之目的。

第二，二审程序有助于防范盲目追求效率的风险，体现了刑事程序的价值多元化。在 2013 年之前，德国实务普遍要求被告人放弃上诉权，因为弃权可以避免冗长的上诉程序，体现了对诉讼效率的优先考量。[2] 德国司法部为了应对案多人少的问题，把监督案件的方式从质量控制转向数量评估，要求检察官注重办案效率，但这种以办案数量为依据的评估机制损害了检察官的中立性和客观性。[3] 德国宪法法院在 2013 年明令禁止放弃上诉权，强调查明真相和迅速处理案件都是刑事程序的重要目标，法院不能以协商来替代查明真相，更不能因为追逐效率牺牲实体真实。[4] 美国被告人作出有罪答辩后就放弃了很多宪法权利，此外，检察官还会以幅度更大的量刑优惠来要求被告

---

[1] Jacqueline Ross & Stephen Thaman, *Comparative Criminal Procedure*, Northampton: Edward Elgar Publishing, 2016, p. 245.

[2] See Stephen Thaman, *World Plea Bargaining*, Durham: Carolina Academic Press, 2010, p. 274.

[3] Jacqueline Ross & Stephen Thaman, *Comparative Criminal Procedure*, Northampton: Edward Elgar Publishing, 2016, p. 226.

[4] Regina Rauxloh, "Plea Bargaining in Germany: Doctoring the Symptoms without Looking at the Root Causes", Journal *of Criminal Law*, Vol. 78, 2014, p. 403.

人放弃更多的权利。[1]有研究显示，约三分之二有罪答辩的被告人为了获得更多的量刑优惠而放弃了量刑上诉权。[2]被告人可以自愿、明知地放弃上诉权，[3]但如果弃权会导致严重的司法不公，法院有权拒绝承认弃权条款的有效性。

我国认罪认罚从宽制度有利于节约司法资源、提高诉讼效率。但左卫民教授指出，这种明显效率化的改革取向，将实体上的从宽误读为程序上的从简，程序简化的有形收益是以刑事司法制度的正当性为代价的。[4]有鉴于此，陈卫东教授强调认罪认罚制度必须坚持"公正为本、效率优先"的价值取向。[5]"两高三部"《关于适用认罪认罚从宽制度的指导意见》第四部分第12条至第15条要求保障被告人的辩护权和其他诉讼权利，强化监督制约，确保无罪的人不受刑事追究，有罪的人受到公正惩罚，确保司法公正。如果说认罪认罚案件的一审程序集中体现了效率优先，那么二审程序能防止因追求效率而损害保障权利、查明真相和公正审判等价值。也就是说，二审能够发挥监督制约和价值平衡的作用。

第三，上诉权不仅是个人权利，还具有公共属性，这种公共属性决定了其不能被彻底剥夺。赫尔曼教授指出，刑事程序的一项重要功能是解决社会问题，程序参与者对结果达成"合意"有助于实现司法公正。[6]魏根特教授同时强调，不能以"合意"来规避上诉法院的审查，因为这会侵犯国家正确处理刑事案件所享有的利益。[7]美国被告人提起量刑上诉不仅是行使个人权

---

[1] Carol Brook et al., "A Comparative Look at Plea Bargaining in Australia, Canada, England, New Zealand and the United States", *William & Mary Law Review*, Vol. 57, 2016, p. 1166.

[2] Nancy King & Michael O'Neil, "Appeal Waivers and the Future of Sentencing Policy", *Duke Law Journal*, Vol. 55, 2005, pp. 211-212.

[3] United States v. Khattak, 273 F. 3d 557 (2001), p. 561.

[4] 参见左卫民："认罪认罚何以从宽：误区与正解——反思效率优先的改革主张"，载《法学研究》2017年第3期。

[5] 参见陈卫东："认罪认罚从宽制度研究"，载《中国法学》2016年第2期。

[6] Joachim Herrmann, "Bargaining Justice—A Bargain for German Criminal Justice?", *University of Pittsburg Law Review*, Vol. 53, 1992, pp. 775-776.

[7] Thomas Weigend, "The Decay of the Inquisitorial Ideal: Plea Bargaining Invades German Criminal Procedure", in John Jackson et al. ed., *Crime, Procedure and Evidence in a Comparative and International Context*, Oxford: Hart Publishing, 2008, pp. 59-60.

利,而且有助于限制法官裁量权,并让上诉法院有机会去保证量刑的统一性和规范化。[1]此外,苏格兰和澳大利亚更加明确地指出,在有罪答辩的案件中,量刑从宽的依据不是被告人悔罪或有罪答辩的预期利益,而是出于公共利益的考量。[2]因为有罪答辩能够"大幅度地节省审判资源,让法院集中精力处理有争议的案件,同时,这也有助于提高破案率,增强公众对刑事司法的信心和认可度"。[3]所以,正如孙长永教授所言,我国的刑事判决不能以控辩双方的合意为基础,控辩双方对于定罪量刑的共识不能阻碍被告人事后提起上诉。[4]被告人行使上诉权既是为了在个案中寻求救济,也体现了"两高三部"《关于适用认罪认罚从宽制度的指导意见》"推动刑事案件繁简分流、节约司法资源"的要求。

第四,上诉制度具有维护法律统一实施、发展法律规则的功能。上诉审查能够强化一审判决的正确性和权威性,如果涉及法律问题,那么法院有机会去解释法律并发展规则,这是上诉制度最重要的功能。[5]例如,德国法院通过判例不断发展了是否允许放弃上诉权的规则。德国早期不允许被告人放弃法律救济,因为放弃救济只能在判决宣告之后进行,能否使用法律救济不取决于刑罚的轻重。[6]后来,德国高等法院又指出,被告人放弃上诉权是不具有效力的,除非法官通过加重告知义务,明确告知被告人可以不受先前认罪协议中放弃上诉权的约束。[7]最后,德国在2013年明确禁止放弃上诉权,统一了下级法院长期以来的分歧。美国最高法院在2018年克拉斯案(Class v. US)中指出,被告人即使作了有罪答辩,在定罪后也有权申请审查一项禁

---

[1] David Carney, "Waiver of the Right to Appeal Sentencing in Plea Agreements with the Federal Government", *William & Mary Law Review*, Vol. 40, 1999, p. 1052.

[2] Mike McConville & Luke Marsh, *Criminal Judges: Legitimacy, Courts, and State-Induced Guilty Pleas in Britain*, Northampton: Edward Elgar Publishing, 2014, p. 202.

[3] Cameron v The Queen, [2002] High Court of Australia 6, para. 67.

[4] 参见孙长永:"认罪认罚案件的证明标准",载《法学研究》2018年第1期。

[5] Liz Campbell, Andrew Ashworth & Mike Redmayne, *The Criminal Process*, 5th ed., Oxford University Press, 2019, p. 383.

[6] [德]约阿希姆·赫尔曼:"德国刑事诉讼程序中的协商",王世洲译,载《环球法律评论》2001年第4期。

[7] Regina Rauxloh, "Formalization of Plea Bargaining in Germany: Will the New Legislation Be Able to Square the Circle?", *Fordham International Law Journal*, Vol. 34, 2011, p. 320.

止携带武器的联邦法律是否违反宪法第二修正案,[1]因为这有利于促进整个判例法体系的发展。在我国冉某某非法制造枪支案中,一审法院开庭时发现该案与当日上午先行审理的另一案件的案情和量刑情节基本相当,但检察机关对另案被告人肖某的量刑建议为"有期徒刑2年,缓刑2年",对冉某某的量刑建议却为"有期徒刑1年6个月,缓刑2年",两个量刑建议差距明显。为了实现量刑平衡,审判长建议公诉人将冉某某的量刑建议调整为"有期徒刑2年,缓刑2年"。[2]二审法院支持了一审判决,认为这有助于在同一地区做到同案同判,维护法律的统一适用。总之,上诉程序具有确保裁判统一性和促进"法之续造"的重要功能。

第二节 认罪认罚案件的二元上诉结构

为解决被告人滥用上诉权的问题,我国学者已经提出了"有条件的上诉权"和"上诉审查程序"的观点,以此为基础,本书认为,我国应当在认罪认罚且适用速裁程序的案件中建立上诉理由审核制。被告人首先应向二审法院申请上诉,法院经初步审查认为具有合理理由且符合上诉条件的,才批准上诉并启动二审程序;如果没有合理理由或不符合上诉条件的,法院有权驳回上诉申请。

本书第二章已经厘清了上诉理由审核制的理论基础和制度逻辑,我们可以进一步分析在我国认罪认罚案件中引入上诉理由审核制的意义。自2013年以来,我国在刑事司法领域中推进的是"以审判为中心"的诉讼制度改革。强调"审判中心"并不是要求所有案件都要进入审判程序,也不是所有进入审判程序的案件一律适用标准化的普通审理程序。为了应对案多人少的困境,"以审判为中心"的改革要求贯彻繁简分流的原则,将有限的司法资源用于审理重大复杂疑难案件。在一审程序中,对于认罪认罚的案件,通过速裁程序、简易程序、普通程序分流处理,有利于优化司法资源的合理配置。在二审阶

---

[1] Class v. United States, 138 S. Ct. 798 (2018), p. 803.
[2] 冉某某非法制造、买卖枪支案二审裁定书,(2018)渝04刑终15号。

段，如果一律采用2018年《刑事诉讼法》第227条的权利型上诉，难以继续落实"疑案精审""简案速审"的要求，而且相当耗费二审法院的司法资源。所以，为了在二审阶段继续贯彻繁简分流原则，我国应建立二元上诉结构，即在速裁程序中引入上诉理由审核制和裁量型上诉，在普通程序和简易程序中沿用2018年《刑事诉讼法》第227条规定的权利型上诉。

在我国，被告人是否认罪和案件的严重程度是决定程序适用的两条重要线索。[1]2018年《刑事诉讼法》明确了认罪认罚可以依法从宽处理的原则，被告人认罪认罚后，程序的选择主要取决于案件的严重程度。在可能判处三年以下有期徒刑的轻罪案件中，被告人认罪认罚的可以适用速裁程序，从而获得实体上的从宽处罚和程序上的简化；在可能判处三年以上有期徒刑的重罪案件中，被告人认罪认罚的同样可以获得从宽处理的机会。[2]两者相比，在适用速裁程序的轻罪案件中，不涉及重大的人身、财产权利，且被告人在一审中已经认罪认罚，如果对上诉权不加限制，就会出现滥用上诉权、拖延诉讼效率的问题。与此不同，重罪案件直接关乎被告人的生命权益、重大财产权益，我们应在保障司法公正的基础上适度追求诉讼效率，侧重发挥二审程序之纠错和救济的功能。[3]而且，在轻罪案件中，被告人比较容易同时接受检察机关的"指控罪名"和"量刑建议"，因为这些案件的刑罚不重，被告人对检察院基于宽大处理的考虑所提出的量刑种类和幅度，也容易形成共识。[4]但在重罪案件中，很多对指控罪名不持异议的被告人，对可能存在的自首、坦白、立功等量刑情节特别在意，最终的量刑结果也会对其人身和财产权利造成较大的影响。据此，基于以上罪行轻重、涉案权利和争议焦点等因素的考虑，在普通程序和简易程序中，仍应坚持目前的权利型上诉。

---

[1] 魏晓娜："完善认罪认罚从宽制度：中国语境下的关键词展开"，载《法学研究》2016年第4期。

[2] 参见陈光中、马康："认罪认罚从宽制度若干重要问题探讨"，载《法学》2016年第8期。

[3] 参见陈卫东："认罪认罚从宽制度研究"，载《中国法学》2016年第2期。

[4] 参见陈瑞华："'认罪认罚从宽'改革的理论反思——基于刑事速裁程序运行经验的考察"，载《当代法学》2016年第4期。

第三章　认罪认罚案件的二审程序

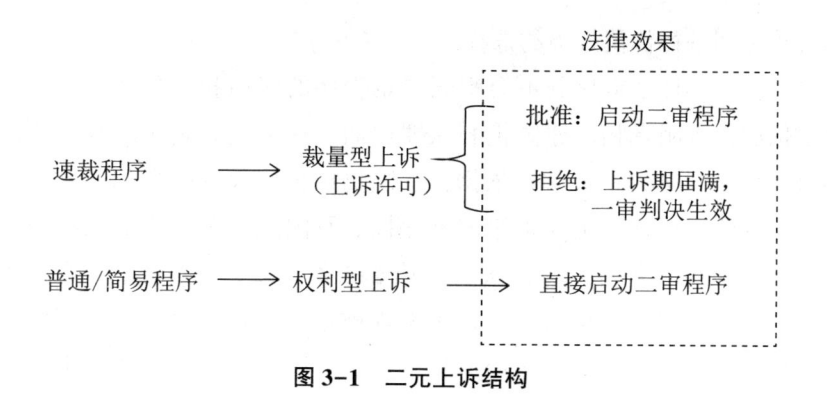

```
                                        法律效果
                                   ┌────────────────────────
                                   │ 批准：启动二审程序
速裁程序 ───→ 裁量型上诉 ─┤
              （上诉许可）         │ 拒绝：上诉期届满，
                                   │       一审判决生效
                                   │
普通/简易程序 ───→ 权利型上诉 ──→ │ 直接启动二审程序
                                   └────────────────────────
```

图 3-1　二元上诉结构

速裁程序中的裁量型上诉和简易程序、普通程序中的权利型上诉构成了二元上诉结构，见图 3-1。在此结构中，上诉理由审核制的意义表现在以下三个方面：

第一，上诉理由审核制能防止速裁程序中被告人滥用上诉权，保障认罪认罚从宽制度的效率价值。审级制度的建构和相应的规定、要件属于立法政策之问题，不涉及诉讼权利的核心内容，也不会出现违反宪法的情形。法律保障的是被告人接受公正审判的权利，至于诉讼救济应当遵循的审级制度和相关程序，法律可以综合案件种类、性质、政策目的以及诉讼制度的功能和价值取向等因素作出合理的规定。[1]实行上诉理由审核制是英国刑事司法中的重要特色，它有助于事先过滤掉上诉理由不充分或不重要的绝大部分案件，是最为直接和有效的控制上诉数量、保障上诉质量的措施。[2]在我国的速裁程序中，上诉理由审核制能够筛选掉被告人提出的"空白上诉"，根据作者统计 268 个案例，它可以过滤掉 80% 左右的案件，从而事先关闭了二审程序，防止被告人用上诉策略来逃避监所服刑。同时，与我国实务人员主张的一审终审制相比，上诉理由审核制不是彻底剥夺上诉权，而是要求谨慎行使上诉权，并给二审程序设置一个门槛条件。速裁程序体现出明显的效率优先色彩，若采一审终审制又会掩盖一审中的司法不公，所以，上诉理由审核制是在效

---

〔1〕　参见沈冠伶："第三审许可上诉制之探讨——以通常诉讼事件为中心及着重于'原则上重要性'之标准建立"，载《台北大学法学论丛》2005 年（总）第 57 期。

〔2〕　沈宜生："英国刑事上诉制度"，载《法学新论》2010 年（总）第 27 期。

率和公正之间进行价值权衡的选择。

第二,上诉理由审核制不会削弱二审程序的纠错和监督功能,仍然能保障法院依职权查明真相。德国担心认罪协商会违反实质真实原则,所以强调认罪供述只是判决的一个重要依据,法院仍应依职权查明真相,上诉法院也有责任来保障一审认罪协商程序的合法性。我国刑事司法改革也特别要求避免冤假错案,2018 年《刑事诉讼法》第 222 条和第 226 条规定,案件事实清楚是适用速裁程序的前提条件,如果发现被告人违背意愿认罪认罚的,或否认指控犯罪事实的,就不再适用速裁程序。其原因在于这些情形中的事实认定存在争议,如果强行追求效率优先,可能会因错误认定事实而严重损害司法公正。与一审终审制相比,上诉理由审核制仍然允许被告人向二审法院反映认罪认罚的自愿性和具结书内容的真实性问题,从而确保一审中的错误和违法情形有机会得到上诉审查。此外,在二元上诉结构下,适用普通程序、简易程序审理的案件仍适用权利型上诉,不会影响二审法院发挥纠错和监督的职能。

第三,上诉理由审核制有助于推进我国刑事二审程序的多元化发展。在英国,治安法院依据有罪答辩定罪后,被告人对于量刑问题无须法院批准上诉就能提起权利型上诉,但皇室法院依据有罪答辩作出判决后,上诉就需要得到批准。[1] 此外,检控方若要对一审中的证据可采性裁定提起中间上诉,也需要获得法院批准上诉。[2]《德国刑事诉讼法》第 313 条规定,如果被告人被判处 15 日以下日额罚金或者被判处罚款,仅当法院接受上诉理由时,才能启动上诉程序,其他上诉没有这项实质审查的要求。在我国非法证据排除程序中,已经出现上诉理由审核的相关要求。《严格排除非法证据规定》第 38 条第 2 款规定,如果辩护方在第一审未提出排除非法证据申请,在第二审中申请排除证据的,应当说明理由。第二审法院应当对理由进行审查,并根据审查情况决定是否启动调查程序。这是为了起到把关和过滤的作用,并督促

---

[1] Mike McConville & Geoffrey Wilson, *The Handbook of The Criminal Justice Process*, Oxford: Oxford University Press, 2002, p. 492.

[2] J. R. Spencer, "Does Our Present Criminal Appeal System Make Sense?", *Criminal Law Review*, No. 8, 2006, p. 686.

被告方尽量在一审中申请排除非法证据。[1]相应地，在速裁程序中引入上诉理由审核制，有利于借鉴英德两国多元上诉结构的优势，并结合我国当前刑事程序和证据制度改革，根据不同的诉讼类型、审理程序和政策导向来建构二元或多元化的上诉程序。

第三节　认罪认罚案件的上诉理由

在二元上诉结构下，上诉理由的作用略有不同。在权利型上诉中，上诉理由无法左右二审程序的启动，但会影响法院是否裁决案件的实质争议问题；在裁量型上诉中，被告人必须首先在上诉申请中简明阐述上诉理由，法院同意上诉后，才会在二审程序中再次对上诉理由进行实质审查。"两高三部"《关于适用认罪认罚从宽制度的指导意见》第40条和2018年《刑事诉讼法》第201条列举了法院可以不采纳检察机关量刑建议的五种情形：（1）不构成犯罪或者不应当追究刑事责任的；（2）违背意愿认罪认罚的；（3）否认指控的犯罪事实的；（4）起诉指控的罪名与审理认定的罪名不一致的；（5）其他可能影响公正审判的情形。本质上，这些情形主要针对的是定罪问题，依据作者分析的268个案例，这些情形也构成了对定罪问题提起上诉的理由。其中，有6个案件的上诉理由是不构成犯罪，有3个被告人明确提出受到了侦查机关或检察机关的引诱，不是自愿认罪认罚。

除定罪问题外，实务中的上诉理由还包括以下三类：第一，量刑问题，在203个案件中，被告人都以量刑过重为由提起上诉，它们多数属于"空白上诉"，或者是重复强调了一审中已有的量刑情节，或是提出了一些不重要的酌定量刑情节。第二，定罪和量刑混合问题，在12个案件中被告人质疑部分定罪事实，并提出量刑过重，如提出只是非法持有毒品但不属于贩卖毒品，或只有两次贩卖行为，没有检察机关指控的其余贩卖行为。第三，量刑建议的效力和一审的程序问题，有1起案件是公诉人擅自变更了量刑建议，有5起案件是一审法院未经法定程序在量刑建议幅度外判处了刑罚。综上，认罪

---

[1] 参见裴显鼎主编：《非法证据排除程序适用指南》，法律出版社2018年版，第69页。

认罚案件的上诉理由主要有三大类：定罪问题、量刑问题和无效辩护。其中，量刑问题包括量刑建议的效力和"量刑明显不当"的界定问题，无效辩护是为了凸显辩护权在认罪认罚从宽制度和整个"以审判为中心"改革中的重要地位。此外，一审程序的合法性问题属于 2018 年《刑事诉讼法》第 238 条的规制范畴，后文予以详述。

一、定罪问题

以我国立法和实务为分析基础，定罪上诉的理由主要包括三大类：

第一，认罪是非自愿的。德国的职权主义模式能保障被告人免于不公正的定罪和量刑，法官全面调查事实并认定罪行相适应后，才能判处有罪。被告人被迫接受协商违背了职权主义的基本要求。[1]英国法院也指出，如果被告人因受到压力和威胁作出有罪答辩，就剥夺了自由选择答辩的权利，审判程序应被视为自始没有任何答辩，所有后续程序都是无效的。[2]我国"两高三部"《关于适用认罪认罚从宽制度的指导意见》第 39 条和 2018 年《刑事诉讼法》第 201 条将违背意愿认罪认罚作为程序转换或不采纳量刑建议的法定情形，在实务中，非自愿认罪也是最重要的上诉理由。例如，在葛某某非法收购、运输野生动物制品案中，被告人主张一审认罪认罚并非出于自愿，仅为能早点出看守所；又如，在冯某某盗窃案中，被告人不服一审判决，认为其没有实施盗窃行为，在一审庭审中签署的认罪认罚具结书并非其真实意思表示。[3]在这些案件中，被告人明确反对认罪的自愿性，既不符合适用速裁程序的前提条件，也动摇了一审判决的事实基础，当然构成上诉的法定理由。

第二，认罪的内容是模糊的。英国被告人在治安法院作有罪答辩后，不能向皇室法院提起上诉，除非有罪答辩是模棱两可的（equivocal），例如，被

---

[1] Thomas Weigend, "The Decay of the Inquisitorial Ideal: Plea Bargaining Invades German Criminal Procedure", in John Jackson et al. ed. , *Crime, Procedure and Evidence in a Comparative and International Context*, Oxford: Hart Publishing, 2008, p. 63.

[2] Paul Taylor, *Taylor On Criminal Appeals*, 2nd ed. , Oxford: Oxford University Press, 2012, p. 258.

[3] 葛某某非法收购、运输野生动物制品案二审刑事裁定书，（2017）沪 03 刑终 37 号；冯某某盗窃二审刑事裁定书，（2018）粤 01 刑终 9 号。

告人承认有罪但同时又附加了一些说辞，"我是出于正当防卫"。[1]和非自愿的答辩一样，模糊的答辩不是有罪答辩，根据此类答辩作出的有罪判决是不可靠的。在我国实务中，有些被告人虽然在一审中认罪认罚，但同时也提出了抗辩理由，出现了2018年《刑事诉讼法》第201条中可能"不构成犯罪或者不应追究刑事责任"或"起诉的罪名和法院最终认定的罪名不一致"的情形。例如，在周某某等人开设赌场案中，周某某在认罪认罚的同时，提出借给本案另一个被告人安某20万元是朋友之间的借贷关系，并不是给安某用于开设赌场或赌博。如果法院认定属于借贷关系，则不构成犯罪。二审法院最终认定周某某不构成赌博罪，但改变了检察机关的起诉罪名，改判构成开设赌场罪。[2]此外，共同被告人中有部分被告人可能不构成犯罪或否认指控犯罪事实的，应认定为全案中认罪的瑕疵。例如，在付某、高某盗窃、掩饰隐瞒犯罪所得案中，一审适用速裁程序判决付某构成掩饰隐瞒犯罪所得罪，高某构成盗窃罪，但付某单独提起上诉，认为自己不构成犯罪。[3]此时，部分共同被告人的认罪瑕疵会影响法院对其他被告人认罪自愿性和真实性的认定，应予以全部重新审查。

第三，认罪之后发现新证据。在英国，被告人如果要在上诉中提出有罪答辩之后发现的新证据，必须作出合理的解释，法院应综合全案情形评估新证据是否会影响一审定罪的安全性。[4]这种严格限制新证据的做法和我国排除非法证据的二审程序相似，如果被告方在一审中没有申请排除非法证据，原则上不允许在二审中首次提出排除申请。[5]在认罪认罚的语境中，作者统计的268个案件中尚未出现以新证据来推翻一审认罪自愿性的情形，但却出现了二审中提出侦查人员存在诱供行为的案例。例如，在丘某非法经营案中，丘某提出本案存在诱供行为，侦查人员向其承诺全部承认罪行之后，就可以取保候审；

---

[1] Paul Taylor, *Taylor On Criminal Appeals*, 2nd ed., Oxford: Oxford University Press, 2012, p. 25.

[2] 周某某等开设赌场案二审刑事裁定书，(2017) 渝03刑终171号。

[3] 付某、高某盗窃、掩饰隐瞒犯罪所得案二审刑事裁定书，(2017) 鲁02刑终405号。

[4] Mike McConville & Geoffrey Wilson, *The Handbook of The Criminal Justice Process*, Oxford: Oxford University Press, 2002, p. 497.

[5] 参见戴长林、罗国良、刘静坤：《中国非法证据排除制度：原理·案例·适用》（修订版），法律出版社2017年版，第193-194页。

又如，在戴某等人介绍卖淫案中，他们提出侦查人员在某一次提审时对其诱供，告知该案犯罪行为次数认定为3次，认罪认罚后的有期徒刑是7个月，才按照办案人员的要求做了与事实不符的有罪供述。[1]在这些案件中，二审法院没有认定诱供行为，如果被告人能提出新的线索或证据，可以构成上诉理由。

二、量刑问题

量刑上诉是上诉制度中的"灰姑娘"，因为法院听证量刑问题的过程很迅速，且主要采用个案审查的方式，很少有一些连贯性的处理原则。[2]我国"两高三部"《关于适用认罪认罚从宽制度的指导意见》和《刑事诉讼法》基本没有涉及量刑上诉的规定，使之成为名副其实的"灰姑娘"。依据作者的案例统计和对司法实务的观察，量刑上诉主要包括两大问题，第一个是检察机关量刑建议的效力问题。在美国，如果辩诉交易中约定的是不具有约束力的量刑建议，法官必须告知被告人法官不必遵守量刑建议，但无论如何被告人必须受协议的约束。[3]如果协议中约定的量刑建议对法院有约束力，但法官认为量刑建议不足以反映犯罪行为的严重性时，可以拒绝接受协议。法官没有遵守量刑建议时，被告人有权就量刑提起上诉。[4]此外，虽然无罪判决具有终局性，但量刑不具有同样的效力，[5]如果控辩双方认为量刑违反法律或量刑指南，或有其他"明显不合理"的情形，可以就量刑单独提起上诉。德国主流观点认为法官负有查明真相的职责，不应受认罪协商的限制，但在实务中法院和其他参与人大都信任协商，很少发生不遵守协商结果的情况，法院受到认罪协商事实上的约束。[6]此外，一审中的认罪协商在二审中也具有

---

[1] 丘某非法经营案二审刑事判决书，(2017) 闽08刑终214号；戴某等人介绍卖淫案二审刑事裁定书，(2018) 浙01刑终321号。

[2] Paul Taylor, *Taylor On Criminal Appeals*, 2nd ed., Oxford: Oxford University Press, 2012, p. 375.

[3] United States v. Bennett, 990 F. 2d 998 (1993), p. 1003.

[4] United States v. Brown, 331 F. 3d 591 (2003), p. 594.

[5] United States v. DiFrancesco, 449 U. S. 117 (1980), pp. 137-138.

[6] [德]约阿希姆·赫尔曼："德国刑事诉讼程序中的协商"，王世洲译，载《环球法律评论》2001年第4期。

可采性，但二审法院并不一定受协议的约束。[1] 如果法院和控辩双方都达成了协议，但后来法院没有遵守协议，超出商定的幅度量刑，就违反了公正审判原则。也就是说，如果法官改变主意，应当履行告知义务并让被告方有机会调整诉讼策略。[2]

在"两高三部"《关于适用认罪认罚从宽制度的指导意见》公布后的司法实务中，有些二审法院依据的是《刑事诉讼法》第238条，以宣告程序违法的方式来保障量刑建议的效力。例如，在陈某某交通肇事案和李某交通肇事案中，原审被告人都认罪认罚并同意检察机关的量刑建议，签署了具结书，但原审法院没有采纳，也未通过法定程序建议检察机关调整量刑建议，径行作出判决。二审法院认定原判剥夺了被告人的量刑辩护权利，违反了法律规定的诉讼程序，影响到了公正审判。[3] 撤销原判、发回重审的做法能让控辩双方充分发表量刑建议或意见，对可能判处的刑罚享有一定的期待利益，从而强化他们参与认罪认罚程序的效果。但是，作为一种"程序性制裁"机制，撤销原判、发回重审的做法过于刚性，没有考虑到当事人对量刑建议是否有异议，也未给予检察机关解释或补正的机会，而且，重新审判耗费额外的司法资源，有损认罪认罚从宽制度的效率价值。《刑事诉讼法修正案（草案）》第一稿曾将"量刑明显不当"作为法院不予采纳量刑建议的特殊情形，随后在第二稿和2018年正式颁布的《刑事诉讼法》中都将之予以删除，其第201条第2款将"量刑建议明显不当"归入了检察机关的调整权限，法院在量刑建议幅度之外判处刑罚前，给予检察机关调整的空间，以此强化量刑建议的效力，促使法检两家在一审程序中的沟通，避免因发回重审造成诉讼拖延。

与量刑上诉密切相关的第二个问题是，是否可以"量刑明显不当"为由提起上诉？在德国，如果认为量刑违反法律或者量刑过重，可以为了被告人的

---

[1] 高通："德国刑事协商制度的新发展及其启示"，载《环球法律评论》2017年第3期。

[2] Maike Frommann, "Regulating Plea-Bargaining in Germany: Can the Italian Approach Serve as a Model to Guarantee the Independence of German Judges", *Hanse Law Review*, Vol. 5, 2009, pp. 208-209.

[3] 陈某某交通肇事案二审刑事裁定书，(2018) 湘01刑终259号；李某交通肇事案二审刑事裁定书，(2017) 湘01刑终1051号。

利益提起上诉。[1]英国量刑指南设定一些量刑的基本方法，只有那些严重超出指南范围的才会被认定为"明显过当"（manifestly excessive）。但量刑指南只具有参考价值，是否"明显过当"最终由法官依据个案事实加以判断。上诉法院精辟地总结说，"比起量刑结果的统一性，我们更关注的是刑罚裁量方式的统一性"。[2]欧洲人权法院在威克斯诉英国案（Weeks v. UK）中指出，上诉法院不是去审查量刑是否适当，只有当量刑严重违反比例原则时，才属于"明显过当"。[3]在我国实务中，有些法院认为量刑建议过轻时，会函告检察机关予以调整，但检察机关认为法院没有指出量刑建议为何"明显不当"，拒绝予以调整。在一审法院判处不同的刑罚后，检察机关会以违反量刑建议为由提起抗诉。[4]但无论是二审法院还是检察机关，都没有对个案量刑是否"明显不当"作出界定。

我国比较权威的解释在涉及量刑建议"明显不当"的判断时指出，量刑明显不当是指刑罚的主刑选择错误，刑罚的档次、量刑幅度畸重或畸轻，适用附加刑错误，适用缓刑错误等。[5]其中，量刑幅度畸重或畸轻本质上仍是一个程度性判断，包括量刑明显偏低或偏高的情形，质言之，如果一审量刑只是一般性的"不当"，或者二审法院依据现有的证据和事实可能判处不同的刑罚，都不属于"明显不当"的范畴。只有严重背离《人民法院量刑指导意见》或者严重违反比例原则时，才可能构成"量刑明显不当"。"量刑明显不当"的判断方法，龙宗智教授的观点颇具参考价值：

一是共识方法。量刑适当的判定，是一种经验判定，基于司法人员的感受和认知，缺乏自然科学性质的可检验性，因此，有司法经验者能够获得基本共识，是验证经验判定适当性的一种合理方法。由合议庭进行讨论，必要

---

[1] Shawn Marie Boyne, *The German Prosecution Service: Guardians of the Law?*, New York: Springer, 2014, pp. 30, 45.
[2] Paul Taylor, *Taylor On Criminal Appeals*, 2nd ed., Oxford: Oxford University Press, 2012, p. 395.
[3] Weeks v. United Kingdom, European Court of Human Right, 1988, para. 50.
[4] 参见王某某妨碍公务二审刑事裁定书，（2018）辽01刑终310号。
[5] 参见王爱立主编：《〈中华人民共和国刑事诉讼法〉释义》，法律出版社2018年版，第432页。

时召开专业法官会议，符合条件时召开审判委员会研究，均为寻求共识的方法，可视情采取。二是根据统一法律适用的要求，利用相关技术配置，在一定范围的同类案例中寻找判定标准。采用此种方法，有利于增强判决的客观性和公信力。三是总结司法经验，在一定司法管辖区内，设定较为客观的判定标准。例如，有期徒刑的刑期，一般超过多大比例为"明显不当"，缓刑与附加刑的适用如何把握明显不当，等等。[1]

倘若被告人认为"量刑明显不当"，检察机关拒绝调整或法院判决后仍有异议的，被告人有权据此提出量刑上诉。在作者统计的268个案件中，216个涉及量刑上诉的案件都不存在"明显不当"的情形，也就没有法定的上诉理由。

除以上两大问题之外，量刑上诉还可能包括以下情形：第一，量刑依据的基础事实有误。在英国里维斯案（R. v. Reeves）中，被告人持有一个象牙古董，但不能说明来源。初审法官授权调查了被告人的商业交易信息，发现他没有依法保留完整的交易记录，法官在量刑时不仅考虑了买卖象牙古董的行为，还指出被告人有逃税的不诚信行为，对其一共判处12个月监禁。上诉法院纠正了一审的量刑依据，因为检察官只指控非法持有被盗物品罪，陪审团也只认定构成一个犯罪，法官不能将与指控罪名不相关的逃税事实纳入裁量刑罚的范围。[2]在我国，有些被告人会要求二审法院重新认定一审量刑的相关事实。例如，在曾某某危险驾驶案中，被告人提出其在交通事故对方报警后一直留在现场，积极配合交警调查，如实供述饮酒及事故发生的经过，原判只认定其为坦白，未认定其构成自首不当。二审法院重新审查相关的证据和事实后，认定构成自首并从轻处罚。[3]又如，在一些盗窃案中，被告人主张被盗物品鉴定价格过高，并请求二审重新鉴定并予以改判。[4]在这些情

---

[1] 龙宗智："认罪认罚案件如何实现'以审判为中心'"，载《中国应用法学》2022年第4期。

[2] R. v. Reeves，[1983] 5 Criminal Appeal Report（S）292.

[3] 曾某某危险驾驶案二审刑事判决书，(2017) 粤01刑终1944号。

[4] 例如，涂某盗窃案二审刑事裁定书，(2017) 浙01刑终1076号；刘某某盗窃案二审刑事裁定书，(2017) 渝03刑终182号。

形中，被告人有权要求二审法院再次认定一审量刑依据的基础事实和相关量刑情节，从而达到减轻刑罚的效果。

第二，一审没有考虑应当考虑的事实，或考虑了不应当考虑的事实。在上述曾某某危险驾驶案中，一审法院已经考虑了与坦白或自首相关的事实，但对该量刑情节的定性有误。与此不同，如果一审法院在量刑时没有考虑有利于被告人的量刑情节，他们可以请求二审法院予以审查认定。例如，在吴某某贩卖毒品案中，被告人唯一的上诉理由是一审没有考虑其立功情节。[1]这类似于《严格排除非法证据规定》第40条的要求，一审法院对被告方排除非法证据的申请未予审查，并将有关证据作为定案根据，可以作为上诉的理由。此外，英国禁止法官在量刑时考量不相关的事实，如与本案不相关的被告人的个人生活情况、被告人在宣誓后撒谎以及被告人强迫证人出庭等。[2]而且，法院在量刑时也不能考虑没有达到证明标准的加重处罚的情节。例如，英国在戴维斯案（R. v. Davies）中指出，如果加重处罚情节没有达到排除合理怀疑的证明程度，不能成为量刑的依据。[3]在我国语境中，虽然没有区分各种量刑情节的证明标准，但如果一审法院考虑了与本案不相关的量刑事实，尤其是在认定从重处罚时错误认定了相关事实，都可以构成上诉理由。

第三，量刑后出现的新证据。英国上诉法院可以考虑一审中没有提交的量刑证据，或者量刑听证结束后才出现的事实，这有助于法院综合评估刑罚的效果，并且依据二审中的全案情形来调整量刑。[4]最典型的例子是普洛斯案（R. v. Plows），上诉法院考虑了被告人在监狱服刑期间的表现，认为适用非羁押刑没有社会危害性就立即释放了被告人。[5]《德国刑事诉讼法》第257（c）条中也规定，如果有新的情况产生，法院因此确信先前协商的量刑范围不再符合事实与罪责时，不再受协商的约束。在我国实务中，量刑后出现的新证据成为量刑上诉并减轻处罚的重要依据。在作者统计的268个案件中，

---

[1] 吴某某贩卖毒品案二审刑事裁定书，（2018）渝05刑终393号。
[2] Paul Taylor, *Taylor On Criminal Appeals*, 2nd ed., Oxford: Oxford University Press, 2012, p. 392.
[3] R. v. Davies, [2008] England and Wales Court of Appeal, Criminal Division 1055.
[4] Paul Taylor, *Taylor On Criminal Appeals*, 2nd ed., Oxford: Oxford University Press, 2012, p. 398.
[5] R. v. Plows, [1983] 5 Criminal Appeal Report (S) 20.

新证据主要包括被告人及其家属在二审上诉期间积极退赃退赔，达成和解协议，取得了被害人或其家属的谅解，自愿缴纳罚金，或者出具了社区同意帮助监管和矫正的报告。在一审认罪认罚后，二审法院充分考虑了被告方积极促成的新的量刑情节，在 5 个案件中改判缓刑，在 6 个案件中减轻了原判刑罚，这彰显出认罪认罚从宽制度在二审程序中具有持续的激励效果。

三、无效辩护

德国和英美都强调律师参与认罪协商或辩诉交易的重要性，如果律师没有尽职尽责，并对判决结果造成不利影响的话，则属于无效辩护的行为。德国律师对于认罪协商具有关键作用，被告人一般不能参与协商，被告人只能通过律师表达自己的意见，如果法庭判决偏离量刑协议，被告人的有罪供述不得采纳作为证据。美国宪法第六修正案赋予被告人在刑事程序每个关键的阶段都有权获得律师帮助，有罪答辩即是"关键阶段"，所以被告人一定要有律师帮助或者有效地放弃了辩护权。[1]在 2012 年拉弗勒诉库珀案和密苏里诉弗莱案中，美国最高法院指出如果律师没有将检察官的建议告知被告人，或者律师提出了错误的意见，致使被告人最终被判处的刑罚高于量刑建议，就属于无效辩护。[2]英国萨迪古普尔案（R. v. Sadighpour）和美国帕迪亚案（Padilla v. Kentucky）类似，由于律师没有告知被告人有罪答辩后就要被驱逐出境，所以构成无效辩护。[3]

美国绝大多数刑事案件都是通过辩诉交易的方式得以处理……由于检察官垄断了辩诉交易的主导权，他们经常变相鼓励甚至威胁被告人放弃获得律师辩护的权利，法官也会忽略或者公开支持检察官的做法。很多州和联邦的法律都赋予检察官宽泛的起诉裁量权，使得他们能够以可能判处的重刑来迫

---

[1]　Iowa v. Tovar, 541 U. S. 77（2004），p. 87

[2]　See generally Lafler v. Cooper, 566 U. S. 156（2012）; Missouri v. Frye, 566 U. S. 134（2012）.

[3]　R. v. Sadighpour,［2012］England and Wales Court of Appeal, Criminal Division 2669; Padilla v. Kentucky, 559 U. S. 356（2010）. 两个案件的上诉结果不同，英国上诉法院在 Sadighpour 案中认为被告方没有充分证明依据有罪答辩作出的定罪判决是不安全的，故驳回上诉；美国联邦最高法院在 Padilla 案中认定律师行为属于无效辩护，要求发回重新审判。

使被告人接受较轻刑罚的辩诉交易；而且被告人也深知，如果案件最终进入审判并被最终定罪，则必然面临更重的刑罚。

美国刑事司法体制对于辩诉交易的极度依赖也预示了无效辩护难以胜诉……律师的有效辩护固然是被告人之宪法权利，但若在辩诉交易中大规模地审查律师行为或者大范围地支持无效辩护的主张，就意味着鼓励律师更加"对抗性地"参与辩诉交易，随之降低效率、增加成本，这必将动摇整个刑事司法体制的基石。所以，不仅是被告人难以察觉无效辩护，整个司法体制的发展趋势也在逐渐掩埋辩诉交易中的"对抗性"主张。[1]

因此，被告人是否认罪和无效辩护的问题交织在一起，值得我们关注。在我国，律师帮助是保障认罪认罚自愿性的一个重要机制。《刑事辩护全覆盖试点办法》第2条第4款规定，速裁程序中的被告人没有辩护人的，法院应当通知法律援助机构派驻的值班律师为其提供法律帮助。鉴于获得律师辩护的权利就是获得有效辩护的权利，[2]2022年《关于进一步深化刑事案件律师辩护全覆盖试点工作的意见》第5条强调应当保障被告人获得有效法律帮助，确保其了解认罪认罚的性质和法律后果，并且自愿认罪认罚。这表明我国已经在认罪认罚案件的一审程序中在"有权辩护"和"有效辩护"两个层面充实了辩护权的内涵，那么被告人能以无效辩护为由提起上诉吗？

在美国，如果被告人没有充分了解指控的性质、刑罚后果以及放弃权利的性质，则答辩是无效的，可以通过上诉申请撤销答辩。[3]在2012年拉弗勒诉库珀案和密苏里诉弗莱案之后，很多联邦和州的检察官在协商中均要求被告人放弃有效辩护的权利，苏珊·克莱恩教授等人的研究发现，约35%的辩诉协议中被告人甚至放弃了以无效辩护为由提起上诉的权利。[4]然而，辩护权对于公正审判至关重要，美国司法部在2013年发布的指导意见中明令禁止在协商中放弃有效辩护的权利。尽管如此，我们必须认识到，有效辩护在美

---

〔1〕 牟绿叶："美国有效辩护原则的当代困境"，载《北大法律评论》2017年第2期。

〔2〕 Strickland v. Washington, 466 U. S. 668 (1984), p. 686.

〔3〕 See Johnson v. Zerbst, 304 U. S. 458 (1938), p. 464.

〔4〕 See Susan Klein, Aleza Remis & Donna Lee Elm, "Waiving the Criminal Justice System: An Empirical and Constitutional Analysis", *American Criminal Law Review*, Vol. 52, 2015, pp. 87-88.

国司法实务中是"奢侈品",盛行的辩诉交易会掩盖大多数无效辩护,如果没有充足的法律援助经费和优秀的法律援助律师队伍,盲目扩大权利毫无意义;唯有在"有权辩护"和"有效辩护"两个层面同时着力,方能保障被追诉人获得有品质的法律服务。[1]

在我国认罪认罚案件中,无效辩护应构成法定的上诉理由。一方面,对于辩护质量的评估是一种事后判断,被告人一般只有等一审后才能发现律师行为是否存在缺陷,并对判决结果造成了不利影响。如果不能获得上诉审查,难以监督律师在审前和一审中的行为,从而掩盖了实务中的无效辩护。另一方面,"以审判为中心"的改革特别强调律师对于防范冤假错案和保障被告人权利的重要性,《刑事辩护全覆盖试点办法》是在审判阶段实现"有权辩护"的大胆尝试,2018年《刑事诉讼法》第36条第1款等相关规定也引入值班律师制度来为嫌疑人、被告人提供法律咨询和程序选择的建议。所以,允许被告人以无效辩护为由提起上诉,符合刑事司法改革的基本趋势。

在我国实务中,一审程序违反了以下三个方面的要求,属于比较常见的无效辩护情形,被告人有权据此提起上诉。第一,在《刑事辩护全覆盖试点办法》规定的案件中,被告人没有委托辩护人的,法院应通知法律援助机构为其委派值班律师,为他们约见值班律师提供便利,并且保障会见、阅卷等其他合法权利。此外,德国的认罪协商程序不仅要求记录协商的结果,还要记录协商的整个过程,如果违反记录和透明原则,就构成了上诉的"准绝对"理由。[2]我国律师会见被告人时应制作会见笔录,法院也应听取律师的意见并记录在案,这些要求既是为了规范法律援助和一审程序,也能为上诉审查提供依据。第二,委托律师或值班律师应当充分进行权利告知,让被告人了解指控的性质和认罪认罚的后果,尤其是在一审后有权就定罪、量刑以及无效辩护问题提出上诉。律师应和被告人进行充分的沟通交流,但不得违背他们的意愿,通过欺骗、引诱或胁迫等方式让他们认罪认罚。如果被告人拒绝接受律师的建议,有权要求更换律师或者自行辩护。第三,一审后如果更换

---

[1] 参见牟绿叶:"美国有效辩护原则的当代困境",载《北大法律评论》2017年第2期。

[2] Andreas Mosbacher, "The Decision of the Federal Constitutional Court of 19 March 2013 on Plea Agreements", 15 *German Law Journal*, Vol. 15, 2014, p. 12.

律师，新律师应充分掌握一审的相关信息，有必要时需咨询一审律师的意见。英国在 2014 年后不断强调，如果二审新聘请的律师可能误解一审的相关事实，就必须咨询一审律师的意见。[1]这项业务衔接的要求能让新律师了解一审的辩护策略并发现一审律师是否存在无效辩护的情形。综上，如果法院侵犯了被告人的辩护权，或者律师没有满足有效辩护的要求，或者在一审和二审业务交接中没有尽职尽责，被告人均有权以无效辩护为由提起上诉。

最后，需要指出的是，在定罪、量刑问题和无效辩护之外，还有其他构成上诉理由的情形。例如，错误地采信或排除证据，错误地行使了裁量权，起诉和审判中的程序瑕疵，[2]以及违反 2018 年《刑事诉讼法》第 238 条第 5 项之公正审判要求的情形。立法难以预见并穷尽所有可能的情形，我们应充分重视个案裁判和指导性案例的作用，从个案中总结上诉事由，在救济权利的同时发挥二审程序的"法之续造"功能。

第四节　二审法院的审查和处理

一、审查范围和证明机制

在二元上诉结构下，上诉审查的范围有所不同。在认罪认罚且适用普通程序、简易程序的案件中，为了发挥二审程序之避免判决错误、确保司法公正的功能，应坚持全面审查原则。相反，在速裁案件中，一审已经充分保障了被告人的权利，上诉理由审核制也过滤掉了理由不足的上诉申请，再行要求全面审查一审中没有争议的问题，则不利于司法资源的优化配置。所以，经权利告知、一审裁决和上诉申请的三重保障机制后，速裁案件的二审程序应采一部上诉原则，以上诉理由所指之事项为限，审查原审定罪、量刑和程

---

[1] Daniel Jones, Greg Stewart & Joel Bennathan, *Criminal Appeal Handbook*, West Sussex: Bloomsbury Professional Ltd, 2015, p.69.

[2] See David Ormerod et al., *Blackstone's Criminal Practice*, New York: Oxford University Press, 2012, pp.2030-2032.

序有无错误，不再进行全面审查。[1]对于被告方而言，一部上诉能主动限制上诉审查的范围，针对争点作充分的辩护准备，并能合理预期上诉结果，不至于发生一审判决中不欲上诉之部分，被二审法院改判的风险。对于二审法院而言，一部上诉可以免于就一审没有争议的部分再行要求举证质证，重复证据调查和事实认定程序。所以，一部上诉符合被告方和法院共同的审级利益。[2]此外，从审级结构看，一审是整个刑事程序的重心，如果二审重复一审程序，可能架空第一审的功能，出现诉讼重心上移的风险，[3]故一部上诉契合"以审判为中心"的要求。

在全面审查或一部上诉原则下，我国应当根据一审程序中"错误"的类型来建构上诉程序的证明机制和处理方式。法律保障被告人获得公正审判的权利，而不是完美的审判。[4]即便是最为谨慎的裁判者，也难以完全避免程序瑕疵的发生；如果不分青红皂白，一概容许上诉法院撤销原判，会给司法资源和诉讼效率造成巨大负担。[5]但是，对于违反公开审判、侵犯辩护权、裁判者利益冲突等"结构性错误"（structural error），二审法院必须一律撤销原判、发回重审，因为这些错误会导致审判出现根本性的不公正。[6]我国2018年《刑事诉讼法》第238条体现了"结构性错误"的原理，如果认罪认罚案件的一审程序中存在违反公开审判、回避制度、审判组织的情形，或剥夺、限制了当事人对法定诉讼权利，可能影响公正审判的，应撤销原判、发回重审。在这些结构性错误中，认罪认罚从宽制度的规范性文件特别强调辩护权的重要性，如《刑事辩护全覆盖试点办法》第11条规定，二审法院发现一审法院未履行通知辩护职责，导致被告人在审判期间未获得律师辩护的，应认定符合2018年《刑事诉讼法》第238条第3项的情形。这是我国刑事诉

---

〔1〕 参见林钰雄：《刑事诉讼法》（下），元照出版有限公司2013年版，第306-307页。

〔2〕 参见尹章华："刑事诉讼第三审及非常上诉之比较研究"，载《法学丛刊》1993年第1期。

〔3〕 参见魏晓娜："以审判为中心的刑事诉讼制度改革"，载《法学研究》2015年第4期。

〔4〕 Bruton v. United States, 391 U.S. 123 (1968), p. 135.

〔5〕 参见林钰雄："相对上诉理由之体系——以台湾法审judicial的经验为例"，载陈光中主编：《中国刑事二审程序改革之研究》，北京大学出版社2011年版，第398页。

〔6〕 Wayne LaFave, Jerold Israel & Nancy King et al., *Criminal Procedure*, 5th ed., St Paul, MN: West Academic Publishing, 2009, p. 1324.

讼规范性文件中第一次明确规定侵犯辩护权会有"程序性制裁"的后果。

结构性错误之外的是审判错误（trial error）。对审判错误的审查，根据其是否在一审中已经出现或是二审中第一次提出，采用不同的规制方式。第一，如果错误在一审中已经存在，那么由检察官证明该错误属于"无害错误"。[1]《美国联邦刑事程序规则》第11（b）条要求法官在公开法庭上确认有罪答辩的自愿性，未经此程序不能接受答辩，但若没有影响到实质权利，属于无害错误。在德国认罪协商中，一审法院违反权利告知义务可能导致撤销原判，除非上诉法院确信，即使一审法院履行了加重告知义务，被告人仍然会作有罪供述。[2]无害错误本质上是一审中的"错误"，只是出于司法经济之考量，允许上诉法院径行更改，所以一旦被告方主张一审存在审判错误，检察机关就应证明它们是无害的，没有影响到被告人的实质权利。美国的"无害错误"需要达到排除合理怀疑的证明标准，在我国语境中，检察机关需要证明即使存在错误，原判仍达到了事实清楚，证据确实、充分的程度。由于二审径行更正错误，被告人没有再次上诉的机会，这种最高证明标准能避免严重侵犯被告人的审级利益或导致司法不公。

第二，如果被告人在二审中第一次提出了一审中的错误，就应证明它们属于"明显错误"，即存在一种合理的可能性，如果不是这个"明显错误"就不会作出有罪答辩。[3]此时，让被告人承担证明责任主要是为了督促他们在一审中谨慎答辩并及时提出异议。在我国非法证据排除程序中，为了尽早解决证据的合法性问题，发挥庭审查明事实和解决争议的功能，被告方应在一审开庭审理前申请排除证据。[4]类似地，被告人在一审中已经认罪认罚后，如果要在二审中予以否认，必须证明如果不是一审中的错误，就不会选择认罪认罚。错误可能源于检察机关的胁迫、欺骗或引诱，或是法院没有履行加

---

〔1〕 Justin Murray, "A Contextual Approach to Harmless Error Review", *Harvard Law Review*, Vol. 130, 2017, p. 1799.

〔2〕 Andreas Mosbacher, "The Decision of the Federal Constitutional Court of 19 March 2013 on Plea Agreements", *German Law Journal*, Vol. 15, 2014, p. 13.

〔3〕 United States v. Dominguez Benitez, 542 U. S. 74 (2004), pp. 81-82.

〔4〕 戴长林、罗国良、刘静坤：《中国非法证据排除制度：原理·案例·适用》（修订版），法律出版社2017年版，第193页。

重告知义务，或是律师的无效辩护。与上诉申请阶段的初步证明责任不同，被告人此时应充分说明在一审中没有及时发现错误或提出异议的合理理由。在作者分析的被告人推翻了一审认罪认罚自愿性的 6 个案件中，没有提出任何新的理由，不符合"明显错误"规则对于证明责任的要求。如果被告人基于合理理由请求二审法院支持主张，应证明至清晰且令人信服的程度，让二审法院认定如果不是一审中的"明显错误"，他们就不会选择认罪认罚。这一折中的证明标准既考虑了被告人举证之不便，也能施加一定的注意义务来督促他们在一审中谨慎选择认罪认罚。

二、法院处理的方式

在区分"无害错误"和"明显错误"的基础上，法院可以依据"两高三部"《关于适用认罪认罚从宽制度的指导意见》第 50 条和 2018 年《刑事诉讼法》第 236 条作出三种处理。第一，二审法院经审理认为原判认定事实和适用法律正确、量刑适当的，应当裁定驳回上诉、维持原判。根据作者统计，在 87% 的案件中，认罪认罚案件的二审上诉并未改变结果。（表 3-1）

表 3-1 二审维持原判的比率（单位：件）

上诉/抗诉情形	上诉数量	维持数量	改判/撤销	维持原判比率
定罪问题	6	6	0	100%
量刑问题	220	209	11	95%
定罪/量刑混合	12	12	0	100%
量刑建议效力	6	2	4	33.3%
抗诉	9	1	8	11.1%
被告人撤诉	(11)	/	/	/
其他类型	4	3	1	75%
总计	268	233	24	87%

第二，原判认定事实没有错误，但适用法律有错误，或者量刑不当的，应当改判。这种"法律错误"或者"量刑不当"是无害的"审判错误"。例

如，在张某某开设赌场案中，一审法院认定被告人构成开设赌场罪，二审法院认为被告人行为构成赌博罪，就其聚众赌博的空间、持续时间、聚集方式和参赌人数来看，没有达到开设赌场的规模，应以赌博论处。鉴于原判认定事实清楚，审判程序合法，二审法院依职权变更罪名为赌博罪。[1]又如，在李某故意伤害案中，一审法院判决被告人有期徒刑6个月，缓刑8个月，违反了《刑法》第73条关于缓刑考验期的规定，属于典型的法律适用错误，二审将考验期更正为1年。[2]这两个案件中的法律适用没有对被告人的权利造成实质影响，法院可以径行更正错误。

此外，法院也可以对量刑中的无害错误予以更正。例如，在周某聚众斗殴案中，被告人提出检察机关在量刑建议中对其进行了误导，辩护律师也提出具结书没有律师的签字，从而要求法院减轻处罚。二审法院认为尽管检察机关给被告人的量刑建议书面表达有误，但公诉人在庭审时已经及时纠正，被告方在一审时已经发表了量刑意见，该失误没有影响案件的实体审判。而且，律师没有签字属于瑕疵，并不影响具结书的真实性。[3]这表明量刑建议中的笔误和没有签字的瑕疵本质上是无害错误，并没导致量刑不当，也就无须调整量刑。适用"无害错误"规则应遵守上诉不加刑原则，二审法院可以维持原判，也可以作出有利于被告人的调整，但只有被告方上诉的情况下不能以变更罪名或追加认定事实的方式来加重处罚。

第三，原判事实不清、证据不足的，撤销原判，发回原审法院按照普通程序重新审理。事实不清或证据不足的案件没有达到法定证明标准，为保障查明真相并维护被告人的审级利益，二审法院应撤销原判、发回重审。因定罪问题发回重审的，审查范围当然包括量刑和程序问题，发回重审后被告人仍可以就判决中的定罪、量刑和程序问题提出上诉。

总之，认罪认罚案件的二审程序不是"灰姑娘"，而是涉及效率、权利、真相和公正等多元价值的重要制度。在"以审判为中心"的改革背景下，一审中的认罪认罚有助于提高诉讼效率、节省司法资源，二元上诉结构能让认

---

[1] 张某某开设赌场案二审刑事判决书，(2017) 粤 01 刑终 1427 号。
[2] 李某故意伤害案二审刑事判决书，(2018) 京 03 刑终 168 号。
[3] 周某聚众斗殴案二审刑事裁定书，(2018) 粤 01 刑终 564 号。

罪认罚案件在二审阶段继续繁简分流。在普通程序、简易程序中，为了充分发挥二审程序之查明真相、维护司法公正的功能，二审沿用目前的权利型上诉；在速裁程序中，上诉理由审核制和裁量型上诉能够防止被告人滥用上诉权，保障认罪认罚从宽制度的效率价值。所以，二元上诉结构既符合"以审判为中心"的要求，也体现了公正和效率之间的价值平衡。在限制被告人上诉权的同时，我们必须在法官告知义务、律师有效帮助和检察官抗诉等方面对其权利提供额外关照。在二元上诉结构下，权利型上诉和裁量型上诉中分别适用全面审查和"一部上诉"原则，对于一审中的"结构性错误"应一律撤销原判、发回重审，对于"无害错误"和"明显错误"则应适用不同的证明机制和处理方式。最后，值得强调的是，认罪认罚的二审程序改革是刑事程序的下游工程，如果无法有效提升侦查品质、慎重筛选起诉案件并强化一审程序的效果，上诉制度的改革徒属空中楼阁。只有在审前程序合理分流和坚实的第一审基础上，认罪认罚案件的二审程序才不会成为"灰姑娘"。

第四章

人民陪审员参与刑事审判的上诉审构造

自 2010 年以来，随着量刑规范化改革和非法证据排除规则的实施，第一审程序的审理对象细化为定罪、量刑和程序合法性问题。2014 年刑事速裁程序试点启动以后，一审程序形成了普通、简易和速裁程序"三元递减"的格局，但二审程序至今未有实质变化，相关学术研究未能跟进近年来刑事司法领域中的重大变革。从"审级联动"的角度来看，第一审和第二审程序的关系从十余年前的"一元一轨"逐步发展成为"多元一轨"的格局。在第一审程序的审理对象、审理程序多元化发展的同时，《人民陪审员法》也使得一审裁判主体的形式更加多样化，第二审程序建构的单一性无法满足第一审程序多元化带来的需求和挑战。

对此，非法证据排除规则的立法和实务能提供参照经验。2010 年"两个证据规定"和 2012 年《刑事诉讼法》及相关司法解释没有对二审处理非法证据作出具体规定。随着排除规则的实施，在二审阶段申请排非的案例逐步增多，如何妥善处理成为不可回避的问题。[1] 以实务需求和学术研究为基础，2017 年《严格排除非法证据规定》新增二审阶段的排非规定，就一审应当审查而没有审查、二审阶段首次申请"排非"以及二审排除证据后的处理等方面作出细致规定。[2] 如果说，非法证据排除问题是在一审程序加入了"程序合法性之诉"这个新的审理对象，因而丰富了二审程序的内涵，那么《人民陪审员法》促使了裁判主体及其职权配置的多样化、精细化，从单一裁判主

---

[1] 参见北京人民检察院第一分院、北京市第一中级人民法院主编：《刑事二审程序深度研讨》，法律出版社 2012 年版，专题一。

[2] 参见戴长林、罗国良、刘静坤：《中国非法证据排除制度：原理·案例·适用》（修订版），法律出版社 2017 年版，第 190-193 页。

体到多元裁判主体的变革呼吁二审程序予以相应调整。

综观世界各国改革经验，民众参与一审程序和如何设计上诉制度之间存在一个固有难题：一味尊重民众参与司法之判断，强调一审判决的权威性和终局性，会削弱上诉法院介入审查一审判决的动力和信心，上诉制度之"个案救济"和"通案救济"的功能难免有所减损；相反，若过度重视上诉制度之各项功能，又恐不利于维护一审判决确立之法律关系的稳定性，并可能使得民众参与司法的制度初衷落空。[1]因此，如何协调人民陪审员参与刑事审判和上诉审之间的关系，应着眼于现行问题、各国经验和未来改革走向，将是继续推进刑事司法改革不可回避之问题，故有必要早作理论铺垫并筹谋制度建构的思路。

第一节　我国刑事上诉审的构造及其反思

一、上诉审构造的三种模式

上诉审构造有三种基本模式。第一，复审制。上诉审就上诉部分进行重复审理，法院在事实认定和法律适用方面不受一审判决的拘束，可以在全面调查已有证据和新证据的基础上，形成新的心证和事实认定，故复审制又称"第二个一审"。我国1979年《刑事诉讼法》以降实行的都是两审终审制，上诉审就是第二审，且二审程序采复审制构造。在全面审查原则下，二审法院不区分有无争议的问题，一律予以重复审理。质言之，我国刑事二审程序历来坚持的是全面、彻底的复审制。

第二，续审制。上诉审接续第一审法院的审判结果，在一审已经调查的证据资料和相关事实认定的基础上，就一审未予调查的证据和一审判决后出现的新证据，继续展开调查，最终综合一审、二审的全部证据作出事实认定，故续审制又称"继续的第一审"。我国依照二审或再审程序发回一审法院重新

---

〔1〕 See John Jackson & Nikolay Kovalev, "Lay Adjudication and Human Right in Europe", *Columbia Journal of European Law*, Vol. 13, 2006, p. 117.

审理之案件，体现出续审制的特征。按最高人民法院的相关解释，此类案件不适用人民陪审员制度，因为重审案件是原一审程序的补充，简单地将案件重审理解为其导致原审当事人的或原审合议庭的一切诉讼活动失去效力，既不合理，也不现实。为了合理利用有限的陪审资源，发回重审不是完整意义上的第一审程序。[1]可见，我国将发回重审之案件的审理模式定位于续审制。

第三，事后审查制。上诉审之审查基点是一审程序所调查的证据材料，审查原判决有无违背法令或事实误认的情形。之所以称事后审查，"乃其审理程序系先就原判决是否存在上诉人所指摘之违法"，上诉审法院仅针对原判决之内容是否妥当进行审查。事后审查制原则上是法律审，即只在法律层面审查原判决之法律适用有无违法；[2]在少数立法例上，事后审查也允许同时进行事实审和法律审。

事后审查制与复审制、续审制的本质区别在于，前者的审查对象是原判决，后两者的审查对象是案件本身。事后审查制要求上诉法院在介入审查时应保持谦抑和克制，在原判决之基础上对事实认定和法律适用展开审查，且一般仅审查上诉理由所指向的判决内容，体现出对于原判决最大限度的尊重。与此不同，复审制和续审制都是对案件本身加以"第二次"或"继续"审理，上诉法院可以自行调查证据，形成新的心证，并据此决定是否撤销原判决。三种上诉审构造中的复审制与事后审查制被认为是立法例上的两种较为极端的选择，而续审制在很大程度上是作为两种极端类型的折中而存在。[3]

正如没有哪个国家的刑事程序采彻底的对抗制或职权主义，[4]本质上，以上三种上诉审模式之间也存在交叉重合，各个模式的构成要素也会出现排列组合。例如，即使采复审制，很多上诉法院只在对证言有疑问时才会

---

[1] 最高人民法院政治部编著：《〈中华人民共和国人民陪审员法〉条文理解与适用》，人民法院出版社 2018 年版，第 176 页。

[2] 参见林钰雄：《刑事诉讼法》（下），元照出版有限公司 2013 年版，第 334 页。

[3] 孙远："论刑事上诉审构造"，载《法学家》2012 年第 4 期。

[4] See Herbert Packer, "Two Models of the Criminal Process", *University of Pennsylvania Law Review*, Vol. 113, 1964, p. 6.

重新询问证人，或直接拒绝再次询问证人或调查新证据，[1]日本的事后审查制还可主要细分为严格事后审说、续审接枝说两种学说。因此，各国上诉制度的现实形态是在理想类型的基础上，借鉴参考其他国家的立法例，吸收其他模式的要素，进行或多或少的调整，以此避免盲目追求模式而与本国现实脱节。[2]但是，只要三种模式的核心含义保持合理的确定性，上诉审构造的三种模式仍是强有力的分析工具。[3]明确模式的可塑性之意义在于，既能提供改革的宏观指导，又能为探索本国制度提供弹性空间，上诉审构造的未来走向并不是要以某一种模式为蓝本，而应综合考虑传统、国情和政策导向等因素，依据问题意识和经验总结来选择建构本土化的上诉程序和审级制度。

二、我国第二审程序采彻底复审制的反思

我国的二审程序不仅是对被告人的救济，同时也被设计成上级法院对下级法院的判决进行监督、审查的机制。[4]只要被告人对一审裁决不服，即有权提起权利型上诉，符合形式要件，二审法院就应予以重新审查。质言之，法律未对上诉设任何门槛条件，加之上诉不加刑原则的保护，上诉成为一种低成本、低风险的诉讼决定。而且，在大多数二审不开庭的案件中，法院是依据案卷材料对原判决进行了书面化的重复审理。应当说，二审法官具有一定的经验和资历优势，对法律问题有较强能力的把握。当原审的证据调查不充分时，二审法院继续展开审理，可以掌握更多的证据材料，能够发挥出一定的纠错和救济功能。然而，在"以审判为中心"和人民陪审制度改革的双重语境下，复审制可能存在的优势就亟待反思。

---

〔1〕 Stephen Thaman, "Appeal and Cassation in Continental European Criminal Justice Systems", in Darryl Brown et al. ed., *The Oxford Handbook of Criminal Process*, Oxford: Oxford University Press, 2019, p. 946.

〔2〕 See Mirjan Damaška, "Evidentiary Barriers to Conviction and Two Models of Criminal Procedure: A Comparative Study", *University of Pennsylvania Law Review*, Vol. 121, 1973, p. 577.

〔3〕 参见 [美] 米尔伊安·R. 达玛什卡：《司法和国家权力的多种面孔：比较视野中的法律程序》，郑戈译，中国政法大学出版社2015年版，第4页。

〔4〕 魏晓娜："以审判为中心的刑事诉讼制度改革"，载《法学研究》2015年第4期。

第一，从整个诉讼结构看，一律采行复审制不利于保障第一审程序的中心地位。第一审程序是回应公诉和辩护方全部主张的全面审查和充分审理，因而有必要确保一审的庭审功能，特别是强调其事实发现的功能。[1]根据《人民陪审员法》第15条、第16条规定，人民陪审员参与的刑事案件基本属于疑难复杂案件，或可能判处重刑且具有重大社会影响的案件，它们一般只适用诉讼形态最完整的普通程序，庭审必须在认定事实、认证证据、双方质证和裁判证据等方面发挥实质作用。人民陪审员参与庭审后，落实集中审理原则和直接言词原则的必要性越发凸显。一方面，为实现迅速审判，防止陪审员因时间拖延而记忆模糊，审判应不间断进行，让陪审员尽快完成审判任务后回归正常生活。[2]另一方面，所有证据必须在法庭上由法官、陪审员亲自接触，经双方举证质证和辩论后，才能采纳作为定案根据。[3]两项原则有助于陪审员充分有效地参与庭审，实现第一审程序之充分、彻底的事实审。此外，从审级结构来看，"第一审程序应当是刑事程序的核心环节，而不是提供试探性的事实认定"。[4]一审判决后，未必一定启动二审程序，因此二审不是发现真相的中心环节。复审制要求二审法院一律予以全面审查，恐导致第一审程序的空洞化，并出现程序重心向二审上移的风险。

第二，二审职业法官否定民众参与所作的一审判决，既缺乏正当性基础，也不利于实现人民陪审员制度的改革初衷。一般认为，陪审制有助于宣扬公民的政治权利和民主权利，并让公民有机会参与民主社会的决策活动。[5]我国人民陪审员参与刑事审判也有助于确保司法公信，扩大社会主义司法民主。[6]《人民陪审员法》既要求发挥陪审员良心判断、常识判断、情理判断的优势，

---

〔1〕 参见龙宗智："论建立以一审庭审为中心的事实认定机制"，载《中国法学》2010年第2期。

〔2〕 参见施鹏鹏："审判中心：以人民陪审员制度改革为突破口"，载《法律适用》2015年第6期。

〔3〕 陈瑞华："什么是真正的直接和言词原则"，载《证据科学》2016年第3期。

〔4〕 Wainwright v. Sykes, 433 U.S. 72（1977），p. 90（A first-instance trial should be the "main event"... rather than a "tryout" on the road）.

〔5〕 John Jackson & Nikolai Kovalev, "Lay Adjudication in Europe: The Rise and Fall of the Traditional Jury", Oñati Socio-Legal Series, Vol. 6, 2016, p. 387.

〔6〕 参见樊传明："陪审制导向何种司法民主？——观念类型学分析与中国路径"，载《法制与社会发展》2019年第5期。

实现与法官专业判断的互补,〔1〕也要求切实保障人民群众对审判工作的知情权、参与权、监督权,〔2〕使得裁判结果不仅于法有据,更体现社会大众的公平正义观,增加裁判的可接受性和正当性。然而,我国并未采行法国重罪案件陪审团之做法,赋予被告人在上诉阶段获得第二个陪审团重新审理的权利,〔3〕而是规定由法官所组成的二审合议庭来审查或撤销一审判决,制度设计的正当性存在疑问。正当性之问在七人合议庭的案件中尤为突出。七人合议庭最能体现出重大案件中的司法民主,但仅允许他们参与事实审而不参与法律审,传递出的信息是不信任陪审员。〔4〕不仅如此,七人合议庭的立法思路是,以增加陪审员人数的方式来保障他们在认定事实时发挥实质作用,但允许由二审法官以自身的认知和判断取代七人合议庭之事实认定,如何保障陪审员融入一审判决的"常识、常情和常理"?质言之,复审制传递出的信息是在二审阶段再次不信任陪审员,背离了扩展司法民主的改革初衷。最后,鉴于目前二审开庭审理的比率较低,一审经直接言词审理得出之事实认定,二审仅以书面方式重新审查,导致出现"书面审查"撤销"直接言词审理"所得的结论,该制度的正当性基础更加薄弱。

第三,从现实效果来看,复审制未必是发现真相的最佳选择。复审制的理论假设有二:一是二审法院认定事实的能力优于一审法院;二是经由两次事实认定活动更可能接近真相。针对第一个假设,早有学者提出有力质疑。林钰雄教授指出,

> 就事实认定而言,第二审自始处于比第一审更不利的位置,因为案件系属于第二审时,通常与案发当时已有一段距离,证人的记忆逐渐模糊,案发现场可能早已沧海桑田;时间拖得愈久,不实陈述和证据伪造、灭失的危险

---

〔1〕 最高人民法院政治部编著:《〈中华人民共和国人民陪审员法〉条文理解与适用》,人民法院出版社 2018 年版,265 页。

〔2〕 最高人民法院政治部编著:《〈中华人民共和国人民陪审员法〉条文理解与适用》,人民法院出版社 2018 年版,第 12 页。

〔3〕 See Bron McKillop, "Review of Convictions after Jury Trials: The New French Jury Court of Appeal", *Sydney Law Review*, Vol. 28, 2006, pp. 348-349.

〔4〕 参见左卫民:"七人陪审合议制的反思与建言",载《法学杂志》2019 年第 4 期。

也就愈加提高,重构事实的工作因而愈加困难。[1]

而且,若一审法院的事实认定可能出错,为何二审法院就不会出错?[2]所谓的"专家"往往容易将事实认定予以要件化、平均化、一般化之后,作为知识来思考,但是事实认定并非拼图,并不是说只要具备"专家"所谓必要的几块拼图,即属完整,民众参与司法之目的就是要避免"经验法则"从"国民的常识"回归到"法官同僚的约定事项"。[3]因此,二审程序的意义不是多一次机会而增加正确的可能性,而是提供了一种上诉监督机制,减少了出错的概率。[4]

对于第二个假设,在复审制下,两次庭审实质化是否能起到"1+1>2"的效果?诚然,二审法院当庭听取被告人供述和证人证言,有助于实现二审的庭审实质化。然而,案件经侦查、起诉和一审三道工序,每次都应达到"事实清楚,证据确实、充分"的程度,但一审判决依然可能出错。二审阶段还可能出现不利于发现真相的情形,例如,证人死亡或不知所踪,距离案发时间更为久远而记忆衰退。因此,重复认定事实可能仅完成形式上之公正,与发现真相并无直接关系。[5]虽然不一定确保发现真相,但可以确定的是,二审再次贯彻庭审实质化的要求,势必造成当事人参与两次庭审,徒增应付负担,案件的审理程序迟延,更会侵犯被告人获得迅速审判的权利。而且,在全面审查原则下,二审法院应对控辩双方没有争议的部分重复审理,浪费司法资源,没有实际利益,反而会拖累有实质争执需要开庭审理的案件无法开庭,影响第二审案件的整体审判质量。[6]因此,"以审判为中心"的改革强调的是第一审程序的庭审实质化,而非二审程序的实质化。在反驳复审制

---

[1] 参见林钰雄:《刑事诉讼法》(下),元照出版有限公司2013年版,第335页。
[2] Daniel Jutras, "The Narrowing Scope of Appellate Review: Has the Pendulum Swung Too Far?", *Manitoba Law Journal*, Vol. 32, 2006, p. 64.
[3] 参见[日]四宫启:"裁判员制度施行十年——所带来的变革及今后的课题",陈运财译,载《月旦法学杂志》2019年第10期。
[4] 参见傅郁林:"审级制度的建构原理",载《中国社会科学》2002年第4期。
[5] 黄朝义:"刑事第二审构造及其未来走向",载《月旦法学杂志》2007年第4期。
[6] 魏晓娜:"刑事审判中的事实问题与法律问题 从审判权限分工的视角展开",载《中外法学》2019年第6期。

的两个理论假设后,我们发现它并不是发现真相的最优方案。

第四,一律坚持复审制不利于司法资源的优化配置。近年来,我国刑法立法开始迈向轻罪构建之路,犯罪门槛下降和轻罪数量增加成为刑法立法的重要特色。[1]"醉驾入刑"后轻罪案件大量增加,2019年上半年危险驾驶罪超越盗窃案成为第一大类犯罪,不断增加的轻罪案件消耗着大量司法资源。在"以审判为中心"的改革中,普通程序正向正当化、法治化、复杂化的方向发展,庭审实质化带来的"繁者更繁"必然要求"简者更简",故有必要通过完善速裁程序和认罪认罚从宽制度,推进繁简分流机制改革。[2]目前,普通程序主要适用于重大、疑难、复杂的案件或者被告人不认罪的案件,一审阶段的司法资源应向普通程序倾斜,以充分保障被告人获得公正审判的权利。对于陪审员参与的一审程序,国家还应提供额外的经费保障。唯司法资源是"有限财",若被告人能以低成本、低风险的上诉轻易否定一审判决,不仅会削弱陪审员所作判决的权威性和终局性,也会导致国家在一审阶段投入的司法资源付之一炬。此外,即使被告人没有任何合理理由,法院仍对全案进行重复审查,将造成对司法资源的"二度空耗"。

第二节 民众参与刑事审判的上诉审构造模式

本节选取英、美、德、日四国的立法和实务,以陪审制和参审制两种民众参与刑事一审之模式为基础,遵循"审级联动"思路,分析影响上诉审构造的若干因素。

一、英、美陪审制的上诉审构造

英国的治安法院和皇室法院分别对轻罪、重罪案件行使一审管辖权,相应的上诉审查也采行不同的模式。被告人不服治安法院所作之判决,享有向

---

[1] 何荣功:"我国轻罪立法的体系思考",载《中外法学》2018年第5期。
[2] 熊秋红:"为法官减负 为司法提速——如何破解'案多人少'司法困局",载《人民论坛》2019年第2期。

皇室法院上诉的绝对权利。皇室法院遵循复审制，对案件进行第二次对抗式的听审，但同时采行一部上诉原则，若被告人仅提起量刑上诉，审查范围将限于量刑问题。与此不同，被告人在皇室法院由陪审团判决有罪后，有权就定罪或量刑问题向上诉法院刑事法庭提起上诉。此时，上诉权不是绝对权，被告人必须向上诉法院申请上诉，上诉法院批准上诉后，审查的对象不是陪审团之定罪是否有误，而是定罪是否是不安全的（unsafe）。[1]此时，上诉审查的范围原则上是法律审的事后审（do novo review），即主要关注"法律的构造、解释和适用问题"。[2]

被告人申请上诉时，经常提出新证据来主张陪审团之事实认定有误，错误的事实认定当然意味着原审定罪是不安全的。若想以新证据来说服上诉法院批准上诉并撤销定罪，是非常困难的。英国刑事程序体现的是"一审中心"的理念和构造，立法不鼓励上诉，甚至采取严格限制的态度。[3]尤其是对陪审团的判决，上诉法院向来保持最大程度的尊重。立法和实务的审慎态度体现在两个层面。第一，对"新证据"作严格界定。1995年《英国刑事上诉法案》第23规定法官可以综合全案情形，判断采信新证据是否"有必要或者有助于实现司法公正"。法官行使裁量决定权时，应考虑四个因素：（1）新证据是否有助于法院形成确信；（2）是否构成上诉的合理理由；（3）根据上诉申请中的争议问题，新证据是否在初审程序中已被采信；（4）在初审程序中未提出证据是否具有合理理由。"新证据"的证明价值不仅仅是可能让陪审团对原审证据评价得出不同的结论，而应带来"显著信息"，并且对先前证据评价具有实质性的强化效果。[4]对新证据设定较高的门槛，有助于削弱被告人的上诉动机，确保陪审团判决的权威性。这也能在上诉申请阶段过滤掉大量没有理由的上诉，让法院集中精力处理具有听审价值的其他案件。

---

〔1〕 UK Criminal Appeal Act 1995, sec. 1 & 2.

〔2〕 Rosemary Pattenden, "Criminal Appeals: The Purpose of Criminal Appeals", in Mike McConville & Geoffrey Wilson ed., *The Handbook of the Criminal Justice Process*, Oxford: Oxford University Press, 2002, p.491.

〔3〕 See Liz Campbell, Andrew Ashworth & Mike Redmayne, *The Criminal Process*, 5th ed., Oxford University Press, 2019, pp.385-386.

〔4〕 See Meachen v. R., [2009] EWCA Crim 1701, para.23.

第二，允许被告人提交新证据后，上诉法院需要进一步判断陪审团之定罪是否不安全。这在英国极具争议，因为上诉法院不可避免地会侵犯陪审团认定事实之职权。[1]在判断原审定罪是否安全时，历来存在客观和主观标准之争。客观标准是指新证据是否对陪审团的认定事实造成了实质影响（jury impact test），[2]尽管实务中仍有部分案件沿用客观标准，但其本身已遭到强烈质疑。[3]宾厄姆勋爵（Lord Bingham）在彭德尔顿案（R. v. Pendleton）中指出，上诉法院在审查犯罪构成的各个事实要素时，很难知道陪审团对哪个要素存在疑问，或者，对哪些要素形成了确信。[4]在多个证据证明一个问题的情形下，陪审团的推理过程就更加难以把握，在新证据和原审证据之间，上诉法院难以建构起适当的证据评价体系。因此，以宾厄姆勋爵为代表的主流意见倾向于主观标准，认为上诉法官只能诉诸个人观点来作出判断，如果新证据在原审中就已经提出，若存在合理的可能性，陪审团就不会认定被告人有罪。

英国对新证据的态度以及提交新证据后的审查标准之争，既反映出上诉法院和陪审团之间的微妙关系，也体现出立法和实务在事后审查和复审制之间的选择。若上诉法院可以像皇室法院重新审查治安法官所作之一审判决那样，对新证据可以不设任何要求。但为保障被告人接受陪审团审判的宪法性权利，[5]并体现陪审团定罪的权威性和终局性，上诉审查应立足于事后审查制。然而，1995年《英国刑事上诉法案》仍授权法官裁量决定是否允许提交新证据，这在一定程度上放宽了事后审查制的要求。对于新证据采取"严格控制"和"谨慎审查"相结合的做法，能够在尊重陪审团判决的基础上，为事实上无辜之人提供救济机会。

---

[1] Stephanie Roberts, "Fresh Evidence and Factual Innocence in the Criminal Division of the Court of Appeal", *The Journal of Criminal Law*, Vol. 81, 2017, p. 304.

[2] See Stafford v DPP, [1974] AC 878, pp. 893-894.

[3] See David Ormerod et al., *Blackstone's Criminal Practice*, New York: Oxford University Press 2012, p. 2029.

[4] R. v Pendleton, [2001] UKHL 66, para. 16.

[5] See Rosemary Pattenden, "The Standards of Review for Mistake of Fact in the Court of Appeal Criminal Division", *Criminal Law Review*, No. 1, 2009, p. 27.

美国陪审团作出有罪判决后，上诉法院的审查受到严格限制，联邦司法系统和英国上诉法院一样，原则上采行的都是法律审的事后审查。常见的法律问题包括：供述是非自愿的，证据是违法搜查、扣押而得，法官对陪审团作了错误的指示，量刑过重等。此外，被告人还可以主张陪审团定罪所依据的证据不充分，检察官没有将案件证明至排除合理怀疑的程度。表面上看，"证据不充分"的上诉似乎涉及陪审团之事实认定是否有误，亦有学者将之作为一种"事后审之事实审查"，[1]但是，这种事后审查的前提是充分尊重陪审团的证据评价和事实认定，上诉法院只能依据原审判决和审判记录，审查一审所作的法律裁决（legal decision）。因此，法院针对"证据不充分"展开的不是事实审，而是"两步式"的法律审：第一，判断是否存在实质性证据来支持陪审团的事实认定；第二，判断陪审团裁决中包含的所有法律结论的正确性。[2]美国最高法院在杰克逊诉弗吉尼亚州案（Jackson v. Virginia）中确立了"证据不充分"的审查标准，即"将证据作最有利于检察官的考量，一个理性的裁判者能否认定犯罪成立至排除合理怀疑的程度"。[3]这个标准体现了对陪审团或法官所为之事实审的最大尊重，[4]一旦一审裁判者认定被告人有罪，法律就认定他们已经以公正的方式解决了证据冲突、评价了全案证据并根据全案事实得出了合理推论。上诉法院应尊重一审事实审的中心地位，"将证据作最有利于检察官的考量"，再行审查一审的法律适用有无错误。

本质上，杰克逊诉弗吉尼亚州案是美国最高法院根据宪法第十四修正案之正当法律程序条款确立的最低标准，以该案为底线，各州可以采行不同的标准。总体观之，各州采行的标准包括"法律充分"（legal sufficiency）和"事实充分"（factual sufficiency）。"法律充分"即杰克逊诉弗吉尼亚州案标准，称之为"法律充分"的原因即在于上诉审仅针对法律问题，将原审的全部证据作最有利于检察官的考量，若无法认定有罪至排除合理怀疑程度，应

---

〔1〕 参见王兆鹏："事后审之事实审查"，载《月旦法学杂志》2008年第11期。

〔2〕 Kevin Casey, Jade Camara & Nancy Wright, "Standards of Appellate Review in the Federal Circuit: Substance and Semantics", *The Federal Circuit Bar Journal*, Vol. 11, 2001, p. 330.

〔3〕 Jackson v. Virginia, 443 U. S. 307 (1979), p. 319.

〔4〕 杰克逊诉弗吉尼亚州案确立的标准适用于第一审由陪审团或法官所作的事实认定。United States v. Magallon-Jimenez, 219 F. 3d 1109 (9th Cir. 2000), p. 1112.

径行改判无罪，或径行改判较轻之罪（lesser included offence）。[1]目前，大多数州采行的是"法律充分"标准，强调上诉法院不能取代陪审团的证据评价和事实认定，但法院可以就自己对宪法和联邦法律的解释和判断，审查原审程序中的法律裁决。与此不同，"事实充分"的标准是更加有利于保障被告人权利的标准，它要求上诉法院对原审证据作中立判断，不对控辩双方任何一方作有利或不利的推断，重新评估全部证据的证明价值，当有罪判决存在明显错误或显著不正义（clearly wrong or manifestly unjust）时，应予以撤销。然而，"事实充分"标准允许法院进行全面、中立的审查，并可以改变陪审团的裁决，这不可避免地侵犯了陪审团认定事实之职权。[2]尽管体现出一些复审制的色彩，但"事实充分"不是典型的复审制，"上诉审法院并非重新审判，亦非取代事实审，更不是只要一发现证据有矛盾之处即将原审判决撤销"。[3]"上诉法院必须基于审判记录中的客观信息，能够确定存在证明价值显著之证据材料，并且它们超越了陪审团裁决所依据的证据材料，两者相互矛盾时，才能行使对事实问题之管辖权，将案件发回重审。"[4]因此，"法律充分"是严格的法律审之事后审查，"事实充分"虽允许将审查扩展至事实问题，但两者之基本定位都是事后审查制，不会进行第二次认定事实的活动。最后，鉴于法律问题和事实问题经常交织在一起，难以作出准确区分，故"法律和事实的混合问题"也都采行"法律充分"的标准。[5]

二、德、日参审制的上诉审构造

德国和日本的民众是和职业法官一起组成参审法庭来参与案件审理。德

---

[1] 某个较轻之罪的全部构成要素都包含于另一个较重之罪，在美国所有司法辖区，法官都有权指示陪审团可以认定被告人构成较重之罪或较轻之罪。例如，在被告人利用匕首杀害被害人的谋杀罪指控中，陪审团可以最终认定被告人构成过失杀人罪。Michael Hoffheimer,"The Rise and Fall of Lesser Included Offenses", *Rutgers Law Journal*, Vol. 36, 2005, p. 354.

[2] Amanda Peters,"The Meaning, Measure, and Misuse of Standards of Review", *Lewis & Clark Law Review*, Vol. 13, 2009, p. 259.

[3] 王兆鹏："事后审之事实审查"，载《月旦法学杂志》2008年第11期。

[4] Watson v. State, 204 S. W. 3d 404（Tex. Crim. App. 2006）, p. 417.

[5] See Dražan Djukić,"The Right to Appeal in Comparative Perspective", *Journal of Appellate Practice and Process*, Vol. 19, 2018, p. 203.

国上诉审之模式取决于案件类型及其一审管辖。根据《德国刑事诉讼法》第312条和《德国法院组织法》第24条、第25条规定，对于初级法院一审管辖的轻罪案件，可以由法官一人独任审理或由一名法官和两名参审员组成参审法庭，前者可判处两年以下自由刑，后者可判处四年以下自由刑。对于初级法院所作之判决，被告人有权就事实和法律问题向州法院提起上诉，州法院将重新进行"第二次的一审"。赋予轻罪案件第二次事实审的原因在于，这些案件的"第一审事实审审理，原则上，应以较为迅速且简易方式进行，基此，其可能隐藏有较大之错误判决危险，对此等判决，即应有第二次重新为事实调查审理之机会"。对于较重的犯罪，《德国刑事诉讼法》第333条和《德国法院组织法》第76条规定由州法院一审管辖，由三名法官和两名参审员组成大刑事法庭，或由一名法官和两名参审员组成小刑事法庭，所作判决只能提出法律审上诉。没有赋予较重犯罪第二次事实审机会的原因在于，这些案件通常由警察和检察官进行了仔细的侦查，第一审级的审判组织由法官和公民共同参与，提供了强制辩护，进行了严格的事实调查程序。[1]第一审法院判决的可靠性和权威性获得充分保障后，没有必要重复一次事实审，上诉救济的范围也就可以有所限缩。

无论是轻罪还是较重犯罪，所有上诉之法律审都是事后审查，由上诉法院根据《德国刑事诉讼法》第337条、第338条判断是否存在违背法令的情形。其中，第337条原则性规定，"法律规范未被适用或适用不当时，构成违背法令。"本条是被告人提起法律审上诉的相对上诉理由。第338条则列举了绝对违背法令之具体事由，如审判组织的形式不合法，欠缺资格的法官或参审员参与了审判，管辖错误或被告未到庭等情形。这些是违背程序法之事由，属于法律审上诉的绝对理由。

对于轻罪案件的事实审上诉，州法院原则上展开重新审理，但同时体现出一些事后审查的色彩。例如，《德国刑事诉讼法》第323条第2款规定，第一审已经出庭的证人或鉴定人，没有必要重新审讯，第二审法院可以不予传

---

[1] 参见［德］科劳斯·缇德曼："德国刑事诉讼法导论"，载宗玉琨译注：《德国刑事诉讼法典》，知识产权出版社2013年版，第29页。

唤。第325条第2款还规定，只要证人、鉴定人未要求出庭，或征得检察官及被告人同意，法院可以直接朗读询问证人、鉴定人的笔录。也就是说，州法院并不像初级法院那样，严格遵循直接言词原则，在证据调查和证据资格方面的放宽限制，体现出上诉法院对第一审之事实审的信任和依赖。对没有争议或没有必要调查的问题，法院出于诉讼效率和司法资源的考量，仅为事后审查即可。

日本"二战"后的刑事程序改革深受美国影响，第一审改革的方向是当事人进行主义，第二审上诉采行的是事后审查制。但实务中并未严格贯彻事后审查的要求，在实体真实发现和给予被告人充分救济机会之要求下，默许第二审更多地介入一审并推翻一审判决，学者多称之为"续审式的事后审"。2009年日本正式实施裁判员制度后，特别强化了第一审中心主义，只由法官组成而没有裁判员参加的上诉审，当然也应尊重原判决。而且，在驳回原判决的情况下，也需要改变由法院改判的倾向，而原则上应发回重审。〔1〕2009年之后，裁判员审理上诉案件较少，上诉法院持非常谨慎的态度。随着一审和上诉案件的增加，上诉法院的审查方式出现地域化差异，终至2012年日本最高法院在巧克力罐案中明确了上诉审查的基本模式，解决了裁判员制度引入后实务中的分歧。

巧克力罐案被告人从马来西亚返回日本成田机场，携带装有约一公斤违禁药品（安他非命）的三个巧克力罐，入境时被海关发现，检察机关遂以走私违禁药品罪起诉。千叶地方法院组成裁判员合议庭，综合控方出示证据，合议庭认为无法依据"常识"来形成确信，不能认定被告人明知巧克力罐内装的是违禁药品，因此判决被告人无罪。检察机关不服判决，上诉至东京高等法院。法院经审查原案证据，并依职权调查检察官在一审中撤回之证据，认定被告人之供述出现反复，且存在难以自圆其说的情形，被告方之不知巧克力罐内系违禁药品的辩护意见不合理，综合全案其他证据，依"经验法则"认定被告人知悉是违法药品，并撤销原判事实认定，改判被告人有期徒刑十

---

〔1〕 参见［日］田口守一：《刑事诉讼法》，张凌、于秀峰译，法律出版社2019年版，第577页。

二年并科以罚金六百万日元。被告人不服，向日本最高法院提出第三审上诉。2012年2月，日本最高法院第一小法庭撤销了上诉法院的定罪判决。[1]

巧克力罐案确立了裁判员参与审判案件的上诉审模式，包括三个方面的要求。其一，对于第一审由法官和裁判员共同组成合议庭裁决之案件，已经采行直接和言词审理原则，调查证人并判断其陈述之信用，并综合此等情事而进行事实之认定。[2]在坚实的第一审基础上，二审法院应尊重裁判员的判断。其二，二审程序原则上采事后审查制，"并非与第一审同样立场就案件本身就行审理，而是以当事人诉讼为基础之第一审判决为对象，对其为事后性的审查"。[3]其三，审查标准采"经验法则违反说"，第二审上诉有关事实认定有无错误之审查，应从第一审判决所为之证据可信性评价及证据综合判断，参照论理法则、经验法则来审查有何不合理之处。[4]本案中一审合议庭依据"常识"认定被告人不知道巧克力罐内是违禁药品，上诉法院未能参酌"经验法则"指出原审事实认定有何不合理之处，故应尊重原审判决。然而，本案虽确立了事后审查的模式，但并未彻底消弭上诉法院在实务中面临的所有难题。实际上，在几乎同一时期其他三起走私毒品的类似案件中，裁判员合议庭宣告被告人无罪后，上诉法院改判有罪，日本最高法院最终也维持了有罪判决。[5]实务操作之难点在于，如何判断个案中之"常识"和"经验法则"，即使理论阐述臻于精致，最终需要上诉法院依据个案情形和争议焦点作具体分析和论证说理。令人意想不到的是，各地上诉法院在巧克力罐案后反而更加积极介入审查裁判员合议庭所作之判决，这表明日本最高法院确立的事后审查制有待在实务中进一步检验。

---

[1] 关于本案的诉讼经过和判决理由，参见林偶之："日本二审法院如何审查裁判员认定的事实——以日本最高法院2012年2月13日判决为例"，载《西南政法大学学报》2019年第5期。

[2] [日]三井诚："裁判员审判之实施及其对于刑事程序之影响"，吴秋宏译，载《月旦法学杂志》2013年第12期。

[3] [日]后藤昭："日本刑诉二审沿革与裁判员制度"，林裕顺译，载《月旦法学杂志》2019年第10期。

[4] [日]后藤昭："日本刑诉二审沿革与裁判员制度"，林裕顺译，载《月旦法学杂志》2019年第10期。

[5] See Masahito Inouye, "Introduction of the Saiban-in System and Reformation of Criminal Procedure in Japan", *Seoul Law Journal*, Vol. 55, 2014, pp. 466-468.

三、比较与分析

总体而言，陪审团或参审法庭所作判决之上诉审模式基本定位于事后审查制。唯理论模式无法描绘各国制度之全貌，我国人民陪审员制度的未来改革需要的也不是照搬某一国的具体制度，更重要的是参酌影响上诉制度建构的以下因素。

第一，第一审程序的品质。一般而言，一审法院管辖的轻罪案件较多，审理程序相对简单，很多轻罪案件的被告人还无法获得律师帮助，因此，采行复审制的一个重要原因是通过上诉来实现对一审判决的质量控制。例如，英国治安法官听审轻罪案件的程序相对简易、迅速，其上诉审就采复审制，以防止一审程序过于简化而侵犯被告人的权利或有碍司法公正。与此不同，被告人在英国皇室法院经陪审团判决有罪后，对抗式的一审程序已经充分保障其获得公正审判的权利，上诉审就改采事后审查。日本在 21 世纪初推行司法改革之前，刑事审判被诟病为"笔录审判"，平野龙一教授担忧，除非让国民参与审理活动，否则日本刑事诉讼的改革前景让人感到无望。[1] 2009 年裁判员制度实现了国民和职业法官共同协作，分担审理职责，[2] 为确保裁判员的实质参与，必须在第一审程序中落实直接言词原则，当庭讯问被告并对证人进行交叉询问。[3] "日本刑事诉讼法原本所要达到的审判中心的目标，终因裁判员制度的引进，而逐渐实践。"[4] 以坚实第一审为基础，日本才能在 2012 年"巧克力罐案"中强化事后审查的正当性和重要性。因此，无论是陪审制还是参审制，只有确保民众参与第一审程序并充分发挥实质作用后，才

---

[1] See Ryuichi Hirano, "Diagnosis of the Current Code of Criminal Procedure", translated by Daniel Foote, *Law in Japan*, Vol. 22, 1989, pp. 138, 142.

[2] Setsuo Miyazawa, "Citizen Participation in Criminal Trials in Japan: The Saiban-in System and Victim Participation in Japan in International Perspectives", *International Journal of Law, Crime and Justice*, Vol. 42, 2014, p. 73.

[3] See Philip Reichel & Yumi Suzuki, "Japan's Lay Judge System: A Summary of Its Development, Evaluation, and Current Status", *International Criminal Justice Review*, Vol. 25, 2015, p. 252.

[4] [日] 四宫启："裁判员制度施行十年——所带来的变革及今后的课题"，陈运财译，载《月旦法学杂志》2019 年第 10 期。

能为限缩第二审程序的审查强度提供正当性基础和制度保障。

第二，第二审程序追求真相的限度。若一味强调上诉之纠错功能，必采复审制来验证一审事实认定是否有误，并期待二审在发现真相层面更进一步。唯上诉审并非仅有纠错之"一元功能"，而同时兼具救济权利、维护法律统一实施等"多元功能"。英国对于新证据的态度恰能体现"多元功能"之间的竞合和冲突。经陪审团审理后，第一审的品质已有保障，理应贯彻严格的事后审查制。但英国在20世纪八九十年代出现多起骇人听闻的冤案，故新近改革放宽了提出新证据的限制，防止将无辜之人判决有罪会造成最严重的司法不公。[1]同时，为避免滥行上诉并确保法院有效发挥"司法造法"的职责，于立法技术上，采上诉理由审核制，并对上诉法院改判设置了极高的标准。同理，美国少数州采行的"事实充分"标准，尽管体现出对真相和权利的有限追求，但在联邦和各州几乎所有的司法辖区，法院不允许当事人在直接上诉中提交新证据，明显体现出刑事程序关注的重点不是真相，而是尽快实现纠纷解决。[2]此外，日本在巧克力罐案后能否严格落实事后审查制，有待进一步观察，因为日本法官向来保有积极追求真相的思维，上诉审的一贯做法是不受当事人在第一审所为主张或举证范围所拘束，自行追求真相，续行调查证据"。其实，各国民众参与审理之案件大都与个人、社会存在重大利害关系，此类案件更应吸收社会公众的意见，尊重民众的判断，以此分担法官的办案责任并增强司法公信。若无法克制对有罪判决和发现真相的无限度追求，就难以实现复审制向事后审查制的转变。

第三，审级制度的整体结构以及上诉审在整体结构中的定位。在大多数国家，审级制度不是一项宪法要求，因为对每一审级的决定都要再创设一审级以提供救济的话，恐会造成无限审级之形成，并可能对法治国家原则下之"法安定性"与"法和平性"构成严重威胁。[3]在各国审级结构中，民众参

---

［1］ See Hannah Quirk, "Identifying Miscarriages of Justice: Why Innocence in the UK is Not the Answer", *Modern Law Review*, Vol. 70, 2007, p. 770.

［2］ See Keith Findley, "Innocence Protection in the Appellate Process", *Marquette Law Review*, Vol. 93, 2009, pp. 605, 607.

［3］ 杨云骅："刑事上诉第三审采'严格法律审兼采上诉许可制'的疑虑"，载《月旦法学杂志》2018年第11期。

与审判的上诉审体现出各自特色。英国陪审团判决有罪的被告人上诉失败后，还有机会向刑事案件审查委员会（Criminal Cases Review Commission）申请救济，再次主张自己事实上是无辜的。美国联邦宪法没有赋予被告人上诉权，但联邦和各州的制定法都赋予被告人向上一级法院提出直接上诉的权利。如果说"事实充分"标准还允许上诉法院适度审查陪审团的事实认定，那么第三审上诉将是彻底的法律审。虽然英、美两国的制度略有差异，但总体来看，第一审是整个刑事程序的中心，初审的事实认定一般具有终局效力，上诉不是为了对初审法院的裁判进行"质量控制"。[1] 法院审级越高，审查范围越受限制，上诉审越倾向于是提供"通案救济"的法律审。日本刑事上诉审构造之历史变革亦体现出相同趋势，在 2009 年后逐步形成了"三位一体"之格局：民众参审、落实审判中心的"第一审"，贯彻上诉救济的"事后审"。[2] 综上，我们发现，上诉审在整个审级构造中处于承上启下的地位，既是第一审程序的二审，又可能成为第三审程序的接力，故未来的模式选择和制度设计应遵循"审级联动"的思路来整合审级资源，实现资源的最优配置。

第四，立法对于个人权利和公共利益的权衡考量。德国联邦宪法法院依据《德国基本法》第 2 条第 1 项和法治国家原则发展出了"法院提供救济请求权"，为权利寻求司法救济提供宪法基础。"法院提供救济请求权"是诉权，当诉讼程序提供了至少一次的要求法院裁判的机会，就已经满足了法治国家对此的最低限度要求。[3] 司法公共资源的有限性意味着权利保障的有限性，作为当事人"权利"事项的上诉机会要受制于公正与效率的平衡、个案当事人权利保障与公众权利保障的平衡等准则。[4] 若仅从个人权利角度出发，复审制当然有助于实现充分保障权利。唯民众参与一审程序后，国家已经投入大量司法资源，上诉审若仅着眼于发现真相或保障权利，必将对司法资源提

---

〔1〕 Stephen Thaman, "Appeal and Cassation in Continental European Criminal Justice Systems", in Darryl Brown et al. ed., *The Oxford Handbook of Criminal Process*, Oxford: Oxford University Press, 2019, p. 938.

〔2〕 参见林裕顺："人民参与上诉制度之比较研究"，载《月旦法学杂志》2018 年第 11 期。

〔3〕 杨云骅："刑事上诉第三审采'严格法律审兼采上诉许可制'的疑虑"，载《月旦法学杂志》2018 年第 11 期。

〔4〕 参见傅郁林："审级制度的建构原理"，载《中国社会科学》2002 年第 4 期。

出更高要求，这在"案多人少"、司法资源紧张的现实情形下未必能够得以实现。国家有义务保障被告人有机会获得上诉救济，但这种机会不是无限的，而是可以基于公共利益的考量来设定合理限制的。[1]与复审制相比，事后审查制有助于国家充分考虑司法资源的总体供求和合理配置，并适当控制上诉法院的审案负担，以此促进上诉审的品质。因此，立法者可以结合一国之传统、国情和政策导向，依据案件不同的性质来综合适用复审制或事后审查制，实现司法资源的优化配置、上诉审的"多元功能"以及个人权利和公共利益的平衡。

第三节 我国"双轨制"上诉审查模式的建构路径

一、"双轨制"上诉审查的基本模式

短期来看，"以审判为中心"的改革目标尚未实现，我国《人民陪审员法》颁行时间尚短，理论研究和实务操作有待进一步完善，故不宜立即在所有案件中引入事后审查制。我国确立三人合议庭和七人合议庭的基本思路是："对于相对简单的案件，人民陪审员既可以认定事实，又可以适用法律；而有些重大案件疑难复杂，人民陪审员可以在法官的指引下认定事实问题，但法律适用问题是其力所不能及的"。[2]可见，因案件的难易程度不同，合议庭的组织形式和分权机制也会相应有所区别。我们可以遵循此思路，在渐进式的改革中引入"双轨制"的上诉审模式。其一，三人合议庭审理的案件相对简易，审理程序相对简单、迅速，陪审员把握法律问题的准确性也有待进一步检验，故维持复审制，以确保公正审判并向被告人提供全面的上诉审查。其二，七人合议庭审理的主要是重大、疑难、复杂案件，党的十八届四中全会指明，要"探索逐步实行人民陪审员不再审理法律适用问题，只参与审理事

---

[1] Peter Marshall, "A Comparative Analysis of the Right to Appeal", *Duke Journal of Comparative & International Law*, Vol. 22, 2011, p. 27.

[2] 最高人民法院政治部编：《〈中华人民共和国人民陪审员法〉条文理解与适用》，人民法院出版社2018年版，第249页。

实认定问题",七人合议庭就是要引入普通人的生活经验和一般社会常识,让陪审员发挥出经验性判断的优势,提高事实认定的准确性。[1]而且,比较法的经验显示:"如果上诉由新的裁判者进行重新审理,那么它更可能适用于下级法院处理的轻罪案件;如果上诉更像是对第一审的救济,那么它更可能适用于重罪案件。"[2]因此,将七人合议庭的上诉审定位于事后审查,有助于充分发挥第一审程序的事实审功能,并以此为基础,让上诉审功能侧重转向于救济。此外,目前七人合议庭的适用范围较小,让其成为试点改革的探路者和突破口,有助于我们观察效果、发现问题并总结经验,并在适当时候扩大适用范围。

从长远看,我们还可以综合考量案件性质和第一审程序等因素,扩大"双轨制"的适用范围。随着"以审判为中心"改革的深入推进,不仅是七人合议庭审理的案件,对于三人合议庭审理的案件或者其他重大、疑难、复杂案件,第一审程序就事实认定和法律适用问题进行充分审理后,都可以改采事后审查制。当然,对于第一审程序适用简易或速裁程序审理的案件,未来仍可以维持复审制。此外,魏晓娜教授提出经由"事实—法律"的概念界分,对刑事审级制度进行全面改革,建立三审终审制。[3]按此方案,上诉审就细化为第二审和第三审,作为法律审的第三审应定位于事后审查。总之,"国家不可能对每个嫌疑人、被告人都投入同等的司法资源,必然根据不同的案件和不同的被告人作出区分对待"。[4]我国可以在充分评估改革进程和试点效果的基础上,遵循"审级联动"的基本思路,综合考量罪行轻重、一审程序、认罪与否、司法资源等因素,不断探索完善"双轨制"上诉审模式的适用范围。

---

[1] 参见魏晓娜:"刑事审判中的事实问题与法律问题 从审判权限分工的视角展开",载《中外法学》2019年第6期。

[2] Stephen Thaman, "Appeal and Cassation in Continental European Criminal Justice Systems", in Darryl Brown et al. ed., *The Oxford Handbook of Criminal Process*, Oxford: Oxford University Press, 2019, p.942.

[3] 魏晓娜:"刑事审判中的事实问题与法律问题 从审判权限分工的视角展开",载《中外法学》2019年第6期。

[4] Carolyn Dineen King, "A Matter of Conscience", *Houston Law Review*, Vol. 28, 1991, p.955.

目前，在七人合议庭中率先引入事后审查制的意义集中体现在三个方面：第一，尊重陪审员参与审判所作之事实认定，确保第一审程序的中心地位。《人民陪审员法》旨在让司法裁判中融入常识、常情和常理，以普通大众的朴素认知和是非观念来辅助认定事实，克服法官的职业思维和先入为主的偏见。目前在遴选机制、评议程序和管控规则等方面的相关改革和探索，就是要保障陪审员成为优秀的事实认定者。[1]而且，陪审员参与庭审后，落实集中审理原则和直接言词原则的需要更加迫切，第一审程序也就更应转变成为充分、充分的事实审。同时，"上诉审结构的适度调整，亦可促进第一审事实审理的落实；没有适宜的上诉审后续的支撑或牵引，第一审事实审理仍有可能松动不实"。[2]因此，事后审查制亦可以督促陪审员和法官认真履行审判职责，确保第一审审理的品质，为限缩上诉救济提供基础和保障，达到一审和二审良性互动、相辅相成的目标。

第二，实现上诉审功能的多元化，推动建构"金字塔型"的审级构造。我国1979年《刑事诉讼法》采行复审制体现了实事求是、有错必纠的理念，以及上级法院对下级法院以及控辩双方的不信任态度。[3]在"以审判为中心"和人民陪审员制度的改革语境中，第一审程序贯彻严格的证据法则并践行正当法律程序的各项要求后，复审制的立法理由不再完全成立，相应地，二审法院可以从"第二次"认定事实的职责中逐步解脱，二审程序的功能定位也可以从"真相"和"纠错"逐步松绑，从而转向兼具"个案救济"和"通案救济"的多元化功能。此外，鉴于上诉审在审级结构中的承上启下作用，对于具有普遍重要价值的法律问题，允许提起第三审上诉，让第二审为第三审上诉审查提供铺垫，在诉讼程序和审级结构中推进"法律的生长"。要言之，从"审级联动"的思路来看，上诉审的多元化有助于塑造"第一审是中心，第二审侧重救济，第三审严格法律审"的"金字塔型"构造。

---

[1] 参见樊传明："陪审员是好的事实认定者吗？——对《人民陪审员法》中职能设定的反思与推进"，载《华东政法大学学报》2018年第5期。

[2] 陈运财："论刑事上诉制度之改革——以第二审上诉为中心"，载甘添贵教授七秩华诞祝寿论文集编辑委员会：《甘添贵教授七秩华诞祝寿论文集》（下册），承法数位文化有限公司2012年版，第587页。

[3] 王超：《刑事上诉制度的功能与构造》，中国人民公安大学出版社2008年版，第113页。

第三，助推繁简分流和司法资源的优化配置，实现个人权利和公共利益的平衡。"事实之认定，在过程上，并非系经由越多人或越多审之审查，方可达成事实真实面之认定。"[1]"以审判为中心"和人民陪审员制度改革的精髓在于，两次"第一审"不如对一个"第一审"予以彻底保障。以质证权为例，其核心内涵是赋予被告人与对方证人至少一次面对面质问的机会。多次质问固然是理想选择，但诉讼资源是"有限财"，不能一而再、再而三地进行质证程序，以免当事人和诉讼参与人遭受讼累。质证权要求的不是多次、重复但不充分的对质，而是一次彻底的对质诘问的机会。同理，复审制的理论假设是两次"第一审"一定达到"1+1>2"的效果，但与其依赖效果难测的"第二次的一审"，不如以引入人民陪审员制度为契机，保障被告人获得一次充分、彻底的审理。以此为基础，在上诉阶段继续优化配置有限的司法资源，向重大、疑难、复杂案件或被告人不认罪的案件倾斜，保证法院集中精力处理具有听审价值的案件，从而在整体上实现个人利益和公共利益的平衡。

二、事后审查的例外情形

严格的事后审查仅允许法院以第一审程序已经调查的证据材料和审判记录为基础，判断原审判决是否"妥当"，而不再自行开展新的证据调查。即使被告方收集到新证据，足以证明自己是无辜的，法院也不能对此提供"个案救济"。质言之，严格的事后审查不利于保障被告人的权利，避免出现严重的司法不公。而且，目前恐难以说服立法者和法院彻底抛弃对真相的追求，也欠缺全面贯彻事后审查制的操作指引，若强令推行，可能出现日本巧克力罐案后立法和实务脱节的问题。因此，在事后审查制的模式基础上，宜作适当调整，允许被告方提出新证据，赋予其获得上诉审查和个案救济之机会。

同时，为防止被告方轻视一审，滥行上诉，导致"例外情形"侵蚀事后审查制的核心要求，在立法技术层面，应引入上诉理由审核制，对新证据及

---

[1] 黄朝义："刑事第二审构造及其未来走向"，载《月旦法学杂志》2007年第4期。

其他上诉理由予以一定的限制。我国立法例已有相关参考。2017年《严格排除非法证据规定》第38条第2款规定："被告人及其辩护人在第一审程序中未申请排除非法证据，在第二审程序中提出申请的，应当说明理由。"在侦查、审查起诉和一审程序中，立法已经充分保障被告方申请排除非法证据的权利，若他们仍在二审中才首次提出申请，一审程序中的事实认定必然会受到不可避免的影响，且不利于贯彻"尽早发现、尽早排除"的政策要求。但一律禁止在二审中申请排非，又无法顾及被告方在一审判决后才获得相关线索或材料的情形。权衡之下，立法可以允许被告方说明理由，由二审法院审查决定。此外，就认罪认罚案件的上诉权问题，有学者提出赋予被告人有条件的上诉权，[1]法院应围绕上诉理由首先进行初步审查，并决定是否启动二审程序。[2]这些思路体现出上诉理由审核制之"被告人申请+法院审查决定"的基本要求。

七人合议庭作出判决后，除非被告方能提出新证据，或者存在其他合理的上诉理由，否则法院不予启动二审程序。法院对上诉理由的审查，采自由证明方式即可，书面证言等材料可以列入上诉理由，法院认定一审裁决中存在事实误认或法律错误的可能性时，即可启动二审程序。就被告方而言，上诉理由审核制不是一审终审制，法院对上诉理由的审查，能够保障其获得上诉救济的机会，并在两审终审制下保障其审级利益。在英国以新证据主张陪审团定罪是不安全的上诉中，很多所谓的新证据在初审程序中已经存在，被告方不能合理解释为什么没有在初审程序中提出证据。[3]在此类情形中，法院不予批准上诉申请，避免启动二审程序，能够起到过滤上诉案件、优化资源配置的作用。最后，从上诉审的功能来看，事后审查制侧重发挥的是"通案救济"功能，允许提交新证据是为了在少数情形中实现"个案救济"，原则和例外的结合，能够实现上诉审功能的多元化取向。

---

[1] 熊秋红："认罪认罚从宽的理论审视与制度完善"，载《法学》2016年第10期。

[2] 孙长永："比较法视野下认罪认罚案件被告人的上诉权"，载《比较法研究》2019年第3期。

[3] Stephanie Roberts, "Fresh Evidence and Factual Innocence in the Criminal Division of the Court of Appeal", *The Journal of Criminal Law*, Vol. 81, 2017, p. 322.

三、事后审查的制度建构

在七人合议庭率先确立事后审查制及例外情形时，制度建构主要包括五个方面。

（一）程序启动

第一审庭审结束后，法官应在和陪审员充分协商沟通的基础上，作出判决并撰写裁判理由。一审判决说理既是为了限制裁判者的恣意，也能为上诉审查提供对象。被告人若对一审判决不服，应向二审法院提起上诉申请，提出新证据或其他上诉理由，由法院审查决定是否启动二审程序。一审的判决说理和上诉理由能为二审法院的初步审查提供信息，若今后我国引入一部上诉制度和禁止不利益变更原则，法院启动二审程序后，上诉理由还可以界定攻防范围，以确保被告人不会就未上诉的部分遭受不利益的变更。

（二）调查的范围和方式

从一审和二审的"审级联动"来看，有必要借鉴美国"未提出视为放弃"规则（raise or waiver rule），即被告方在一审程序中未提出的证据和主张，原则上不得在一审判决后的救济程序中再行提出。[1]其原理在于让一审法院充分听审并解决争议，保障双方当事人的对质权，为上诉审查提供完整的记录，避免上诉法院仍然纠缠于事实问题。[2]我国法院可以在庭前会议中告知控辩双方，未提出的证据和主张即产生"失权效"，以此督促他们尽早提出、全面提出本方的证据和主张，充分发挥庭前会议之整理争点和证据清单的作用，促进第一审程序的集中、迅速和实质审理。

以"未提出视为放弃"规则为事先督促，上诉法院应秉承谦抑态度，将调查范围原则上限于一审判决、审判记录、上诉理由和答辩书。在例外情形中，被告方出于不得已之事由，不能于第一审辩论终结前提交的证据，或者

---

[1] Puckett v. United States, 556 U. S. 129 (2009), p. 134.
[2] See Katerina Kokkas, "Fourth Amendment Standing and the General Rule of Waiver", *University of Chicago Legal Forum*, Vol. 2018, 2018, p. 320.

一审判决后才发现的证据，才可以构成提交证据的合理理由。法院在初步审查上诉申请时，可将之纳入证据调查范围。此外，为体现对被告人权利之关照和对真相的适度追求，上诉法院还可以依职权对上诉理由未涉及之事项开展调查。例如，《美国联邦刑事诉讼规则》第52（b）条规定，"明显之错误，瑕疵影响显著权利者，即令当事人未为主张，法院得更正之"。依职权对一审中的"明显错误"展开调查，亦属于事后审查制的例外，但需满足严格条件。美国法确立的四个要件可资参考：（1）一审中未发现的错误；（2）明显错误；（3）错误显著影响实质权利；（4）不予更正错误将严重影响程序的公平性、正洁性或司法正义或司法程序的公正性。[1]无论是依申请还是依职权调查的新证据，都应在法庭经控辩双方质证和辩论，才能采纳作为二审定案的根据。

(三) 审查的对象和标准

事后审的审查对象是原判决是否"妥当"，而非原判决是否正确。"妥当"与否是一种可能性的判断，不能要求二审法院评价全案证据并对原审结论作出确定性判断，否则势必促使法院进行全面、彻底的审查，最终回归复审制的轨道。因此，上诉审对象的准确表述是，"判断原判决是否存在事实误认或法律错误之高度可能性"。

上诉审标准的设定应谨慎为之，因为这将影响被告人是否决定上诉以及上诉的成功率。[2]总体而言，标准的设定既要求放弃二审事实认定之优越感和使命感，避免二审以自己心证替代陪审员和法官共同所作之一审判决，又要在一定程度上发挥上诉审的多元功能。事后审查的标准分为"心证优越说"和"经验法则违反说"。"心证优越说"是指上诉法院应经证据调查形成自己的心证，再与原审结论进行比较，两者如有不一致处，以上诉审所得之心证为优先。目前，我国二审法院主要遵循的就是该思路，在全面审查一审判决和新证据的基础上，得出自己的结论并作出相应处理。然而，"心证优越说"

---

[1] See Johnson v. United States, 520 U. S. 461 (1997), p. 467.

[2] See Aaron Lockwood, "The Primary Jurisdiction Doctrine: Competing Standards of Appellate Review", *Washington and Lee Law Review*, Vol. 64, 2007, p. 709.

依赖的是上诉审在事实认定方面的优越感和使命感,二审法院以自己心证替代人民陪审员和法官共同所作之一审判决,正当性和实效性都存在疑问,故不宜成为事后审的标准。"经验法则违反说"要求二审法院原则上仅基于原判决和上诉理由等有限的材料,审查原判决的证据评价和事实认定的推理,有无违反经验法则或论理法则。德国和日本通说都认为,法官依据证据认定事实时,如所为之判断与经验法则不符合时,即属于违反法令。[1]此外,"经验法则违反说"与美国"法律充分"标准的内涵一致,上诉法官不是第十三个陪审员,而只"将证据作最有利于检察官的考量",依据经验法则判断原审判决是否"妥当"。因此,"经验法则违反说"是值得我国借鉴的事后审查标准。鉴于经验法则的适用尚有诸多争议,[2]为规制上诉法院合理行使裁量权,应要求其在判决中详细说理,指明一审判决如何违反了经验法则或伦理法则,并结合案情论证上诉改判的理由。

(四) 量刑问题

量刑问题与事实问题略有不同,事实认定凭经验常识即可,虽陪审员参与量刑也能将一般常识反映于个案,但量刑本身更依靠的是法官经验,尤其需要考虑量刑个别化和均衡化的要求,以及一般预防和特别预防等刑事政策的导向。因此,若未来在三人合议庭案件或其他案件中引入事后审查制,量刑的妥当性和统一性问题也应作为上诉审查的事项。根据《人民陪审员法》第20条第2款规定,法官应在一审程序中,围绕量刑问题向人民陪审员进行必要的解释和说明。人民陪审员应明白罪刑相适应的原则,以及被告人行为可能构成的犯罪和判处刑罚的幅度。在评议过程中,可以引入问题清单制度,[3]法官和人民陪审员围绕问题充分交换意见,全面告知人民陪审员有利于和不利于被告人的量刑信息,共同作出个别化、均衡化的量刑裁决。此外,为了

---

[1] [日] 后藤昭:"日本刑诉二审沿革与裁判员制度",林裕顺译,载《月旦法学杂志》2019年第10期;姜世明:《证据评价论》,新学林出版股份有限公司2014年版,第161-162页。姜世明教授指出,法院依调查证据之结果,虽得依自由心证,判断事实之真伪,但其所为之判断如与经验法则不符时,即属于法有违。其在德国法上,亦作相同解释。

[2] 参见曹志勋:"经验法则适用的两类模式——自对彭宇案判决说理的反思再出发",载《法学家》2019年第5期。

[3] 参见陈学权:"刑事陪审中法律问题与事实问题的区分",载《中国法学》2017年第1期。

更好地融入健全的公民常识，我们可以借鉴日本的有益经验，探索建立一套供公民参与司法专用的量刑检索系统，以确保非专业法官参与量刑过程和作出量刑裁决的公平。

从 2008 年 4 月开始，供裁判员使用的量刑检索系统得到运用。这一系统是指，就一审宣告有罪判决，同时也属于裁判员裁判的对象的案件，除了案件的概要以外，还将动机、凶器的种类、被害的程度、共犯人关系、从被告人视角出发得出的被害人的立场等主要与犯罪情节有关的十几个项目的量刑因子，作为数据而输入，并加以积累，通过输入与这些项目相对应的检索条件，以检索到合适的案例。检索结果由量刑分布表以及事例一览表组成。这样做的意图在于，裁判员可以据此了解在同种案件中存在怎样的量刑，并将其作为评议量刑时的参考资料。[1]

对于量刑裁决的审查，应贯彻"量刑讨论优于量刑结论"的原则，二审法院首先判断原审法官是否按照《人民陪审员法》第 20 条等相关规定，履行了解释和说明义务，只有确保人民陪审员充分有效参与了量刑程序后，才能进一步审查量刑结论是否"妥当"。什么是妥当的量刑？日本裁判员参与刑事审判的理论和实务颇具启发意义：

把具有幅度的某一责任刑作为基础进而经由预防的考虑之后的量刑，是从较宽广幅度之中进行选择的；若不超出各种幅度之允许的范围，被认为是"妥当的量刑"。即是在裁判员制度中这种判断方法也认为应该被采纳。

裁判员审判上过分强调"寻求正确的点"这种想法是危险的；与其说探求唯一正确的结论，不如说在充分认识到先例的同时，通过慢慢缩小幅度的方式，引导出"能达成合意之量刑"的过程也很重要。[2]

---

〔1〕［日］川出敏裕、金光旭：《刑事政策》，钱叶六等译，中国政法大学出版社 2016 年版，第 114 页。

〔2〕［日］城下裕二：《量刑理论的现代课题》（增补版），黎其武、赵珊珊译，法律出版社 2016 年版，第 309 页。

未来，我国在一审量刑信息最大化的基础上，量刑上诉亦应采"经验法则违反说"。二审法院不是对比一审量刑和二审可能判处的刑罚是否一致，而是审查一审量刑裁决的罪数、罪名及行为责任是否属于当判的幅度或范围，二审法院不能仅因量刑结论有所不同就撤销原判决。要言之，量刑上诉是"幅的审查"，而非"点的审查"。如果法院认定原量刑结论有违经验法则或论理法则，需指明违反的具体部分并结合个案情形充分说理。此外，一审判决后出现新的量刑证据，例如，被告人退赃退赔，获得了被害人或其家属的谅解，或达成了和解协议，应允许被告人以新证据为由向二审法院申请上诉。这种量刑上诉有助于修复犯罪破坏的社会关系，保护被害人的利益，并实现刑罚的特殊预防功能。

（五）二审的处理方式

二审法院经审查认定被告人不构成犯罪的，应坚持无罪推定原则，径行改判无罪。若认定存在 2018 年《刑事诉讼法》第 238 条列举之违反公开审判、回避制度等程序严重违法情形，应认定构成绝对上诉理由，撤销原判，发回重审。原审法院不是接续审理，而应采复审制，由陪审员和法官重新组成合议庭，进行"第二次的一审"。对于其他相对上诉理由，例如一般性的程序违法，事实认定或法律适用存在错误的高度可能性，上诉法院可以视个案情形，自行更正或发回重审。因为一律发回重审，势必消耗司法资源，延长诉讼周期，徒增当事人之负担。况且，上诉法院经对原审判决、审判记录和上诉理由的审查，达到"事实清楚，证据确实充分"的程度，径行改判陪审员参与所作之一审判决的正当性疑虑得以降低。

本章分析表明，在"以审判为中心"和人民陪审员制度的改革中，第一审程序的审理对象、审理程序和裁判主体已经呈现出多元化形态，单一的复审制不利于实现《人民陪审员法》之促进司法公正、提升司法民主的立法初衷，也不利于维护第一审程序的中心地位。因此，遵循"审级联动"的思路，有必要引入事后审查制，要求二审法院仅审查原判决是否"妥当"。同时，为保障权利并适度追求真相，被告人可以提出新证据或其他上诉理由，由法院经初步审查决定是否启动听证程序。目前，我国可以逐步确立"双轨制"的上诉审模式，在七人合议庭的案件中率先引入事后审查制，经试点改革来发现问题、总结经验，同时在三人合议庭的案件中维持复审制。未来，随着"以审判为中心"改革的推进，第一审程序提供坚实的基础后，事后审查制也可逐步扩展至人民陪审员参与审理的全部案件，以及其他重大、疑难、复杂案件，逐步从"多元一轨"迈向"多元多轨"的上诉结构，并探索塑造"第一审是中心，第二审侧重救济，第三审严格法律审"的"金字塔型"审级构造。

第五章
非法证据排除的中间上诉程序

吉尔兹教授主张用"深描"去理解人类学中复杂多样、陌生含糊的概念，然后才能将它们转化为自己的话语表达。[1]比较法研究也应当遵循"理解概念"到"转化表达"的逻辑。本章以英美两国学术研究、制度建构和典型案例为基础，对排除非法证据后的中间上诉进行"深描"，分析英美两国的实务经验，为进一步完善我国非法证据排除规则和刑事上诉程序提供思路。

第一节 英美的中间上诉及其制度土壤

英美法系证据法区别于大陆法系的一个重要特征是，以证据可采性为核心建构起了一系列的排除规则。以证据排除的实体规范和听证程序为基础，英美逐步发展出了旨在审查一审法院证据裁定的中间上诉制度。中间上诉的出现，表明证据的可采性问题和被告人的实体罪责问题在上诉环节出现了分离。

一、制度渊源

（一）英国的中间上诉制度

传统上，英国反对在刑事程序中提起中间上诉，当事人只有等一审程序结束后，才能寻求司法救济，从而防止中间上诉削弱初审法院裁决的权威性，

---

[1] See Clifford Geertz, *The Interpretations of Cultures*, New York: Basic Books Inc., 1973, p.10.

或者造成诉讼程序的拖延。[1] 从 1987 年起，英国的刑事上诉制度出现了变革，逐步在一些特殊案件中引入了中间上诉。[2] 首先，1987 年《英国刑事司法法案》[3] 在严重或复杂的欺诈案件中第一次引入了中间上诉；其次，1996 年《英国刑事程序和侦查法案》（Criminal Procedure and Investigation Act）规定，在其他复杂或审理周期较长的案件的预先听证程序中，可以就证据的可采性以及与本案相关的法律问题提出中间上诉；[4] 最后，2003 年《英国刑事司法法案》（以下简称 2003 年《法案》）第 58 条和第 62 条进一步扩大了检控方的中间上诉权，对于皇室法院在起诉书审判[5] 的案件中作出的"可能终止刑事程序的裁定"和"可能严重削弱刑事指控的证据裁定"，可以向上诉法院刑事法庭提起中间上诉。第 58 条和第 62 条是有关刑事案件证据可采性问题的中间上诉的法律渊源。

第一，"可能终止刑事程序的裁定"简称"终止性裁定"（terminating ruling），其效果可能是正式终止刑事程序，也可能是对刑事指控造成致命影响，法院因此不再继续听审案件。不论是在审前听审中，或在审判过程中，或从任何时候起直到法官开始总结案件前，检控方都可以提起中间上诉。[6] 第二，"可能严重削弱刑事指控的证据裁定"是指涉及检控方证据可采性问题的"证

---

〔1〕 J. R. Spencer, "Does Our Present Criminal Appeal System Make Sense?", *Criminal Law Review*, No. 8, 2006, p. 690.

〔2〕 Ian Dennis, "Prosecution Appeals and Retrial for Serious Offences", *Criminal Law Review*, No. 8, 2004, p. 619.

〔3〕 我国学者把"*Criminal Justice Act*"译为《刑事审判法》，但 1987 年和 2003 年的法案并不只涉及审判程序。本书译为《刑事司法法案》，强调法案内容涉及刑事实体、程序和证据制度等诸多方面。

〔4〕 除了这两种情况，英国中间上诉还适用于其他三种比较少见的情形：（1）因陪审团受到干扰而由一名法官作出的裁决；（2）法官解散陪审团后独自作出的裁决；（3）在陪审团认定被告人有罪之后，重罪指控中应当由法官作出的裁决。关于这三种情形以及 1987 年、1996 年法案的中间上诉的详细介绍，see Paul Taylor, *Taylor On Criminal Appeals*, 2nd ed., Oxford: Oxford University Press, 2012, pp. 221-232.

〔5〕 英格兰和威尔士的刑事审判采用以下两种形式：起诉书（indictment）审判或简易审判。起诉书审判是用于审判较为严重的犯罪行为的审判。由于所有的起诉书审判都发生在皇室法院，所以对皇室法院的相关裁定提起中间上诉后，皇室法院就是初审法院。参见 [英] 约翰·斯普莱克：《英国刑事诉讼程序》，徐美君、杨立涛译，中国人民大学出版社 2006 年版，第 1 页、第 285 页。

〔6〕 《英国 2003 年〈刑事审判法〉及其释义》，孙长永等译，法律出版社 2005 年版，第 530 页。

据裁定",在审判前程序,或在审判中辩护方发表辩护意见之前,检控方可以就本案一个或多个证据裁定提起中间上诉。针对"终止性裁定"和"证据裁定"提起的中间上诉既有联系,也有明显的差异。它们的联系在于,并不是所有的证据裁定只能依据第 62 条提起中间上诉,第 62 条的立法目的是给第 58 条"终止性裁定"作进一步的补充。[1]当某一个证据裁定具有"可能终止刑事程序"的效果时,也可以适用第 58 条。例如,若某一次供述是指控依据的关键证据,一旦该供述被排除,检控方将被迫撤销案件,此时,检控方可以依据第 58 条或第 62 条提起中间上诉。反之,如果排除供述不具有终止刑事程序的效果,只能将之作为第 62 条的"证据裁定"。

两者的差异在于,法律对第 62 条的"证据裁定"设置了更多的上诉限制。第一,法院排除证据的裁定需要达到"严重削弱刑事指控"的程度。这种影响由检察官和法官依据个案情形自行裁量,但无须达到终止刑事程序的程度,如果证据裁定的效果会让检控方被迫撤销起诉的话,可以适用第 58 条的规定。第二,第 62 条只适用于强奸、谋杀、抢劫和纵火等特定重罪案件的审理程序,涉案嫌疑人、被告人可能被判处终身监禁,此时才允许检控方代表国家和社会利益,对不利于追诉犯罪的证据裁定提起中间上诉。[2]第三,第 62 条的上诉时间限制严格,必须在被告方发表辩护意见之前提出,而不能等法官或陪审团听取全部证据之后,这是为了及时排除非法证据,防止其进一步影响裁判者的事实认定。第四,从两种中间上诉的适用情况来看,第 58 条"终止性裁定"条款比较受检控方青睐,相关案例不仅包括证据的可采性问题,还涉及案件管理、成文法解释、滥用程序等可能终止刑事程序的多种情形。[3]由于第 58 条在很大程度上涵盖了第 62 条的适用情形,有学者甚至指出第 62 条没有存在的必要性。[4]而且,第 62 条至今没有正式实施,证

---

[1] Ian Dennis, "Prosecution Appeals and Retrial for Serious Offences", *Criminal Law Review*, No. 8, 2004, p. 622.

[2] Paul Taylor, *Taylor On Criminal Appeals*, 2nd ed., Oxford: Oxford University Press, 2012, p. 254.

[3] David Ormerod, Adrian Waterman & Rudi Fortson, "Prosecution Appeals: Too Much of A Good Thing?", *Criminal Law Review*, No. 3, 2010, p. 172.

[4] Liz Campbell, Andrew Ashworth & Mike Redmayne, *The Criminal Process*, 5th ed., Oxford University Press, 2019, p. 416.

可采性问题目前只能依据第 58 条"终止性裁定"条款提起中间上诉。

(二) 美国二元司法系统中的中间上诉

美国联邦和各州都规定了直接上诉，但就中间上诉而言，联邦和各州的规定差异较大，本章以联邦和马萨诸塞州（以下简称麻州）为样本，来比较分析美国二元司法系统中的中间上诉。在联邦司法系统中，法院遵循的是终局裁判规则（final judgment rule），被告人在审前和审判程序进行时，不能就证据排除裁定提起中间上诉。[1]联邦最高法院在 1962 年 DiBella 案中指出，终局裁判规则体现了对判决终局性的尊重，有助于防止断断续续的审查拖延诉讼进程，从而保障刑事司法程序的效率和公正。[2]而且，有观点指出中间上诉不是审查证据可采性的最佳阶段，因为法院一般要听取所有证据并考虑全部案情后，才能更加准确地判断取证的合法性。[3]与限制被告人的中间上诉权不同，1968 年《美国综合犯罪控制和街道安全法案》（Omnibus Crime Control and Safe Street Act）开始授权检控方就供述自愿性和其他审前证据裁定提起中间上诉，这项权力在 1982 年被正式载入《美国联邦法典》第 18 卷第 3731 条（以下简称《联邦法典》第 3731 条），该条规定，如果检控方保证相关证据对于刑事指控具有重要作用，并且上诉不是为了拖延诉讼，则有权就审前排除证据的裁定提起中间上诉。[4]

美国联邦宪法没有明确禁止或允许中间上诉，加利福尼亚州、宾夕法尼亚州等有影响力的州以制定法的形式确立了审查证据可采性的中间上诉。其中，麻州的成文法和判例最具代表性。《马萨诸塞州刑事程序规则》（以下简称《麻州规则》）第 15 条专门规定了刑事程序中的中间上诉，主要适用于不

---

[1] Ric Simmons & Renee Hutchins, *Learning Criminal Procedure*, St Paul, MN: West Academic Publishing, 2015, p. 1512.

[2] Di Bella v. United State, 369 U. S. 121 (1962), p. 124.

[3] Clifford Godiner, "Interlocutory Appeal of Preindictment Suppression Motions under Rule 41 (e)", *Michigan Law Review*, Vol. 84, 1986, p. 1765.

[4] 在美国司法实务中，检控方有权依据第 3731 条对其他多种审前裁决提起中间上诉，包括否决传唤证人、因被告方援引特权而拒绝证人作证、因检控方违反证据开示而排除控方证人的证言等情形。Wayne LaFave, Jerold Israel & Nancy King et al., *Criminal Procedure*, 5th ed., St Paul, MN: West Academic Publishing, 2009, p. 1305.

起诉、审前排除证据和释放在押未成年被告人的裁决,其他种类的中间上诉则适用《麻州基本法典》(Massachusetts General Laws)第 211 章的相关规定。麻州高等法院(superior court)和地区法院(district court)[1]是刑事案件的初审法院,麻州高等法院主要审判一级谋杀等重罪案件,地区法院主要审判可能被判处五年监禁以下的重罪案件和轻罪案件。只有这两类法院所作的证据排除裁定适用《麻州规则》第 15 条的中间上诉程序。在 2014 年乔丹案(Jordan)中,麻州最高法院对第 15 条中间上诉的具体程序、上诉期限、逾期上诉的后果和提交的材料等方面作了进一步的解释和补充。[2]至此,《麻州规则》第 15 条和乔丹案构成了麻州中间上诉的主要法律渊源。

在有些情形中,被告人在审判前不知道排除非法证据的理由,或者检控方没有及时提交不利于被告人的陈述,此时,法庭会在审判过程中听审非法证据问题。但是,麻州法律和《联邦法典》第 3731 条一样,都规定对于初审法院排除证据的裁定,只能在被告人处于危险之前(before the defendant is placed in jeopardy)提起中间上诉。[3]根据禁止双重危险原则,在陪审团审理的案件中,陪审团组成并宣誓后,或者在法官审理的案件中,法官开始听取证据后,被告人就开始处于危险之中。[4]所以,与英国 2003 年《法案》允许在审判前和审判中提起中间上诉不同,美国联邦和麻州的中间上诉只适用于审判前的证据排除裁定,对于庭审中的证据排除裁定,控辩双方无权提起中间上诉。

二、制度功能

英美两国最初都以尊重初审法院的裁决和防止诉讼拖延为由反对中间上

---

[1] 麻州的法院系统由三级构成:州最高法院(Supreme Judicial Court)、上诉法院(appeals court)和初审法院(trial court)。其中,初审法院包括七类:高等法院、地区法院、土地法院、房产法院、未成年人法院、假释和家事法院、波士顿大都会法院。这里的地区法院是麻州初审法院体系内的地区法院,不是美国联邦司法系统的地区法院。

[2] Commonwealth v. Jordan, 469 Mass. 134 (2014).

[3] Elspeth Cypher, *Massachusetts Practice Series: Criminal Practice and Procedure*, 4th ed., St Paul, MN: Thomson Reuters, 2014, § 27: 6.

[4] Serfass v. United States, 420 U.S. 377 (1975), p. 388.

诉制度，但在 20 世纪中后期逐步在重罪案件中首先引入了中间上诉，英国 2003 年《法案》、美国《联邦法典》第 3731 条和《麻州规则》第 15 条更是扩大了中间上诉制度的适用范围。这种制度发展的推动力来自中间上诉自身的优势。

第一，及时排除非法证据，提高最终判决的准确性。英国在起草 2003 年《法案》时指出，中间上诉有利于纠正法院的错误裁定，提高判决结果的准确性；相反，一旦非法证据进入下游程序，就可能导致无辜的人被定罪。[1]因此，安德鲁·阿什沃思（Andrew Ashworth）教授等人指出："鉴于错误定罪比错误释放更为严重，纠正错误定罪的需要就远远超过反对中间上诉的其他理由。"[2]也就是说，若上诉法院经审查决定排除非法证据，能将之尽早移出整个刑事程序，防止裁判者在下游程序中接触证据并受到影响，会促进全案事实认定和法律适用的准确性。[3]而且，英国在 20 世纪 90 年代初因没有允许被告人提出中间上诉而产生了两起严重影响司法公正的案件，[4]所以，中间上诉在提高判决准确性的同时，也有助于维护刑事司法的公信力和权威性。

第二，纠正错误的或不一致的法律适用，促进发展统一的规则。美国在 1958 年起草《综合犯罪控制和街道安全法案》时指出，如果不允许检控方提出中间上诉，初审法院的错误裁定将永远无法得到纠正；同时，如果没有检控方的反对意见，初审法院也可能继续适用错误的法律规则。[5]除了可以纠正错误的法律，中间上诉还可以让法院有机会去解释模糊的法律。例如，在麻州乔丹案中，检控方没有在法定期限内提起中间上诉，法院经审理后认为《麻州规则》第 15 条（b）款未能对上诉期限和逾期后果作出清晰的规定，

---

[1] Ian Dennis, "Prosecution Appeals and Retrial for Serious Offences", *Criminal Law Review*, No. 8, 2004, p. 624.

[2] Liz Campbell, Andrew Ashworth & Mike Redmayne, *The Criminal Process*, 5th ed., Oxford: Oxford University Press, 2019, pp. 414-415.

[3] 美国学者认为中间上诉不仅保障公正审判，更是为了发现真相。Keith Findley, "Innocence Protection in the Appellate Process", *Marquette Law Review*, Vol. 93, 2009, p. 592, footnote 1.

[4] See Rosemary Pattenden, "Prosecution Appeals Against Judge's Rulings", *Criminal Law Review*, No. 12, 2000, p. 982.

[5] Kate Stith, "Risk of Leal Error in Criminal Cases: Some Consequences of the Asymmetry in the Right to Appeal", *The University of Chicago Law Review*, Vol. 57, 1990, p. 53.

故而在乔丹案判决书的最后一部分专门讨论了第 15 条在未来案件中的适用要求,以判例的形式弥补了成文法的缺陷,而且该案确立的上诉期限规则适用于刑事案件中所有类型的中间上诉。可见,中间上诉在解决个案证据的可采性问题时,还能为处理其他案件中的相似问题提供规则,发挥从个案中创制先例的功能。

第三,避免不必要的诉讼,节省司法资源,保障被告人的权利。证据排除与否对控辩双方都至关重要,对于刑事指控依据的关键证据,如果上诉法院经中间上诉审查维持了证据排除裁定,则可能促使检控方放弃追诉;相反,若上诉法院撤销了有利于被告人的证据排除裁定,则可能促使被告人改变态度,甚至作出有罪答辩。[1]无论是检控方撤诉还是被告人作有罪答辩,都可以避免进入正式的审判程序,从而节省了司法资源。此外,英国最高法院托马斯大法官指出,我们必须以适当的方式尽早对案件的关键问题作出裁决,[2]提出争议和解决问题的时间间隔越短,越能强化中间上诉的效果。[3]因为这有利于将取证行为和法院审查联系起来,彰显非法证据排除规则的惩戒警察违法、保障被告人权利的功能。而且,与定罪后的直接上诉相比,中间上诉能让被告人获得及时的司法救济,不用在经历定罪、量刑程序之后才提出抗辩,有利于其早日脱离讼累,回归正常的生活。

三、制度土壤

英美法系的中间上诉制度植根于对抗制诉讼模式,这一制度只有和其他诉讼程序、证据规定一起才能形成制度合力。下文通过比较两大法系的裁判主体、排除规则和证据法侧重规则的不同阶段,来凸显英美法系中间上诉制度发挥功能的制度土壤。

---

〔1〕 Rosemary Pattenden, "Prosecution Appeals Against Judge's Rulings", *Criminal Law Review*, No. 12, 2000, p. 981.

〔2〕 David Ormerod, "R. v Quillan (Gray): Appeal—Ruling of No Case to Answer", *Criminal Law Review*, No. 8, 2015, pp. 620-621.

〔3〕 参见 [美] 理查德·波斯纳:《法律的经济分析》,蒋兆康译,法律出版社 2012 年版,第 869-870 页。

第一，对抗制诉讼中法官和陪审团的职能分工。大陆法系刑事审判的裁判主体是单一的，由法官裁决证据资格并认定事实，所以几乎没有英美法系中证据可采性的概念，而且，证据可采性规则即使理论上可以与自由心证原则协调，实务中也必然会出现冲突。[1]在英美法系国家，法官和陪审团的职能分工是中间上诉的一个理论和制度前提。例如，英国皇室法院一审管辖的大都是重罪案件，采用陪审团审理，对皇室法院的裁决不服，可以适用2003年《法案》确立的中间上诉。但在治安法院一审管辖的轻罪案件中，法官同时裁决证据可采性问题和实体罪责问题，没有必要通过中间上诉来再次审查法官自己作出的证据裁定，因为无论是否予以排除，证据都已经进入了法官的视野。也就是说，在大陆法系法院和英美法系治安法院的单一裁判主体下，通过中间上诉来及时排除非法证据的意义不大。相反，在法官和陪审团的二元裁判主体下，排除规则不仅意味着证据不能作为事实认定的依据，更是表明事实认定者不能知道证据的实质内容。[2]中间上诉的作用是在法官裁决证据可采性后，将证据提交给陪审团之前，再赋予当事人一次质疑证据资格的机会，否则，一旦非法证据进入陪审员的视野，由于他们没有系统的法律训练和丰富的审判经验，非法证据可能会严重影响到事实认定的准确性。所以，在英美法系对抗式审判中，中间上诉是证据提交给陪审团之前的"偏离"于主审程序的即时上诉。

第二，英美法系比大陆法系更为发达的证据排除规则和听证程序。达玛斯卡教授指出，英美法系的排除规则显然比大陆法系的更为发达、完善，其作用表现在两个方面：一是防止事实认定者面对全案有罪证据之后，难以中立地裁决证据的可采性问题，同时，也是为了防止事实认定者在接触颇具证明价值的非法证据后，难以将之从脑海中抹去。[3]禁止事实认定者使用某些

---

[1] Mirjan Damaška, "Of Hearsay and Its Analogues", *Minnesota Law Review*, Vol. 76, 1992, p. 434.
[2] John Jackson & Sarah Summers, *The Internationalisation of Criminal Evidence*, New York: Cambridge University Press, 2012, p. 72.
[3] Mirjan Damaška, "Evidentiary Barriers to Conviction and Two Models of Criminal Procedure: A Comparative Study", *University of Pennsylvania Law Review*, Vol. 121, 1973, p. 523.

证据的最有效的方式，就是不让他们在第一时间接触到相关证据，[1]这是英美法系国家构建发达的证据排除规则的重要原因。大陆法系国家秉承自由心证的原则，对裁判者自由发现真相很少设置阻碍。当然，德国等国已经依据法治国家原理确立了一些排除规则，但其只适用于少数特殊案件，大都没有制定法的明确依据。[2]即使存在诸如《德国刑事诉讼法》第136a条等零星的立法规定，也没有排除非法证据的单独听证程序，即没有所谓的"案中案"或"诉中诉"。没有独立的程序合法性之诉，也就没有针对该诉的独立的上诉救济途径。相比之下，英美法系国家排除证据的实体规则和独立的听证程序为中间上诉提供了制度性铺垫，这也是大陆法系刑事审判中没有中间上诉的关键原因。

第三，两大法系证据法侧重规制的诉讼阶段不同。两大法系的证据法都会要求排除一些不可靠或非法所得的证据，英美法系重点关注的是证据进入裁判者评议之前的举证质证环节，与此不同，大陆法系侧重规制的是法官评价证据的过程。几乎所有大陆法系国家的刑事审判都依赖于侦查人员在审判前准备的案卷，法官会在庭前阅卷，大多数证据已经在侦查和起诉阶段得到了质疑和审查。也就是说，在以案卷为纽带的侦审连续的诉讼结构中，证据经过多道审查环节才会进入法官的视野。[3]法官在审判阶段已经"整体性"地掌握了全案证据，再行要求将非法证据作为单个"原子"予以排除，不仅实际效果堪忧，而且会影响审判程序的效率。在自由心证原则下，大陆法系的证据法既信任法官自由评价证据的权力，同时也对自由心证作出一定的限制，特别强调法官应当对证据采信和最终判决进行说理。有学者依据认知心理的过程对刑事程序中的"真相"作了阶段性的划分，即"探索——追求——论证"，大陆法系证据法重点规制的是审判后的"论证"，英美法系证据法侧重

---

[1] Andrew Wistrich, Chris Guthrie & Jeffrey Rachlinski, "Can Judges Ignore Inadmissible Information? The Difficulty of Deliberately Disregarding", *University of Pennsylvania Law Review*, Vol. 153, 2005, p. 1253.

[2] Petra Viebig, *Illicitly Obtained Evidence at the International Criminal Court*, Hague: ASSER Press, 2016, p. 66.

[3] George Fletcher, "The Influence of the Common Law and Civil Law Traditions on International Criminal Law", in Antonio Cassese ed., *The Oxford Companion to International Criminal Justice*, Oxford: Oxford University Press, 2009, p. 109.

规制的是"追求",关注在审判阶段证据是如何提交给裁判者的。[1]在英美法系对抗式审判中,中间上诉能够让当事人对证据的可采性及时异议、及时上诉,一旦证据进入陪审团的评议范围后,不会对证据资格和裁决结果再作"论证"。要言之,英美法系重视的是通过对抗式审判来"追求"真相,于此,中间上诉才能发挥在审判过程中及时排除证据、避免不必要的程序耗费等功能,而对于重视事后"论证"的大陆法系来说,诉讼程序进行完毕后,法官会一并处理证据资格和实体罪责问题,直接上诉足以发挥纠错和救济的功能。中间上诉的制度功能得不到体现的话,也就没有制度建构的必要性了。

第三节　中间上诉制度的基本要素

中间上诉和直接上诉的审查对象和发挥功能的诉讼阶段不同,前者是在一审程序进行中解决证据的可采性问题,后者是在一审判决后审查被告人的实体罪责和一审程序的合法性问题。这些核心差异决定了中间上诉的具体建构不会等同于直接上诉制度。下文以直接上诉为参照,从上诉主体、上诉条件和程序、上诉审查和法院处理等方面,来评析英美法系国家中间上诉制度在建构和运行中的几个关键问题。

一、上诉权配置的两种模式

各国在其审级制度建构中会选择不同的上诉类型:权利型上诉或裁量型上诉。一般而言,被告人享有至少一次权利型上诉的机会,这体现了上诉程序的救济功能,而审级越高越会采用裁量型上诉,因为审级越高的法院的职责不在于认定事实,而是为了确定案件是否涉及重大的法律问题或公共利益。[2]

---

[1] Johannes Nijboer, "Methods of Investigation and Exclusion of Evidence", in J. F. Nijboer & W. J. J. M. Sprangers ed., *Harmonisation in Forensic Expertise*, Amsterdam: Thela Thesis Press, 2000, pp. 431-432.

[2] 参见[美]约书亚·德雷斯勒、艾伦·C. 迈克尔斯:《美国刑事诉讼法精解》(第二卷·刑事审判),魏晓娜译,北京大学出版社2009年版,第667页。

第五章　非法证据排除的中间上诉程序

我国《刑事诉讼法》第 261 条规定，被告人只要对一审裁决不服就有权提起上诉，这属于权利型上诉。在两审终审制下，二审法院作出的裁决立即生效，被告人的上诉权用尽，不能再向上一级法院申请裁量型上诉。就中间上诉的具体建构来说，若采权利型上诉，当事人提起上诉后，法院经形式审查就必须启动上诉程序，此时，当事人享有启动中间上诉的决定权。若采裁量型上诉，当事人首先应向法院申请上诉，法院经初步审查认为符合上诉条件且具有合理理由的，才批准上诉并启动中间上诉程序。此时，当事人只有申请上诉的权利，法院享有是否启动中间上诉的决定权。本部分首先讨论谁有权提起中间上诉，[1]中间上诉的类型和启动条件将在第二部分予以详述。

模式一：控辩双方都有权提起中间上诉。英国被告人对于定罪、量刑和其他重要的裁定享有广泛的上诉权。根据 1987 年《英国刑事司法法案》第 7 条至第 11 条以及 1996 年《英国刑事程序和侦查法案》第 35 条和第 36 条的规定，在严重的欺诈案件、恐怖活动案件和其他复杂的案件中，被告人在预先听证程序中有权提起中间上诉。这些规定的一个重要特点是，控辩双方都有权提起中间上诉。[2]

在美国，《麻州规则》第 15 条（a）款规定，对于初审法院作出的证据裁定，控辩双方都有权向州最高法院的一名大法官申请上诉，要求在正式审判前再次审查排除证据的裁定。该大法官可以批准上诉并举行听证，也可以请求最高法院组成合议庭[3]来作出裁决，或者委托上诉法院进行审查。[4]例如，在乔丹案中，被告人在初审法院中要求排除警察无证搜查汽车获得的手枪，法院认为搜查没有合理理由，搜查所获的手枪不具有可采性。检控方向州最高法院申请上诉，巴茨福德大法官（Justice Botsford）认为本案有利于进

---

〔1〕 在权利型上诉中，当事人享有启动中间上诉的决定权；在裁量型上诉中，当事人只能申请上诉。为行文方便，在此概括称为"提起中间上诉"。

〔2〕 J. R. Spencer, "Does Our Present Criminal Appeal System Make Sense?", *Criminal Law Review*, No. 8, 2006, p. 690.

〔3〕 麻州最高法院的合议庭（full Supreme Judicial Court）是指由超过法定最低人数的大法官组成的合议庭，麻州最高法院有 7 名大法官，合议庭最少必须由 4 名大法官组成。如果 7 名大法官全部出席，称为全席审判（en banc）。

〔4〕 Massachusetts Criminal Procedure Rule, § 15 (a) (2).

一步阐明第 15 条有关中间上诉期限的规定,故批准了上诉申请。[1]又如,在巴耶案(Commonwealth v. Baye)中,被告人向州最高法院提出申请,要求审查初审法院不予排除有罪供述的裁定。格兰茨大法官(Justice Grants)批准了上诉申请,经中间上诉审查后认定警察在连续讯问十多个小时的过程中获得了有罪供述,故撤销了初审法院不予排除供述的裁定。[2]可见,麻州的控辩双方都能就审前证据排除裁定提起中间上诉。

模式二:只有检控方有权提起中间上诉。英国 2003 年《法案》引入的中间上诉虽然适用范围更广,但只授权检控方对不利于己的"终止性裁定"或"证据裁定"提出中间上诉,没有赋予被告人同等的权利。被告人对于不利于己的证据裁定,只能提起直接上诉。在美国联邦司法系统,《联邦法典》第 3731 条只规定检控方有权对证据排除裁定提起中间上诉。随后,这种检控方独享中间上诉权的做法逐步成为一种趋势,现在美国所有的州都通过制定法赋予检控方中间上诉权。[3]所以,在联邦和州的二元司法系统中,检控方都有权就证据排除裁定提起中间上诉,但被告人是否享有相应的权利,联邦和各州的规定略有差异,总体而言,联邦和大多数州是不允许被告人提起中间上诉的。[4]

检控方独享中间上诉权的模式反映了重新平衡上诉权配置的要求。传统来说,检控方的上诉权受到更多的限制,最明显的是,根据禁止双重危险原则,检控方一般不能对无罪判决提起上诉。所以,中间上诉权是对检控方受到限制的上诉权进行的"再平衡"。[5]这种"再平衡"的观点主要依据两个

---

[1] 在本案中,检控方提起了两次中间上诉,检控方向州最高法院提出第一次申请后,一位大法官受理了申请并将案件委托州上诉法院进行处理。上诉法院经审查,以检控方超过了法定的上诉期限为由,驳回了中间上诉的申请。正文中提及的是第二次申请的相关情况。Commonwealth v. Jordan, 469 Mass. 134 (2014), pp. 138-139.

[2] Commonwealth v. Baye, 462 Mass. 246 (2012), p. 252.

[3] Wayne LaFave, *Search and Seizure: A Treatise on the Fourth Amendment* (volume 6), St Paul, MN: Thomson Reuters, 2017, pp. 542-543.

[4] Wayne LaFave, *Search and Seizure: A Treatise on the Fourth Amendment* (volume 6), St Paul, MN: Thomson Reuters, 2017, p. 537.

[5] Yale Kamisar et al., *Modern Criminal Procedure*, 13th ed., St Paul, MN: Thomson Reuters, 2012, p. 1550.

理由：一是在重罪案件中，嫌疑人、被告人的行为严重危害国家安全或公共利益，如果因为证据问题而导致追诉失败，则难以有效打击严重的犯罪或恐怖活动犯罪。[1]二是尽管检控方提出中间上诉会增加被告人被定罪的风险，如果能及时纠正法律错误，并且不需要把整个案件发回重审，被告人就无权利用那一个法律错误提出合法的诉求。[2]英国政府在2002年7月提交给议会的白皮书中指出："我们的目标是强大、安全的社会。这意味着对反社会的行为、严重毒品犯罪和恶性暴力犯罪予以严厉打击；重新权衡刑事司法制度，向被害人倾斜；以及赋予侦控机关把更多的罪犯交付审判的手段。"[3]在此打击犯罪的政策引导下，2003年《法案》最终采纳了上诉权"再平衡"的观点，让检控方独享中间上诉权。

但是，上诉权"再平衡"的做法首先就违反了平等武装原则。一方面，检控方占据诉讼资源的优势，被告人在刑事程序中本身就处于弱势地位，如果允许检控方通过中间上诉来不断质疑法院的证据裁定，将会鼓励检察官利用其优势地位来增加被告人被定罪的风险。[4]另一方面，对于被告人而言，当检控方的指控依据不充分时，如果不能通过中间上诉及时排除证据并终止刑事程序，就必须持续忍受刑事程序带来的讼累。即使最终被宣告无罪，被告人的合法权利和正常生活也已经遭受了不可回转的影响。所以，很多学者主张根据平等武装原则赋予被告人中间上诉权。

其次，中间上诉权的配置不能仅仅着眼于打击犯罪，检控方上诉权的扩张不能侵犯被告人获得公正审判的权利。诚然，中间上诉有利于保障判决结果的准确性，而正确的判决结果是公正审判权的一项重要内涵，如果被告人被错误定罪，则是对其权利和自由的严重侵犯。但在判决结果之外，上诉程

---

[1] See R. A. Duff et al., *The Boundaries of Criminal Law*, Oxford: Oxford University Press, 2010, p. 71.

[2] 美国勒纳德·汉德法官在Zisblatt案中指出，如果陪审团出现了错误，则宪法要求作出对被告人有利的裁决，但宪法并不要因法官错误地适用法律而作出有利于被告人的裁决。以适当的形式及时纠正法律错误，并不侵犯被告人的宪法权利。United States v. Zisblatt, 172 F. 2d 740 (1949), p. 743.

[3] 孙长永："英国的刑事上诉制度研究"，载《湘潭大学社会科学学报》2002年第5期。

[4] J. R. Spencer, "Does Our Present Criminal Appeal System Make Sense?", *Criminal Law Review*, No. 8, 2006, p. 688.

序也应当保障《欧洲人权公约》第 6 条赋予被告人的公正审判权。[1]判决结果的准确性和公正审判权不是完全对立的，不能为了追求准确的结果而剥夺被告人的程序权利。[2]而且，被告人就不利于己的证据裁定提起中间上诉，也能够提醒法院关注具体的证据争议，从而间接促进判决结果的准确性。所以，如果上诉程序的目的是最大限度地保障判决结果的准确性，那么就应让控辩双方都有权提起中间上诉。

最后，我们也不能以保障国家利益和公共利益为由来限制被告人的中间上诉权。在重罪案件中，准确追诉犯罪体现了国家和公共利益的诉求，但是"正当法律程序"不仅表达了个人在具体案件中的权利，它也具有未来面向性，意味着所有公民在潜在的刑事程序中都必须享有的一种抽象权利。同时，准确的判决结果不仅涉及控辩双方的权益，也符合整个社会对刑事司法制度的期待。[3]所以，"正确结果"和"正当程序"都具有公共利益的属性。伊恩·丹尼斯（Ian Dennis）教授指出，如果一项刑事判决要具有合法性，就必须在"正确结果"和"正当程序"两个方面同时实现最优选择，[4]不能为了追求"正确结果"而牺牲"正当程序"。总之，被告人提起中间上诉不仅不会影响法院作出正确的判决，反而体现了正当程序和公正审判原则的要求。

二、上诉条件和上诉程序

实行上诉理由审核制是英国刑事司法中的一个重要特色，它具有过滤和筛选的作用，能防止真正有价值的法律问题不会淹没在大量毫无依据的上诉之中。[5]英国 2003 年《法案》对中间上诉也采用裁量型上诉和上诉理由审核

---

〔1〕 [英]麦高伟、杰弗里·威尔逊主编：《英国刑事司法程序》，姚永吉等译，法律出版社 2003 年版，第 437 页。

〔2〕 Rosemary Pattenden, "Prosecution Appeals Against Judge's Rulings", *Criminal Law Review*, No. 12, 2000, p. 975.

〔3〕 R. A. Duff et al., *The Trial on Trial* (volume 1), Oxford: Hart Publishing, 2004, pp. 51, 60.

〔4〕 Ian Dennis, "Prosecution Appeals and Retrial for Serious Offences", *Criminal Law Review*, No. 8, 2004, p. 624.

〔5〕 Mike McConville & Geoffrey Wilson, *The Handbook of the Criminal Justice Process*, Oxford: Oxford University Press, 2002, p. 492.

制，并设定了严格的上诉条件。根据第58条的规定，针对"终止性裁定"提起中间上诉必须满足以下条件。第一，检控方必须获得皇室法院或上诉法院同意上诉的许可。检控方通常先向皇室法院提出申请，遭拒之后才可以向上诉法院申请许可。不过，鉴于法院一般不愿意看到自己的裁决受到挑战，检控方经常是直接向上诉法院申请许可。法院应当审查上诉是否具有法律价值，谨慎批准上诉。[1]第二，检控方必须在法官向陪审团总结案情之前提出上诉申请。第三，检控方没有其他上诉救济的途径。如果属于1987年《英国刑事司法法案》和1996年《英国刑事程序和侦查法案》等其他制定法规定的中间上诉，检控方必须首选这些具体的规定，而不能将之作为第58条的"终止性裁定"提起中间上诉。第四，检控方必须及时告知法院他们有上诉的打算，或者向法院申请延期审理，以便考虑是否提起上诉。上诉法院对这四项程序条件的解释非常严格，任何一项条件不满足都会驳回上诉。

在程序性条件之外，英国2003年《法案》对"终止性裁定"和"证据裁定"设置了不同的实体性要求。第一，根据第58条第8款的规定，检控方必须向法院保证（certify），[2]如果上诉法院没有批准上诉，或者没有撤销"终止性裁定"，就不得不放弃该裁定涉及的相关指控，对于一个或多个指控的罪名而言，被告人就应当被宣告无罪。也就是说，检控方必须作出一份"除非上诉，否则无罪"（acquittal agreement）的书面保证。这是对"终止性裁定"最严格的上诉条件。[3]第二，根据英国2003年《法案》第63条的规定，检控方必须保证该证据排除裁定将"严重削弱刑事指控"。法律对此没有进一步的阐释，留待法官依据个案情形自行进行程度性的判断。此外，作为一项共同的要求，检控方必须是"善意"提起中间上诉，而不是出于拖延诉

---

〔1〕 David Ormerod, Adrian Waterman & Rudi Fortson, "Prosecution Appeals: Too Much of A Good Thing?", *Criminal Law Review*, No. 3, 2010, p. 177.

〔2〕 中间上诉的条件审查并不适用严格的司法证明机制，所以英美两国都是要求提出中间上诉的一方依据一定的证据向法院"保证"（certify）满足上诉条件，而不是用"证明"（proof）这一严格意义上的表达。例如，在美国Bailey案中，法院特别区分了"保证"和"证明"，指出检察官必须向法院保证，中间上诉并不是以拖延诉讼为目的，并且相关证据能够证明案件的实质事实。United States v. Bailey, 136 F. 3d 1160 (1998), p. 1162.

〔3〕 Paul Taylor, *Taylor On Criminal Appeals*, 2nd ed., Oxford: Oxford University Press, 2012, p. 243.

讼或者其他策略性目的。

美国联邦司法系统的中间上诉融合了权利型上诉和裁量型上诉的特征。联邦地区法院通常是初审法院，它们作出证据排除裁定后，检控方有权在 30 日内提起中间上诉，根据《美国联邦刑事上诉程序规则》第 4 条的规定，这种中间上诉是权利型上诉，无须获得上诉法院的许可。如果检控方最初只是申请地区法院重新考虑证据排除裁定，那么 30 日的上诉期限从地区法院再次裁定排除证据之日起开始计算。如果超过了 30 日的法定期限，则属于上诉程序的瑕疵，是否允许上诉就由法院裁量决定。此时，检控方的中间上诉权从权利型上诉转变成裁量型上诉，法院应综合个案情形来决定是否批准上诉。考量因素主要包括：检控方是否将中间上诉的打算告知了法院；没有及时上诉的原因；检控方是否事实上做了上诉准备工作；拖延对被告人带来的不利影响；上诉是否包含了重要的法律问题；上诉法院是否应基于司法利益或其他重要利益进行上诉审查。[1] 除这些程序性条件之外，联邦法律要求检控方必须保证排除相关证据将实质性地削弱刑事指控，[2]《美国答辩前程序模范法典》还规定检控方必须保证提起中间上诉的目的不是为了拖延审判。[3]

与联邦司法系统不同，《麻州规则》第 15 条确立的是裁量型上诉，控辩双方没有提起中间上诉的绝对权利，而是必须向州最高法院申请上诉，并将上诉的打算书面告知初审法院。麻州中间上诉的一个重要特点是直接由州最高法院来听审争议，而不是普通的上诉法院，这体现了州最高法院在刑事程序的每个阶段都负有保障重大权利的职责。[4] 具体来说，控辩双方必须在初审法院作出证据排除裁定后 30 日内向州最高法院的一名大法官申请上诉，并同时将此告知初审法院。最初，上诉期限是作出裁定后的 10 日，在 2014 年乔丹案中，州最高法院认为 10 日的期限是远远不够的，所以在 2016 年修订了《麻州规则》，将刑事案件中所有类型的中间上诉期限延长至 30 日。这既

---

[1] United States v. Bookhardt, 277 F. 3d 558 (2002), p. 563.

[2] Wayne LaFave, *Search and Seizure: A Treatise on the Fourth Amendment* (volume 6), St Paul, MN: Thomson Reuters, 2017, p. 544.

[3] US Model Code of Pre-Arraignment Procedure § SS 290.1 (4) (a) (1975).

[4] See Ventresco v. Commonwealth, 409 Mass. 82 (1991), p. 85.

是为了让当事人有充分的时间去准备上诉申请，也是为了避免在刑事程序中出现不必要的诉讼拖延，从而实现权利保障和诉讼效率之间的价值平衡。与联邦司法系统一样，30 日的期限不是绝对的除斥期间，初审法官和最高法院的大法官可以根据具体案情，合理进行延长。

控辩双方向州最高法院的一名大法官申请上诉时必须提供以下信息和文件：（1）案件编号；（2）初审法院的事实认定和裁决；（3）简要阐述法律依据，解释该中间上诉为何有助于促进司法公正；（4）正式审判预计的时间长度；（5）审判日期或下一次听证日期；（6）该上诉的申请和告知是否在法定期限内；（7）如果超出法定期限，必须提交延期申请并详细说明延迟的理由；（8）如果检控方提出上诉申请，需阐明如果没有被排除的证据，是否能够继续审理程序，如果能继续程序，定罪的机会有多大。[1]当事人提出上诉的申请后，对方可以在 7 日内提出反对理由。一名大法官原则上对申请进行书面审查，必要时也可以举行听证。《麻州规则》赋予最高法院的每个大法官广泛的权力来处理中间上诉，如果批准上诉，该大法官可以自己听审，也可以将案件转交最高法院合议庭或上诉法院作进一步的听审，此时，该大法官的初步审查工作就能保证最高法院合议庭或上诉法院集中审理案件的实质争议，从而加快了中间上诉的进程。[2]如果该大法官没有批准上诉，控辩双方都不能再向最高法院合议庭提起上诉，[3]也就是说，该名大法官所作的上诉申请的决定具有终局效力。

由于中间上诉打断了刑事程序的正常进程，如果采权利型上诉，一旦当事人提起上诉就必须启动审查，这种没有过滤机制的上诉类型难以防止当事人滥用上诉权，更可能导致案件大量涌入上诉法院。因此，英美法系国家基本采用裁量型的中间上诉，通过上诉理由和上诉条件来设置严格的上诉门槛，筛选掉上诉理由不充分或不重要的绝大部分案件。具体来说，裁量型的中间

---

[1] Massachusetts Supreme Judicial Court Order Regarding Applications to A Single Justice Pursuant to Mass. R. Crim. P. 15（a）（2）（2016）.

[2] Ashley Ahearn, *Appellate Practice in Massachusetts*, 3rd ed., Boston: MCLE Inc., 2014, § 22. 2.10

[3] Bonilla v. Commonwealth, 460 Mass. 1014（2011）, p.1014.

上诉有助于实现两个目标：

第一，政策性目标，即通过上诉理由和上诉条件来控制中间上诉的数量，防止当事人滥用上诉权。英国刑事程序的基本特征是强调第一审程序的中心地位，对上诉则是一种限制或不鼓励的态度，并通过上诉理由、上诉条件、上诉加刑和时间损失规则（loss of time rule）来起到过滤和把关的作用。[1]上诉理由和上诉条件不仅是为了要求检控方必须谨慎地提起上诉，更是表明了一种不鼓励中间上诉的态度。例如，在美国麻州的初审法院系统，近五年来当事人平均每年向州最高法院提起约186个针对证据排除裁定的中间上诉，州最高法院每年收到的各类上诉申请总计约为890个，但平均每年只会听审200个左右的案件，《麻州规则》第15条和乔丹案设置的一系列严格的上诉条件和程序要求，目的就是防止中间上诉影响州最高法院的正常运转。

第二，实质性目标，即中间上诉针对的裁定必须是对个案处理或司法公正具有重要影响。一方面，当事人必须保证初审法院作出的不利于己的裁定将对刑事程序的正常进行产生实质性影响。对于检控方而言，这种影响可能是严重削弱了指控依据的证据体系，迫使他们撤销对部分或全部罪名的指控；对于被告人而言，这种影响可能是终止程序，让他们早日脱离诉讼、重获自由，也可能是因排除证据而维护了基本权利。另一方面，中间上诉也有助于法院澄清对于司法公正具有普遍重要性的争议。[2]例如，《麻州规则》第15条要求法院判断中间上诉是否有助于"促进司法公正"，即是否有助于"避免冗长的审判程序"或者"解决一个非常重要或疑难的法律争议"。[3]在上文巴耶案的上诉申请中，格兰茨大法官认为初审法院的证据排除裁定涉及重大、疑难的法律问题，该证据对本案指控具有重要作用，而且正式审判预计长达21日，所以批准了上诉申请。

提起中间上诉的条件比较严格，因为一旦当事人申请上诉，就势必拖延

---

[1] See Mike McConville & Geoffrey Wilson, *The Handbook of the Criminal Justice Process*, Oxford: Oxford University Press, 2002, pp. 492-493.

[2] Wayne LaFave, Jerold Israel & Nancy King et al., *Criminal Procedure*, 5th ed., St Paul, MN: West Academic Publishing, 2009, p. 1297.

[3] Commonwealth v. Cavanaugh, 366 Mass. 277 (1974), p. 279.

第五章　非法证据排除的中间上诉程序

整个诉讼程序进程，而且上诉理由的审查会给上诉法院带来额外的工作负担。最初，英国在起草2003年《法案》时，很多学者和法官反对中间上诉，因为上诉法院的法官大都处于超负荷的工作状态，这不仅影响了判决的质量，更导致他们无法从堆积如山的案件中抽身，发挥解释法律、创制判例的职能。〔1〕2003年《法案》通过以后，质疑中间上诉的声音集中来自实务部门。英国的上诉法院日常要处理大量的直接上诉案件，司法资源捉襟见肘，还要疲于应付中间上诉的许可申请，导致法院更加频繁地利用时间损失规则来达到震慑上诉的效果。时间损失规则赋予法官一定的裁量权，如果拒绝批准上诉，可以决定审查期间的羁押时间不计入最终的服刑期。〔2〕要言之，该规则是上诉失败后的额外"刑罚"。在我国认罪认罚的案件中，很多被告人在一审判决后都以量刑过重为由提起上诉，其目的是利用上诉不加刑原则来拖延时间，从而避免送交监狱服刑。时间损失规则恰好针对这种没有新的证据或理由的"空白上诉"，英国的实务经验也显示，近年来被告人上诉的数量确有下降。但是，阿什沃思教授指出，时间损失规则的频繁适用不仅可能妨碍被告人行使上诉权，也会淹没许多具有上诉理由和听审价值的案件。〔3〕而且，时间损失规则在本质上是未经审判就延长了被告人的实际羁押时间，相比之下，上诉理由审核制是防止被告人滥用诉权的合理方式。尽管如此，如果上诉申请和审查程序过于复杂，不仅会在个案中拖延诉讼的进程，也会因增加上诉法院的工作量而影响它们处理其他案件的效率和质量。所以，在设定严格的中间上诉条件后，上诉申请程序和批准许可后的听证程序都应贯彻迅速审判原则的要求，以程序的迅速进行来降低被告人的讼累和法院的工作量。

此外，与权利型上诉相比，裁量型上诉和上诉理由审核制已经限制了被告人的上诉权，那么应当在程序设计上对被告人提供适度的关照。本质上，一审对证据可采性的听证被称为"案中案"或"迷你审判"（mini trial），中

---

〔1〕 J. R. Spencer, "Does Our Present Criminal Appeal System Make Sense?", *Criminal Law Review*, No. 8, 2006, p. 693.

〔2〕 Liz Campbell, Andrew Ashworth & Mike Redmayne, *The Criminal Process*, 5th ed., Oxford: Oxford University Press, 2019, p. 386.

〔3〕 Liz Campbell, Andrew Ashworth & Mike Redmayne, *The Criminal Process*, 5th ed., Oxford: Oxford University Press, 2019, p. 387.

间上诉是对"迷你审判"的再次审查,既然不是正式的审判,中间上诉也无须照搬直接上诉的制度建构。在判断是否批准上诉申请时,法官一般只需作书面审查,确有必要时可以听取控辩双方的意见。批准上诉申请并进入实质审查后,听证程序可以适当简化,无须严格遵循正式庭审中的询问规则;司法证明采用自由证明法则即可,证据的资格可以适当放宽,也无须适用最高的证明标准。这种加速进行的上诉程序有助于弥补中间上诉造成的时间耗费,尽早恢复被中断的正式庭审程序,实现真相、权利和效率之间的平衡。

三、上诉审查和法院处理

英国在起草2003年《法案》时指出,虽然允许检控方根据2003年《法案》第58条和第62条提起中间上诉,但只有法院的裁定涉及了法律错误,且重新审判有利于维护司法公正时,上诉法院才能撤销原来的裁定。[1]后来,2003年《法案》第67条对审查标准作了调整和补充,只有"初审法官错误地适用了法律,或者涉及一项法律或原则性的错误,或者法官不合理地作出了裁决",上诉法院才能予以撤销。对于"终止性裁定"和"证据裁定"适用同样的审查标准。2003年《法案》没有采用最初"重新审判有利于维护司法公正"的措辞,因为在一些案件中即使依据第62条撤销了"证据裁定",也可以依据其他证据继续进行刑事程序,而不会涉及重新审判的问题。

上诉法院依据2003年《法案》第67条审查初审法官的裁决时,必须认定初审裁决存在"明显错误"时,才能予以撤销。[2]上诉法院强调,当初审法官在刑事审判中行使裁量权时,需要仔细权衡存在冲突的考量因素,这意味着换作其他法官就可能得出一个不同的,甚至完全相反的结论。上诉法院在适用第67条的审查标准时,不会因为初审裁决中简单的错误或上诉法院会得出不同的结果而予以撤销,只有当初审法官不合理地行使了裁量权,上诉

---

[1] Ian Dennis, "Prosecution Appeals and Retrial for Serious Offences", *Criminal Law Review*, No. 8, 2004, p. 623.

[2] Daniel Jones, Greg Stewart & Joel Bennathan, *Criminal Appeal Handbook*, West Sussex: Bloomsbury Professional Ltd, 2015, p. 165.

法院才会批准上诉并作进一步的审查。[1]这种严格的上诉审查标准体现了对初审法官经验和声誉的尊重，也是再次提醒了检控方必须谨慎提起中间上诉，若没有达到第67条的要求，就会面临败诉的风险。

美国联邦和各州没有充分关注中间上诉的审查标准。一些上诉法院直接忽略了审查的标准，另一些则对此一笔带过。[2]有学者从法律现实主义的角度批评了这种回避审查标准的现象，"上诉法院在选择审查标准时经常取决于它们是倾向于撤销还是维持初审法院的证据裁定，也就是说，并不是根据标准来得出结论，而是根据他们想要的结果来选择适用审查的标准"。[3]虽然没有明确的中间上诉的审查标准，但是我们可以结合直接上诉和典型案件来加以分析。

第一种是事实审查，即上诉法院只对下级法院裁决所依据的事实基础进行审查，只有在人物、时间、地点以及行为等事实要素出现错误的情况下，才会撤销原裁定。美国最高法院在奥尼拉斯案（Ornelas v. United States）中指出，这种事实审查要求上诉法院保持高度克制，除非存在明显错误，否则必须尊重初审法官和当地执法官员经调查得出的事实结论。[4]"明显错误"就是事实审查的标准，联邦法院遵循这一标准来审查基于第四修正案排除规则提起的中间上诉，如果上诉法院审查全案证据之后，能够确信初审法院的事实认定存在错误，那么这种错误就是"明显错误"。[5]麻州最高法院在乔丹案中也指出，"如果初审法官的事实认定没有明显错误，我们就会尊重他们依据事实作出的法律结论。在本案中，我们没有发现任何错误的事实认定，并且同意初审法官的法律结论，所以，警察在没有合理理由的截停后，进行的搜查是无效的，搜查所获的证据必须予以排除"。[6]和英国一样，这种"明

---

[1] Regina v. B, [2008] EWCA Crim 1144.

[2] Timothy O'Neil, "Standards of Review in Illinois Criminal Case: The Need for Major Reform", *Southern Illinois University Law Journal*, Vol. 17, 1992, p. 51.

[3] See Robert Byer, "Judge Aldisert's Contribution to Appellate Methodology: Emphasizing and Defining Standards of Review", *University of Pittsburg Law Review*, Vol. 48, 1986, p. xxii.

[4] Ornelas v. United States, 517 U. S. 690 (1996), p. 699.

[5] Pullman-Standard v. Swint, 456 U. S. 273 (1982), p. 284.

[6] Commonwealth v. Jordan, 469 Mass. 134 (2014), pp. 146-147.

显错误"的审查标准体现了两个政策性目标：一是尊重初审法官的权威，因为他们能够直接听取证人证言，判断证人的可信性以及证言的可靠性，比上诉法官更能作出准确的裁定。二是避免重复审查，节省司法资源，让上诉法院有精力去处理其他具有法律价值的争议。

第二种是为了解决法律问题而进行的复审。与事实审查不同，复审要求上诉法院积极介入初审法院的裁定，进行彻底的、不受限制的审查。当上诉法院依据第五修正案来综合审查供述的自愿性时，即采用这种复审方式；但是，审查初审法院判断供述自愿性所依据的基础事实时，仍适用"明显错误"法则。支持复审的理由在于，上诉法院不用纠缠于复杂、疑难的证据和事实问题，并且至少有三名法官来共同听审案件，解决法律问题的资源和能力通常优于初审法院。[1]而且，针对事实认定进行上诉审查仅仅是为了解决个案争议，即使存在一些错误，也不会对整个法律体系造成影响，与此不同，上诉法院就法律问题作出的判决将成为先例而影响未来的案件，必须通过彻底的复审来保障判决的质量。

第三种是解决事实和法律混合问题的功能性审查方式（functional approach）。在很多案件中，无法对事实和法律作出泾渭分明的两分法，因为"法律"和"事实"本身就是一对"相互扩展和渗透的术语"。[2]法律问题需要以事实认定为基础，事实问题也会上升为法律问题，没有固定的可以遵循的标准来审查事实和法律混合的问题。[3]联邦第九巡回上诉法院在麦康尼案（United States v. McConney）中发展出了一种以个案分析为基础的功能性审查方式。如果事实和法律混合问题本质上涉及的是事实认定问题，即下级法院主要通过人们行为的经验性判断来作出事实认定，那么就应尊重下级法院的判断，并依据"明显错误"法则来审查事实基础；如果混合问题中涉及的是法律概念或是对法律原则进行的价值判断，那么就倾向于由上诉

---

[1] United States v. McConney, 728 F. 2d 1195 (1984), p.1201.

[2] Henry Monaghan, "Constitutional Fact Review", *Columbia Law Review*, Vol. 85, 1985, p.233.

[3] Wayne LaFave, *Search and Seizure: A Treatise on the Fourth Amendment* (volume 6), St Paul, MN: Thomson Reuters, 2017, p.561.

法院来进行彻底的复审。[1]

综观以上三种审查方式,如果当事人只对证据裁定依据的事实基础有争议,适用"明显错误"的审查标准即可,这种处理方式比较明确,争议不大。如果对法律问题提起中间上诉,则需对基础事实和法律适用进行全面、彻底的复审,这对司法资源提出了较高的要求。但我们必须注意,严格的上诉条件和上诉理由审核程序已经过滤掉了大部分的案件,这能保证进入中间上诉正式听审程序的法律问题是一个"非常重要或疑难的法律争议",或者对"促进司法公正"具有重要意义。也就是说,虽然耗费司法资源且可能造成诉讼拖延,全面审查经上诉理由审核程序筛选留下来的法律问题,具有可行性和必要性。反观我国的二审全面审查原则,有反对观点主张二审审查的对象应当是控辩双方存在争议的问题,以此可以到达突出重点、提高效率之效果。在此,英美法系中间上诉制度给我们的一个启示在于,不仅可以在案件进入二审程序之后来讨论是否要限缩上诉审查的范围,还可以在案件进入二审之前引入一定的审查机制,以此来决定哪些案件值得全面审查。这种类似于上诉理由审核的初步审查机制,有助于促进案件在二审上诉阶段的繁简分流,达到"疑案精审""简案速审"的效果。

对于第三种功能性审查路径,需要法官结合个案情形作具体分析。我国行政法学者对功能性的审查方式表示担忧:"以不同的个案情境为基础,将外观相似甚至相同的行政措施界定为不同性质……是否会使法的适用碎片化,以至于造成规范体系的混乱?"[2]在刑事上诉审查的语境中,对于混合问题中本质上是事实问题还是法律问题的识别和选择,没有统一适用的判断标准,也就难以避免"法的适用碎片化"。但是,如果将本质问题的决定权悉数交予法官,又恐出现恣意裁量而有损中间上诉的制度功能。对此,保罗·罗伯茨(Paul Roberts)和艾德里安·朱克曼(Adrian Zuckerman)指出,个案审查中法官的裁量权可以通过两个方式加以规制:一是通过职业规范和专业培训进

---

[1] United States v. McConney, 728 F. 2d 1195 (1984), p. 1202.
[2] 陈鹏:"界定行政处罚行为的功能性考量路径",载《法学研究》2015年第2期。

行道德指引；二是以裁判说理的要求进行事后监督。[1]相应地，为了减少上诉审查中"法的适用碎片化"，可以引入事先指引和事后监督的方式，规制法官上诉审查的裁量权。在我国语境中，对于实务中最常见的非法言词证据，《严格排除非法证据规定》没有赋予裁判者自行裁量的权力，而且，我国法官为了避免裁判压力，也不愿意基于裁量权来排除非法证据。[2]所以，在我国排除程序中引入功能性的上诉审查，目前尚不具有可行性。

英国上诉法院审查"终止性裁定"或"证据裁定"后，必须作出维持、撤销或者改变相关裁定的裁决。在撤销或者改变相关裁定时，可以命令就相关罪行重新进行审理，或者就相关指控直接宣告被告人无罪。但是，处理两种裁定的法律效果存在一个明显的差异，上诉法院一旦维持了"终止性裁定"，必须就相关罪名的指控宣告被告人无罪，因为就"终止性裁定"提起中间上诉的一个条件是，检控方必须保证"除非上诉，否则无罪"。也就是说，就相关罪名的指控宣告无罪，是检控方中间上诉失败的一个必然结果。设定这种严重的法律后果之目的在于提醒检控方谨慎提起中间上诉，从而控制上诉的数量。此外，对于"证据裁定"而言，即使上诉法院维持了原裁定，也不是必然宣告无罪，而是命令继续进行中止的刑事程序，实现从解决证据可采性问题的"程序性裁判"向"实体性裁判"的回归。在处理"终止性裁定"和"证据裁定"时，被告人有权参加中间上诉的听证程序，法院经审查作出的裁决具有终局效力，但被告人在定罪后仍有权就本案定罪、量刑问题提起直接上诉。

在美国，由于没有"除非上诉，否则无罪"的限制，上诉法院维持或撤销原裁定后，先前中止的程序将继续进行。在联邦司法系统，被告人无权就证据裁定提起中间上诉，但他们有权在审判程序中要求法官再次审查证据的可采性问题。一般而言，审前的证据裁定被称为"个案中的法律"（the law of the case），初审法官会根据自己作出的证据裁定来作出最终判决。而且，如果

---

[1] See Paul Roberts, *Roberts & Zuckerman's Criminal Evidence*, 3rd ed., Oxford：Oxford University Press, 2022, pp. 236-237.

[2] 参见戴长林、罗国良、刘静坤：《中国非法证据排除制度：原理·案例·适用》（修订版），法律出版社 2017 年版，第 5 页。

初审法院已经排除了相关证据，也就没有必要就同一个证据争议再次举行听证，因为这将迫使检控方再次证明相关证据的可采性。[1]经中间上诉裁决的证据问题具有终局性，被告人在定罪后不得就此提出上诉。在麻州民事案件中间上诉程序中，如果州最高法院的一名大法官拒绝了上诉申请或经中间上诉维持了原裁定，当事人可以在7日内向州最高法院申请上诉，请求州最高法院组成合议庭来再次进行审查。[2]但《麻州规则》第15条不适用这种对中间上诉的"再上诉"，也就是说，州最高法院一名大法官在处理证据可采性问题时，作出的中间上诉裁决具有终局效力。

法律保障被告人获得公正审判的权利，而不是完美的审判。[3]即便是最为谨慎的裁判者，也难以完全避免程序瑕疵的发生；如果不分青红皂白，一概容许上诉法院撤销原判，会给司法资源和诉讼效率造成巨大负担。[4]所以，美国联邦和麻州的中间上诉和直接上诉一样，都适用"无害错误"法则，即没有影响实质权利的无害错误必须予以忽略。[5]对于"宪法性错误"，法院必须认定该错误没有对初审法院的证据裁定造成实质性影响，而且主张"无害错误"的当事人必须将此证明至排除合理怀疑的程度；[6]对于"非宪法性错误"，当事人必须说服法院产生相当确信（fair assurance），认定该错误没有对证据裁定造成实质影响。[7]如果法院认定属于"无害错误"，则无须撤销原裁定，提起中间上诉的一方败诉；如果不属于"无害错误"，则需结合上诉条件和审查标准作进一步的处理。

最后，上诉法院处理中间上诉时遇到的一个特殊问题是，如果经中间上诉审查后决定不排除相关证据，被告人在定罪后的直接上诉中又基于不同的理由再次要求排除证据的，那么受理直接上诉的法院是否应当考虑在一审程

---

[1] State v. Pope, 224 N. W. 2d 521 (1974), pp. 525-526.

[2] Massachusetts Supreme Judicial Court Rule 2：21：Appeal from Single Justice Denial of Relief on Interlocutory Ruling (2001).

[3] Bruton v. United States, 391 U. S. 123 (1968), p. 135.

[4] 参见林钰雄："相对上诉理由之体系——以台湾法律审的经验为例"，载陈光中主编：《中国刑事二审程序改革之研究》，北京大学出版社2011年版，第398页。

[5] See Massachusetts General Laws, chapter 231, section 119.

[6] Chapman v. California, 386 U. S. 18 (1967), pp. 23-24.

[7] United States v. Kloehn, 620 F. 3d 1122 (2010), p. 1130.

序中提交的有利于被告人或者检控方的其他证据?在美国1925年卡罗尔案（Carroll）中（图5-1），被告人的律师在上诉程序中主张推翻定罪判决，因为初审法院虽然拒绝了被告人排除证据的审前动议，但随后的审判程序显示，初审法院作出裁定依据的证据比审判中出示的证据要少得多。质言之，在一审庭审过程中出示的所有证据（B），远远超过审前证据可采性听证中的证据（A），而根据（B）显示，本案中警察的搜查可能没有合理理由，但初审法院仍采信了搜查所获的烈酒。联邦最高法院认为，如果初审法院依据充分的证据（B）作出了判决，也就无须考量审前是否有充分的证据（A）来支持相关证据的可采性。本案初审法院已经听审了全案所有的证据和事实，没有侵犯被告人的任何权利，也就无须推翻先前的有罪判决。[1]时至今日，联邦司法系统和很多州仍然坚持卡罗尔案的判决，认为上诉法院可以根据审判程序中的证据来支持初审法院的审前证据裁定。[2]但是，也有少数法院认为，在初审法院拒绝排除证据后，上诉法院可以查阅证据排除听证的相关记录，但不能查阅一审程序的全部记录，即不能用庭审中的证据（B）来审查审前的证据裁决。[3]

```
                    中间上诉
                      ↑
    ┌──────────┐    ┌──────────┐    ┌──────────┐
    │ 审前听证 │──→│ 一审庭审 │──→│ 直接上诉 │
    │证据总量(A)│    │证据总量(B)│    │   (A)    │
    └──────────┘    └──────────┘    └──────────┘
      法官裁决        陪审团裁决
```

图 5-1　卡罗尔案和中间上诉

本书认为，卡罗尔案在一定程度上侵犯了被告人在排除程序中获得公正审判的权利。以供述自愿性为例，在英美法系国家由陪审团审理的案件中，法官在审前听证程序中裁决供述的自愿性问题。只有当检控方将供述自愿性

---

[1] Carroll v. United States, 267 U.S. 132 (1925), p. 162.

[2] See Wayne LaFave, *Search and Seizure: A Treatise on the Fourth Amendment* (volume 6), St Paul, MN: Thomson Reuters, 2017, p. 580.

[3] Trusty v. State, 308 Md. 658 (1987), p. 670.

证明到优势证据标准后,〔1〕相关供述才能进入陪审团的评议范围。如果上诉法院遵循卡罗尔案的判决,将陪审团听审和评议的证据(B)作为证明供述自愿性的依据(A),就违反了法官和陪审团的职能分工,因为供述自愿性作为法律问题必须由法官加以裁决,而陪审团只负有认定案件事实之职责。〔2〕而且,陪审团听审的全案证据(B)肯定多于法官在排除程序中接触的证据(A),如果检控方在审判前没有将供述的可采性证明至法定标准,全案证据和排除程序中的证据之间的差量($\triangle$=B-A)就弥补了供述可采性的证明度。但是,上诉法院却以满足证明标准而拒绝排除供述。被告人在排除程序中的合法权利因为"事后弥补的证明度($\triangle$)"而遭到了侵犯。所以,本书支持美国少数法院的做法,主张上诉法院应当首先处理证据合法性问题,并且只能审查与证据合法性问题相关的证据(B),以此来防止全案其他证据和事实影响法院正确排除非法证据。〔3〕

第三节　中间上诉制度的借鉴意义

当下我们的英美证据法研究存在很多不足和盲区,对于域外证据法治发展缺乏信息准确而全面的资料铺垫。〔4〕本章"深描"英美法系中间上诉制度既是为了做资料铺垫,也是希望为完善我国非法证据排除规则和刑事上诉程序提供另一种"选项"。借助比较法研究搭建的全景视角,我们可以从三个方面探索这个"选项"。

第一,提供及时的司法救济,通过审前程序的繁简分流机制来优化司法

---

〔1〕 在美国联邦司法系统,供述自愿性适用优势证明标准。同时,最高法院指出各州有权决定,在各自的司法辖区是否适用排除合理怀疑这一最高证明标准。Lego v. Twomey, 404 U. S. 477 (1972), pp. 484, 489.

〔2〕 Edward Imwinkelried, "Trial Judges-Gatekeepers or Usurpers-Can the Trial Judge Critically Assess the Admissibility of Expert Testimony without Invading the Jury's Province to Evaluate the Credibility and Weight of the Testimony", *Marquette Law Review*, Vol. 84, 2000, p. 13.

〔3〕 参见牟绿叶:"'有限的整体主义':非法证据排除程序中的证据评价方式",载《法制与社会发展》2021年第6期。

〔4〕 参见李训虎:"变迁中的英美补强规则",载《环球法律评论》2017年第5期。

资源的配置。在侦查和审查起诉阶段，我国公安和检察机关可以依职权对证据的合法性进行核查，犯罪嫌疑人及其辩护人也有权向检察机关申请排除非法证据，如果他们对检察机关的调查结论不服，只能等案件进入审判阶段，在庭前会议中或庭审阶段向法院申请排除证据。检察机关对证据合法性的调查核实有助于纠正侦查程序中的违法行为，可是，这种调查核实是基于检察机关的法律监督职能，实际效果并不明显，所以最高人民法院的代表性观点指出，"可考虑建立诉讼化的程序救济模式"。也就是说，如果被告人对检察机关的调查结论不服，可以通过中间上诉来寻求法院的救济。经审查，如果排除了关键证据，侦控机关可能会改变侦查方向，或补充收集其他证据，在侦查终结或审查起诉后仍未达到证据确实、充分的程度，就应撤销案件，从而避免不必要的审判。对于嫌疑人而言，如果中间上诉确认了相关证据的合法性，则会改变认罪态度和诉讼策略。这种利用中间上诉来促进审前程序分流的思路能够进一步优化配置司法资源。

第二，"尽早发现、尽早排除"非法证据，保障全案事实认定的准确性。达玛斯卡和缇德曼教授都认为，即使排除非法证据，也难以彻底消除它们对裁判者的影响，[1]消除这种影响的最好方式就是不让事实认定者接触到非法证据。在侦查或审查起诉阶段，如果办案机关决定不排除证据，相关证据就会进入刑事程序的下一个阶段，作为起诉或判决的依据。而且，由于一审法院已经作出了有罪判决，二审法院在审查时会受非法证据的影响，难以彻底摆脱一审有罪判决对被告人造成的偏见。在一定程度上，二审法院在审查非法证据问题时，已经蒙上了一层"有罪推定"的阴影。[2]不仅如此，在二审全面审查原则下，法院在审阅全案材料后再审查某一个或几个证据的合法性

---

[1] See Mirjan Damaška, *Evidence Law Adrift*, New Haven: Yale University Press, 1997, p. 50. 在法官审理的案件中，法官既决定证据的可采性，也是最终的事实认定者，他们将不可避免地接触到被污染的信息。当该信息具有很强的说服力时，即使是专业法官也难以忽略已经知道的案件情况。[德]科劳斯·缇德曼："德国刑事诉讼法导论"，载《德国刑事诉讼法典》，宗玉琨译注，知识产权出版社2013年版，第22页。当存在供认且法庭对此已知，但鉴于获得供认的违法性而不得使用时，不仅要有意识地排斥供认的存在，还要将其去除，这几乎是个心理魔术。

[2] Laura Nirider, Joshua Tepfer & Steven Drizin, "Combating Contamination in Confession Cases", *The University of Chicago Law Review*, Vol. 79, 2012, p. 840, footnote 12.

问题，全案材料中的证据和事实就会渗透到证据合法性的审查判断过程中，这种全案证据和排除程序中的证据之间的相互影响，不利于准确认定并排除非法证据。[1]中间上诉有助于尽早排除非法证据，从而保障判决结果的准确性。在我国的语境中，就是要充分发挥公检法三机关各自排除证据的职能，做到"尽早发现、尽早排除"，防止案件"带病"进入起诉、审判程序，造成起点错、跟着错、错到底。而且，从排除证据的司法实务来看，审查起诉阶段的排除程序的启动频率明显高于审判阶段，排除规则在审前程序中得到更为频繁的适用，公安和检察机关正充分利用排除规则来达到"证据把关"的目的。[2]所以，尽早把非法证据移除刑事程序，有助于最大限度地降低它对审判程序和裁判结果的负面影响。

第三，以上诉理由审核制来控制上诉的数量和质量，避免诉讼拖延，保障审判的中心地位。中间上诉的本质是"未决先上诉"，这既要求法律设置严格的上诉条件，也要法院谨慎批准上诉申请。英国的刑事程序体现出"审判中心"建构特征，[3]重视通过审前程序来保证审判的迅速进行。例如，英国法官必须展开审前的案件管理工作，要求控辩双方进行证据开示，从而决定是否有必要举行预先听证。[4]控制了预先听证的数量，也就从源头上控制了随后可能提起的中间上诉的数量。同时，积极的案件管理工作也能让法院尽早发现证据问题，避免"起点出错"。在我国"以审判为中心"的改革背景下，应充分发挥庭前会议的功能，避免将非法证据问题带入庭审程序。我们还可以借鉴英美和德国的"及时异议，否则失权"的制度，[5]严格限制被告人在庭审中或二审程序中首次申请排除非法证据的条件。这既能促使被告人

---

[1] 参见牟绿叶："论非法证据排除规则和印证证明模式的冲突及弥合路径"，载《中外法学》2017年第4期。

[2] 参见吴洪淇："证据排除抑或证据把关：审查起诉阶段非法证据排除的实证研究"，载《法制与社会发展》2016年第5期。

[3] Liz Campbell, Andrew Ashworth & Mike Redmayne, *The Criminal Process*, 5th ed., Oxford: Oxford University Press, 2019, p. 418.

[4] Peter Hungerford-Welch, "R v R: Trial—Criminal Procedure and Investigations Act 1996 s. 3", *Criminal Law Review*, No. 4, 2016, p. 295.

[5] Petra Viebig, *Illegally Obtained Evidence at the International Criminal Court*, Hague: ASSER Press, 2016, p. 243.

尽早申请排除证据，也能保障一审程序的迅速进行。总之，"以审判为中心"的改革能为引入中间上诉提供探索空间和配套制度，但中间上诉不能造成诉讼拖延，不能危及审判的中心地位。

第六章
从二审视角透视职务犯罪案件中认罪认罚从宽制度的缺陷和完善

第一节 以"审级联动"视角检视认罪认罚的职务犯罪案件

党的十八届四中全会首次提出"完善刑事诉讼中认罪认罚从宽制度"的要求,经过两年多试点改革,2018年《刑事诉讼法》正式在总则部分第15条作出原则性规定:"犯罪嫌疑人、被告人自愿如实供述自己的罪行,承认指控的犯罪事实,愿意接受处罚的,可以依法从宽处理。"同年3月,全国人大表决通过《监察法》,其第31条吸收了认罪认罚改革的精神,规定涉嫌职务犯罪的被调查人主动认罪认罚,并具有法定情形之一的,监察机关经领导人员集体研究,并报上一级监察机关批准,可以在移送人民检察院时提出从宽处罚的建议。这一规定解决了监察机关办理被调查人认罪认罚案件无据可依的问题,便于监察机关以认罪认罚从宽鼓励涉嫌职务犯罪的被调查人主动供述,并积极配合调查。[1]但是,与《刑事诉讼法》相比,《监察法》对认罪认罚的适用设置了更高的门槛,导致监察机关在行使"认罪认罚建议权"时存在一定的风险。[2]两法规定的不一致性也会使得认罪认罚从宽制度在普通案件和职务犯罪案件中出现双重标准,产生规避法律适用、侵犯基本权利的问题。

与普通案件相比,职务犯罪存在隐秘性强、反侦查能力强、言词证据依

---

〔1〕詹建红:"认罪认罚从宽制度在职务犯罪案件中的适用困境及其化解",载《四川大学学报(哲学社会科学版)》2019年第2期。

〔2〕参见郑自飞、李美福:"监察机关行使认罪认罚'从宽建议权'的风险及控制",载《警学研究》2019年第4期。

赖性高等特点。[1]有鉴于此，《监察法》规定，监察机关可以采取"谈话、讯问、询问、留置、查询、冻结、搜查"等多种措施，以实现"强化监督公职人员、深入开展反腐工作"的立法目的。鉴于职务犯罪仍处在高发期，确有必要引入认罪认罚从宽制度来进一步提升反腐效率并节省司法资源。然而，我国监察机关改革采取的思路是"新设专门机构负责职务犯罪的侦查"，"专门机构的行为往往会脱离诉讼轨道，割断职务犯罪侦查与检察官行使公诉权、审查批准逮捕权和其他诉讼监督职权之间的有机联系，也有排除法院司法控制的趋势"。[2]这种"脱离诉讼轨道"的趋势集中表现在，监察调查活动具有高度的封闭性，既没有律师参与又欠缺必要的法律监督，目前只能依赖监察机关的内部监督和调查人员的个人素质。本质上，认罪认罚是被追诉人和监察机关之间达成的"协议"，自愿、合法、真实的"协议"具有简化程序和从宽处罚的双重效果。从整个刑事程序的特征来看，上游程序中所达成的"协议"将对后续审查起诉和审判活动产生持续影响。[3]因此，立法者再三强调要确保"协议"系被追诉人真实意愿之表示。[4]但是，在职务犯罪的调查中，我们难以察觉调查人员是否存在违法讯问行为，如果他们以刑讯逼供或者威胁、引诱、欺骗方式取得了口供，虚假的可能性非常之大，仅凭此就作为定案根据，极易造成错案。[5]为避免源头出错并确保职务犯罪案件调查、起诉和审判的质量，本章围绕《监察法》第31条及《刑事诉讼法》的相关规定，首先分析职务犯罪调查中适用认罪认罚从宽制度的问题，接着从二审上诉的视角来分析审判前程序和第一审程序中规范缺陷导致的问题，即二审程序出现了"三高"或"一高"现象，最明显的是认罪认罚的职务犯罪案件的上诉率明显高于所有认罪认罚案件的平均上诉率。监察调查处于整个刑事程

---

〔1〕 参见陈光中、邵俊：“我国监察体制改革若干问题思考”，载《中国法学》2017年第4期。

〔2〕 参见熊秋红：“监察体制改革中职务犯罪侦查权比较研究”，载《环球法律评论》2017年第2期。

〔3〕 See J. F. Nijboer & W. J. J. M. Sprangers, *Harmonisation in Forensic Expertise: An Inquiry into the Desirability of and Opportunities for International Standards*, Amsterdam: Thela Thesis Press, 2000, p. 301.

〔4〕 胡云腾主编：《认罪认罚从宽制度的理解与适用》，人民法院出版社2018版，第93-94页。

〔5〕 参见中共中央纪律检查委员会、中华人民共和国国家督察委员会法规室编写：《〈中华人民共和国监察法〉释义》，中国方正出版社2018年版，第191页。

序的上游，为防止调查阶段出现违法行为，并确保认罪认罚的自愿性、合法性和真实性，以及供述的真实性和全案事实认定的准确性，有必要在告知义务、律师帮助、监督机制等方面，对职务犯罪调查中的认罪认罚从宽制度予以完善。

第二节 职务犯罪案件调查阶段认罪认罚的制度缺陷

一、"认罪认罚"和"从宽处罚"的单向度设计

在普通案件中，"认罪认罚"和"从宽处罚"是一种双向度设计，只要嫌疑人在侦查阶段主动认罪认罚，获得从宽处理是可以预期的结果。2018年《刑事诉讼法》第15条将认罪认罚从宽在原则部分予以规定，表明认罪认罚已经成为诉讼法的重要原则，是法定从宽情节，量刑时应当予以考量，从宽处理不再是可有可无。[1]为落实这一原则性要求，2018年《刑事诉讼法》第120条第2款要求侦查人员在讯问嫌疑人的时候，应当告知其享有的诉讼权利，如实供述自己罪行可以从宽处理和认罪认罚的法律规定。履行告知义务是为了赋予嫌疑人是否认罪认罚的选择权。检察机关在审查起诉时，可以根据犯罪的事实、性质、情节和社会危害性以及认罪认罚的情况，依法提出从宽处罚的量刑建议，法院作出判决时，一般应当采纳检察机关指控的罪名和量刑建议。这种前后呼应的制度设计，最大限度地消弭了"可以"从宽的不确定状态，有助于鼓励嫌疑人认罪认罚，贯彻宽严相济的刑事政策。[2]此外，"两高三部"《关于适用认罪认罚从宽制度的指导意见》第8条第1款指出，对犯罪性质和危害后果特别严重、犯罪手段特别残忍、社会影响特别恶劣的犯罪嫌疑人、被告人，认罪认罚不足以从轻处罚的，依法不予从宽处罚。综合以上正反两方面的表述，认罪认罚已经成为一种法定从宽处理的情节，普通案件只要不存在"必须依法严惩"的情形，认罪认罚的嫌疑人原则上都能

---

[1] 杨立新："认罪认罚从宽制度理解与适用"，载《国家检察官学院学报》2019年第1期。
[2] 胡云腾主编：《认罪认罚从宽制度的理解与适用》，人民法院出版社2018年版，第80页。

够获得从宽处罚。这种可以预期的"从宽处罚"又将促使嫌疑人进行认罪认罚,从而达到制度的"双向度激励效果"。

在职务犯罪案件中,"认罪认罚"和"从宽处罚"之间体现出鲜明的单向度关系。认罪认罚从宽不是《监察法》的一项原则性规定,监察机关也没有告知被调查人认罪认罚的可以获得从宽处理的义务。《监察法》第31条规定,涉嫌职务犯罪的被调查人若要获得从宽处理,必须同时满足三个条件:(1)主动认罪认罚;(2)具有法定的一项或多项情形;(3)经过上一级监察机关的批准。其中,法定情形包括:(1)自动投案,真诚悔罪悔过的;(2)积极配合调查工作,如实供述监察机关还未掌握的违法犯罪行为的;(3)积极退赃,减少损失的;(4)具有重大立功表现或者案件涉及国家重大利益等情形的。《监察法》释义中补充指出,被调查人主动认罪认罚,在主观上表现为能够认识到自己的行为违反了法律的规定,并愿意接受法律的制裁,并对自己的所作所为感到后悔,表现了被调查人改恶向善的意愿;在客观上,表现为被调查人自动投案、真诚悔罪悔过,积极配合调查工作、如实供述监察机关还未掌握的违法犯罪行为,积极退赃、减少损失。[1]而在普通案件中,"认罪"实质上就是"认事",即承认指控的主要犯罪事实,犯罪嫌疑人对指控的个别细节有异议或者对行为性质的辩解不影响"认罪"的认定;"认罚"是指愿意接受惩罚,包括接受刑罚处罚、主动退赃退赔、积极赔偿被害人损失同被害人和解、预交罚金等。[2]两者相比,职务犯罪案件的认罪认罚对被调查人的主观状态和客观行为提出了更多的要求,因而提高了他们经认罪认罚获得从宽处罚的门槛。不仅如此,监察机关提出从宽处罚建议的,需要经集体研究,并报上一级监察机关批准。这种审批程序虽有助于保障决策程序的公开公正,并给予被调查人罪责轻重相适应的法律制裁,但却额外设置一道审批程序,增加了"从宽处罚"的不确定性。

最后,即使符合《监察法》第31条规定的所有条件,监察机关移送审查起诉时仍是"可以"提出从宽处罚的建议,而非"应当"提出。与普通案件

---

〔1〕 参见马怀德主编:《〈中华人民共和国监察法〉理解与适用》,中国法制出版社2018年版,第121-122页。

〔2〕 胡云腾主编:《认罪认罚从宽制度的理解与适用》,人民法院出版社2018版,第77-78页。

的"双向度激励机制"不同，监察机关掌控着是否从宽处理的主导权，既没有告知义务，也没有促成认罪认罚的必要，有权单方面决定是否建议从宽处理。职务犯罪案件的复杂性一般高于普通案件，对应的"从宽处罚"却是单向度的，其重要原因在于将认罪认罚从宽制度和实际办案需求捆绑在一起，从而鼓励出现第 31 条列举的自动投案、配合调查、积极退赃等情形。但这无形之中扩张了监察机关的权限，使得被调查人选择是否认罪认罚的权利最后取决于监察机关的态度，监察机关掌握主导权的同时也增加了侵犯被调查人权利的风险。

二、律师帮助权的缺失

德国的协商程序依赖于律师，被告人和被害人一般不能参与协商，被告人只能通过律师表达自己的意见，然后由律师通知其协商结果。[1] 美国联邦宪法第六修正案赋予被告人在刑事程序每个关键的阶段都有权获得律师帮助，作出有罪答辩即是"关键阶段"，所以一定要有律师提供有效的帮助。[2] 我国在推进"以审判为中心"的改革中，越发强调被追诉人获得律师帮助的权利，要求健全侦查、起诉、各个环节中律师辩护工作的机制，通过控辩平衡和两造对抗来实现庭审实质化的各项要求，达到准确查明案件事实、避免冤假错案之目的。在审前程序中，我国正在"有权辩护"和"有效辩护"两个方面，逐步保障嫌疑人的合法权利和审前程序的公正性。第一，"有权辩护"要求嫌疑人在审前阶段有机会获得律师的帮助。自 2017 年起，最高人民法院和司法部开始探索刑事案件律师辩护全覆盖的机制，2018 年《刑事诉讼法》正式确立了值班律师制度，嫌疑人没有委托辩护人，法律援助机构也没有指派律师的，由值班律师为他们提供法律咨询、程序选择建议、申请变更强制措施、对案件处理提出意见等法律帮助。第二，"有效辩护"是对辩护效果提出了更高的要求，不仅要让嫌疑人有机会获得法律帮助，还要求确保律师在

---

[1] Thomas Weigend, "The Decay of the Inquisitorial Ideal: Plea Bargaining Invades German Criminal Procedure", in John Jackson et al. ed., *Crime, Procedure and Evidence in a Comparative and International Context*, Oxford: Hart Publishing, 2008, p. 47.

[2] Iowa v. Tovar, 541 U.S, 77 (2004), p. 87.

保障权利、维护公正审判等方面发挥实质性作用。有效辩护的要求不仅是为了保障被告人的基本权利，更是为了保障整个刑事程序的公正性并维持公众对刑事司法的信任。[1]就监察调查而言，被调查人一般缺乏相应的法律知识，被留置后处于无援的状态，因而允许被调查人在被留置后聘请律师，是程序公正和人权保障的基本要求。

2018年开展监察制度试点改革之初，很多学者主张应赋予被调查人获得律师帮助的权利，但没有得到试点单位的支持。其中，山西省某司法局在其暂行的规范性文件中对此予以明确禁止，规定监察机关调查案件期间，律师不介入相关工作，调查完毕，案件移送检察院审查逮捕或审查起诉后，律师才可以开展会见、阅卷等工作。此后，《监察法》及其释义也没在调查阶段设置类似《刑事诉讼法》保障辩护权的制度，实务中律师也不能介入调查工作。至此，在普通刑事案件的侦查和职务犯罪案件的调查中，获得律师帮助的制度出现了进一步的分野，作为认罪认罚从宽改革的一项重要配套制度，值班律师制度并不适用于职务犯罪案件的调查过程。对此，陈瑞华教授指出：

在原来由检察机关主导的侦查过程中，犯罪嫌疑人有权委托或者被指定律师作为辩护人，并通过辩护人来行使辩护权。而在监察体制改革完成之后，无论是在党纪调查、政务调查还是在刑事调查过程中，被调查人都被剥夺了委托或被指定律师进行辩护的机会。即便被调查人的家属代其委托了律师，律师也无法获得辩护人的身份，更不可能与被采取留置措施的被调查人进行会面或者提供其他方面的法律帮助。在无法获得律师帮助的情况下，被调查人不得不孤立无援地面对监察机关的调查，在被剥夺人身自由的状态下消极地承受调查人员的讯问。在没有辩护律师参与的调查程序中，调查人员违法取证的可能性大大增加，被调查人的权利无法得到保障，而在权利受到侵犯时也难以获得有效救济的机会。[2]

---

[1] Susan Klein, Donna Lee Elm & Alena Remis, "Waiving the Criminal Justice System: An Empirical and Constitutional Analysis", *American Criminal Law Review*, Vol. 52, 2015, pp. 111-112.

[2] 陈瑞华："论国家监察权的性质"，载《比较法研究》2019年第1期。

此外，根据 2018 年《刑事诉讼法》第 36 条第 1 款的规定，值班律师的设置地点包括人民法院、看守所等场所，但不包括监察机关的留置点。目前的留置点多采用"双轨制"，即看守所以外设定的专门场所和看守所内的特定区域，监察机关的留置更倾向于看守所外的专门场所。在调查程序结束后，为防止出现妨害诉讼、串供等风险，移交看守所后的被调查人依旧关押在看守所的特定区域，故在案件进入审查起诉阶段前，值班律师也不具备介入调查的客观条件。

三、法律监督的虚置

检察机关是宪法规定的法律监督机关。时任最高人民检察院检察长张军在 2019 年向"两会"所作的工作报告中不断强调，要加强刑事立案、侦查、审判活动的监督，贯彻宽严相济的刑事政策。"两高三部"《关于适用认罪认罚从宽制度的指导意见》第 54 条再次要求完善人民检察院对侦查活动和刑事审判活动的监督机制，加强对认罪认罚案件办理全过程的监督。为确保认罪认罚的自愿性、合法性和真实性，2018 年《刑事诉讼法》第 173 条要求检察机关告知嫌疑人享有的诉讼权利和认罪认罚的法律规定，听取犯罪嫌疑人、辩护人或者值班律师、被害人及其诉讼代理人的意见，并将涉嫌的罪名、从宽处罚的建议、审理的程序等事项记录在案。检察机关代表国家追诉犯罪，在认罪认罚从宽制度的适用中起主导作用，既要通过精准化的量刑建议来影响案件审理适用的程序，也要管控整个过程的风险，防止因程序简化而出现根本性的不公正。所以，检察机关在认罪认罚案件中的法律监督比律师监督、监察机关的上级监督都更具刚性。[1]

在职务犯罪案件中，检察机关难以对监察调查活动进行有效的监督。在起草《监察法》之初，诸多宪法和刑事诉讼法的学者提出，应对 2018 年《刑事诉讼法》第 19 条中的"司法工作人员"作广义解释，既包括公检法和监狱等机关的人员，也包括监察人员，相应地，检察机关在对诉讼活动实行法律监督中发现的监察人员利用职权实施的非法拘禁、刑讯逼供、非法搜查等侵

---

[1] 参见胡铭、张传玺："认罪认罚从宽制度中的法律监督"，载《昆明理工大学学报（社会科学版）》2017 年第 2 期。

犯公民权利、损害司法公正的犯罪，也可以纳入检察机关立案侦查的范围。[1]这一观点最终未得到立法者的采纳，检察机关也就没有法律依据将其监督延伸至职务犯罪的调查阶段。2018年11月，最高人民检察院颁布了《关于人民检察院立案侦查司法工作人员相关职务犯罪案件若干问题的规定》，其第1条明确列举了14类自侦案件的管辖范围，这再次排除了对职务犯罪案件进行法律监督的可能性。

一般来说，在刑事侦查中引入外部第三方监督力量，有助于防止国家权力对个人权利造成不成比例的侵犯。与普通案件相比，职务犯罪是智能型、高隐秘型犯罪，开展调查的进路一般是从所掌握的案件线索和犯罪嫌疑人的职务行为入手，广泛收集有关证据，查出犯罪事实。[2]职务犯罪的特点决定了其侦查破案难度比普通案件要高，调查机关对于策略、措施和技术的需求程度也就越强。"从宽处罚"可以鼓励被调查人自动投案并配合调查，从而提高职务犯罪的侦破效率。但在"认罪认罚"和"从宽处罚"的单向度体系中，被调查人没有自我选择和决定是否能够获得从宽处罚的机会，也没有律师或值班律师的有效介入，认罪认罚从宽制度很容易成为监察机关破案的抓手。此时，无辜的被调查人可能为了获得从宽处罚而虚假认罪，调查人员也可能违反法律规定降格处理案件，导致认罪认罚成为暗地"协商"的筹码。

第三节 制度缺陷的表现："三高"和"一高"现象的定性描述和定量分析

被追诉人自愿、合法、真实的认罪认罚是审前程序的繁简分流和庭审程序简化的正当性基础。无论是英美的辩诉交易，还是德国的认罪协商，本质上不可避免地存在一些"引诱""胁迫"的策略和成分，法律规制的重点是将这些风险控制到最低程度，以此来保证有罪答辩的正当性和合法性。在我国职务犯罪中，由于案件本身的侦办难度和调查程序的封闭性，调查人员难

---

[1] 参见秦前红主编：《监察法学教程》，法律出版社2019年版，第327页。
[2] 参见朱孝清："职务犯罪侦查措施研究"，载《中国法学》2006年第1期。

第六章　从二审视角透视职务犯罪案件中认罪认罚从宽制度的缺陷和完善

以把握认罪认罚中"协商"的范围和程度，容易产生胁迫、欺骗、诱供等非法取证问题。调查程序是整个刑事程序的上游，上游程序中的违法行为会对下游程序产生持续影响，具体表现为被调查人可能改变先前供述，申请排除非法证据，并在一审宣判后提起上诉。

在行贿、受贿等对合犯罪案件中，翻供、排非和上诉的可能性都明显高于普通案件，这是认罪认罚从宽的制度缺陷在下游程序引发的"三高"现象。在追诉受贿人的案件中，法庭一般会采纳行贿人的证言，这些证言又将成为追诉行贿罪的重要证据。作为关键证人，行贿人因作证而被追究刑事责任，导致他们在一审中经常翻供并申请排除非法证据，一审定罪以后也经常提起上诉。[1] "三高"现象产生的一个重要原因在于，认罪认罚从宽制度在监察调查过程中出现了问题。英美的辩诉交易是控辩双方就罪名、罪数和量刑等问题展开协商并达成协议，行贿人只有获得免于追诉或从轻量刑的承诺之后，才会作出不利于己的证言，从而在受贿案件中成为污点证人。我国的认罪认罚改革为行贿人提供了协商空间，但调查人员无法对可能判处的刑罚作出明确承诺，更多是将"从宽处罚"作为一种侦查策略，以此达到获取有罪证据、提高破案效率之目的。同时，由于缺乏同步录音录像等保障调查过程透明、合法的机制，导致职务犯罪案件的侦办中普遍存在不受规制的"交易"。一旦行贿人对可能判处的罪名和刑罚存在异议，就会在审判阶段当庭翻供，控诉调查人员以欺骗、引诱等方式迫使其认罪认罚，进而申请排除非法证据并在一审后提起上诉。

监察制度改革尚只有两年有余，对于职务犯罪的被调查人在调查阶段认罪认罚，之后翻供并要求排除非法证据的情形，中国裁判文书网上没有典型案例。而且，即使他们提出调查人员存在违法取证行为并申请排除非法证据，法院一般也会以不属于刑事诉讼的阶段为由而拒绝启动审查程序。所以，我们难以通过定量统计来深入反映上述对合犯罪案件中的"三高"现象。但是，我们通过裁判文书网对特定职务犯罪案件的上诉情形进行统计后发现，认罪

---

[1] 姚舟、沈威："职务犯罪案件询问证人律师在场制度研究——以美国和台湾地区相关制度为借镜"，载《海峡法学》2018 年第 1 期。

认罚从宽的制度缺陷导致下游程序中出现了上诉率升高的"一高"现象。我们选取最主要的两类职务犯罪，贪污贿赂罪和渎职罪，[1] 通过多个层面的对比，发现自监察制度试点改革以来，监察机关处理的案件的上诉率普遍较高，而且，认罪认罚的被调查人比普通案件中认罪认罚的被告人更可能提起上诉。

具体来看，自 2017 年监察制度改革至 2019 年年底，笔者通过一审判决文书和二审判决和裁定文书之间的比率，来估算全部贪渎类案件的上诉率（表 6-1）。[2] 另外，笔者增加搜索关键词"认罪认罚"，来统计同一时期人认罪认罚的贪渎类案件的上诉率（表 6-2）。

表 6-1 2017—2020 年贪渎类案件的上诉率

年 份	一审判决文书（件）		二审裁决文书（件）		上诉率
	贪贿类	渎职类	贪贿类	渎职类	
2020 年	4280	907	1985	707	51.90%
2019 年	7914	1275	3607	907	49.12%
2018 年	13014	2384	5490	1439	45.00%
2017 年（京、晋、浙）	1041	240	533	165	54.49%

表 6-2 2017—2020 年认罪认罚贪渎类案件的上诉率[3]

年 份	一审判决文书（件）		二审裁决文书（件）		上诉率
	贪贿类	渎职类	贪贿类	渎职类	
2020 年	2277	362	477	131	23.04%

---

[1] 自 2006 年至 2017 年，贪渎类案件在全部职务犯罪中所占比例分别是 96.39%、96.35%、97.01%、97.02%、97.34%、97.95%、98.12%、97.89%、97.47%、97.12%、97.02% 和 97.79%。因此，贪渎类案件可以代表全部职务犯罪的总体情形。

[2] 2017 年初，北京、山西和浙江三地率先开展监察制度试点改革，2018 年试点改革推向全国。故 2017 年的数据笔者只收集了北京市、山西省和浙江省的案件。此外，笔者只统计判决和裁定两种文书，而且在统计裁定文书时，排除了裁定撤回起诉、超过追诉时效、被告人死亡、补正原裁决文书中的相关错误等情形。

[3] 2017 年认罪认罚贪渎类案件的样本数过少，不具有统计价值。

第六章　从二审视角透视职务犯罪案件中认罪认罚从宽制度的缺陷和完善

续表

年份	一审判决文书（件）		二审裁决文书（件）		上诉率
	贪贿类	渎职类	贪贿类	渎职类	
2019年	2017	283	196	28	9.74%
2018年	658	58	88	5	12.99%
2017年 （京、晋、浙）	29	1	2	0	/

结合表6-1和表6-2，我们可以从多个角度来观察贪渎类案件的上诉率。第一，与普通案件相比，贪渎案件的被调查人更加不满意监察机关处理的案件。我们以同样的统计方式，得出2017年至2019年全部刑事案件的上诉率分别是11.72%、13.18%和13.14%，这一数据和前些年的上诉率基本一致。但2017年至2019年贪渎类案件的上诉率却高达50%左右（表6-1）。上诉具有纠正错误、救济权利等多项功能，被定罪之人提起上诉就表明他们对一审裁决不服，贪渎类案件的上诉率超出平均值的四倍之多，说明被告人更加质疑监察机关处理的案件的质量。第二，从表6-1和表6-2对比来看，认罪认罚贪渎类案件的上诉率在10%左右，而全部贪渎类案件的上诉率却高达50%左右，这说明认罪认罚从宽制度在实际案件处理中确实发挥了一定的服判息诉、优化资源配置的效果。第三，从2018年和2019年两年数据来看，认罪认罚贪渎类案件的上诉率普遍高于同一时期全部认罪认罚案件上诉率的平均值。最高人民法院在《认罪认罚制度试点工作情况的中期报告》中指出，被告人认罪认罚后的上诉率仅为3.6%，[1]最高人民法院编写的《认罪认罚从宽制度试点总结报告》显示，截至2018年9月，18个试点地区认罪认罚案件的上诉率约为3.35%，[2]故认罪认罚案件的上诉率总体维持在3%至4%，而在2018年、2019年认罪认罚贪渎类案件中则高达12.99%、9.74%。这说明在贪渎类案件中认罪认罚改革的效果不如其他案件，被调查人更可能对审前

---

〔1〕周强："关于在部分地区开展刑事案件认罪认罚从宽制度试点工作情况的中期报告"，载《人民法院报》2017年12月24日，第2版。

〔2〕胡云腾主编：《认罪认罚从宽制度的理解与适用》，人民法院出版社2018版，第274页。

达成的认罪认罚"协议"或一审判决不服。

在"以审判为中心"的改革中,普通程序正向正当化、法治化、复杂化的方向发展,庭审实质化带来的"繁者更繁"必然要求"简者更简"。[1]作为"以审判为中心"改革的必要组成部分,认罪认罚改革之初衷是通过控辩双方对罪名、量刑的"协议"来达到简化程序、从宽处罚之效果,并实现司法资源的优化配置。最高人民法院总结得出的认罪认罚案件的上诉率较低,说明改革初具成效。但在职务犯罪的调查阶段引入认罪认罚从宽制度后,仍有相当一部分被告人对认罪认罚的"协议"和一审判决表示不服。我们梳理上诉理由时,发现大部分被定罪之人在认罪认罚后都以量刑过重为由提起上诉,这表明他们对调查阶段的"协议"提出了或多或少的质疑。需要指出的是,在普通案件中,同样有大量认罪认罚的被告人为了逃避监所服刑而仅以量刑过重为由上诉,但这些案件大都是轻罪案件,而且没有造成全部案件上诉率的明显升高。根据《中国法律年鉴》展开补充统计,可以发现从2015年至2019年全部案件的上诉率一直维持在13%至14%之间。所以,被告人心存侥幸式的上诉不是职务犯罪案件上诉率居高不下的重要理由。

上诉率的升高是下游程序中的一个现象,其问题本质源于达成认罪认罚从宽"协议"的上游程序。绝大多数被定罪之人的上诉都提出量刑过重,表明他们没有获得最初认罪认罚时预想的结果。与普通案件中"认罪认罚"和"从宽处罚"之间双向度构造相比,职务犯罪案件中单向度的构造表明被调查人不具有完整的选择权和决定权,在达成"协议"过程中处于不平等的地位,这就更加容易刺激他们在一审宣判后向二审法院寻求救济。而且,由于律师和检察机关无法介入监察调查阶段,在达成认罪认罚从宽"协议"的关键阶段,被调查人处于身陷囹圄、孤立无援的状态,面对占据资讯和实力绝对优势地位的调查人员,所作的认罪认罚自愿性、合法性和真实性难以得到有效保障。虽然检察机关和法院应再次审查认罪认罚具结书,但在职务犯罪案件的上诉中,我们极少发现上诉针对的是检察机关的量刑建议或法院的一审程

---

[1] 熊秋红:"刑事速裁程序立法兼顾现实性与正当性",载《检察日报》2018年11月9日,第3版。

序。质言之，上诉指向的大都是监察调查阶段。因此，在很大程度上，调查阶段中认罪认罚从宽的制度缺陷给下游程序中的"三高"或"一高"现象埋下祸端。

第四节 制度完善的初步思路

认罪认罚从宽制度贯穿于刑事诉讼的整个过程，其在职务犯罪案件调查阶段的依法适用不仅能在调查阶段发挥提高效率、保障权利的作用，也有助于保障下游程序中案件处理的质量，最终实现维护司法公正、优化司法资源配置的目标。然而，在全面推进依法治国的改革语境中，我们不能为了反腐而不择手段、不问是非、不计代价，而要遵循法治原则和人权保障的底线要求。[1]因此，有必要从四个方面在监察调查阶段对认罪认罚从宽制度进行完善。

一、调查人员的告知义务

职务犯罪的被调查人往往处于人身自由被限制或剥夺的状态，在目前"认罪认罚"和"从宽处罚"单向度的制度设计中，他们处于信息资讯的劣势。为确保他们权利处分的明知、自愿以及决策的理性化，必须充分满足他们的知情权，让其尽可能获知与自己利益相关的各种信息。鉴于公权力主体与被调查人之间存在较大的实力差距与资讯落差，保障被调查人知情权的基本策略是课以公权力主体相应的告知义务。[2]在认罪认罚案件的处理机制中，英美和德国均以保障认罪认罚的自愿性为前提，赋予被追诉人享有沉默权和获得律师帮助的权利，同时要求司法机关承担相应的告知义务。[3]德国更是特别要求在进入协商程序时，应当告知当事人，任何时候都可以提起上诉，同时，任何声明放弃（法律救济）的行为都是无效的。[4]我国《刑事诉讼

---

〔1〕 熊秋红："监察体制改革中职务犯罪侦查权比较研究"，载《环球法律评论》2017年第2期。

〔2〕 参见郭松："被追诉人的权利处分：基础规范与制度构建"，载《法学研究》2019年第1期。

〔3〕 参见熊秋红："比较法视野下的认罪认罚从宽制度——兼论刑事诉讼'第四范式'"，载《比较法研究》2019年第5期。

〔4〕 黄河："德国刑事诉讼中协商制度浅析"，载《环球法律评论》2010年第1期。

法》要求侦查人员在讯问嫌疑人时应告知诉讼权利，检察机关在审查起诉环节应再次告知权利并听取其辩护人或值班律师的意见，确保嫌疑人知悉认罪认罚的性质和后果。在法庭审理阶段，为了保障"底线正义"并坚持"法官保留原则"，法庭又将进行第三次权利告知并对认罪认罚的自愿性、真实性和合法性进行司法审查。可见，在普通案件中，《刑事诉讼法》以公检法的三重告知义务来确保被追诉人在明知、明智的状态下对实体和程序权利作出处分。这有助于防止办案机关过分追求诉讼效率而造成错误的事实认定或司法不公，同时为程序简化提供正当性基础。[1]在职务犯罪中，鉴于调查程序的封闭性和侦破案件的急迫性，被调查人的主体地位和诉讼权利更易受到侵犯，此时，若要以认罪认罚来鼓励如实供述并配合调查工作，则首先要对调查人员课以告知义务，告知被调查人员《监察法》第31条的规定，特别可以获得从宽处罚的四种情形，以此帮助他们正确认识和评估自己的行为，并对是否可以获得从宽处罚有一定的预期。在强化告知义务的同时，也要改变"认罪认罚"和"从宽处罚"之间的单向度设计，参照2018年《刑事诉讼法》第201条要求检察机关在审查起诉时"一般应当"采纳监察机关提出的从宽处罚的建议。"认罪认罚"和"从宽处罚"的双向度规定能够强化被调查人的主体地位，确保他们对自身权利的合理处分具有积极性和明智性，也能规范监察机关在封闭调查环境中的权力运作，实现有效反腐和保障权利的双重目标。

二、律师或值班律师的有效帮助

现代辩护制度的一个重要发展趋势是辩护工作的重心从审判阶段移向审前阶段，通过律师在上游程序及时向被追诉人提供法律帮助，达到保障权利、维护程序公正之目的，并防止上游程序中的违法情形对下游程序持续地造成不利影响。例如，在英国，如果被告人因受到压力和威胁作出有罪答辩，就剥夺了其自由选择权，应被视为自始没有任何答辩，所有后续的程序都是无效的。[2]在我国推进"以审判为中心"和认罪认罚从宽制度的改革中，审前

---

〔1〕 参见左卫民："认罪认罚何以从宽：误区与正解——反思效率优先的改革主张"，载《法学研究》2017年第3期。

〔2〕 Paul Taylor, *Taylor On Criminal Appeals*, 2nd ed., Oxford: Oxford University Press, 2012, p. 258.

第六章　从二审视角透视职务犯罪案件中认罪认罚从宽制度的缺陷和完善

和一审程序日益呈现出多元化、精细化的发展趋势，案件的严重程度和被追诉人是否认罪成为程序适用的两条重要线索。[1]在繁简分流的程序改革中，被追诉人的程序选择权的重要性日益突出。律师或值班律师尽早介入资讯不平等的侦查或调查阶段，有助于确保被追诉人在明知、明智的状态下行使程序选择权并签署认罪认罚具结书，从而为后续程序的顺利进行奠定基础。此外，从整个诉讼程序来看，一旦被追诉人选择认罪认罚，那么在后续程序中就丧失了无罪辩护的机会，程序从简会压缩辩护的空间。所以，律师的有效帮助被视为是保障认罪认罚自愿性和合法性的一个重要机制。[2]相应地，在职务犯罪案件调查之初，应当允许律师或值班律师介入并提供必要的法律帮助，减少监察调查活动中的违法行为，确保认罪认罚系被调查人真实意愿的产物，并保障案件在下游程序中得到公正的处理。

当然，鉴于职务犯罪的特殊性，我们可以对律师或值班律师介入案件的范围和方式作出一些特殊规定。第一，因职务犯罪的不同类型而作进一步区分。在监察试点改革前，《刑事诉讼法》对律师介入职务犯罪作了一定限制，例如，律师会见危害国家安全犯罪、恐怖活动犯罪、特别重大贿赂犯罪案件的嫌疑人，需经侦查机关许可。"两高三部"《关于适用认罪认罚从宽制度的指导意见》第12条也规定，值班律师在侦查期间会见危害国家安全、恐怖活动等案件的嫌疑人时，应经侦查机关许可。这些限制性规定可以引入监察调查，并作出区分规定。对于普通职务犯罪，应允许律师或值班律师介入并按照2018年《刑事诉讼法》第36条第1款的规定提供法律咨询、程序选择建议、申请变更强制措施等法律帮助。对于特别重大贿赂犯罪案件，可以规定会见必须经调查机关批准；对于涉及危害国家安全、恐怖活动等性质极为特殊的职务犯罪或共同犯罪案件，可通过明确列举式的规定，禁止律师介入调查阶段。第二，因留置场所的不同而区分规定律师介入的时间和方式。目前留置点采双轨制，包括看守所内划分出的特定区域和看守所外的专门留置点。

---

[1] 参见魏晓娜："完善认罪认罚从宽制度：中国语境下的关键词展开"，载《法学研究》2016年第4期。

[2] 参见陈瑞华："'认罪认罚从宽'改革的理论反思——基于刑事速裁程序运行经验的考察"，载《当代法学》2016年第4期。

看守所内的留置可以和值班律师制度衔接起来，被调查人在第一次被采取留置措施之日起，调查人员应履行告知义务，特别是告知可以获得值班律师的帮助。对于留置点在看守所以外的，调查人员也应告知认罪认罚的相关规定，但为兼顾反腐需求，现阶段可先由各级监察机关设立的法律顾问或公职律师为被调查人提供法律咨询、代理申诉等法律帮助，在未来时机成熟时，再考虑被调查人聘请律师权的实现。[1]这种渐进式的改革可以减少阻力，为在职务犯罪中探索完善认罪认罚从宽制度提供空间。

三、内外双重监督机制

《监察法》第6条明确要求"有效制约和监督权力"，中央也意识到了监督监督者的必要性。[2]本书提出从内外双重视角来强化职务犯罪案件调查阶段的监督机制。一是内部监督。《监察法》第55条要求通过设立内部专门的监督机构等方式，加强对监察人员执行职务和遵守法律情况的监督。这种内部控权模式又可进一步分为横向和纵向两种思路。在横向方面，可以参照检察机关内部侦查和监督的职责划分，规定监察机关的调查权和监督权由不同部门行使。目前，职务犯罪的调查工作由监察机关的调查部门承担，案件在调查结束后会转呈审理部门进行审核把关，审理部门认为证据合法、事实清楚且定性准确的，才能移送检察机关审查起诉。[3]然而，办案职能部门的配合流畅，监督的意识和效果却值得商榷。因此，我们可以在监察机构内部设置相对独立的党纪政纪调查部门与刑事调查部门，前者受《监察法》的约束，后者应与其他侦查机关一样，受到《刑事诉讼法》的约束，并达到刑事侦查所要求的程序保障水平。[4]在纵向方面，除采取留置措施、认罪认罚的确认需经上一级监察机关批准外，达成认罪认罚的过程、内容和相关调查人员都

---

〔1〕 陈卫东："职务犯罪监察调查程序若干问题研究"，载《政治与法律》2018年第1期。

〔2〕 王锴、王心阳："如何监督监督者——兼谈对监察委员会的诉讼监督问题"，载《浙江社会科学》2017年第8期。

〔3〕 参见李小勇："监察机关调查权内外制约机制研究"，载《四川师范大学学报（社会科学版）》2019年第6期。

〔4〕 陈瑞华："论监察委员会的调查权"，载《中国人民大学学报》2018年第4期。

第六章 从二审视角透视职务犯罪案件中认罪认罚从宽制度的缺陷和完善

要向上一级汇报,以此保障被调查人的合法权利并确保其认罪认罚的自愿性以及供述的合法性和真实性。

二是外部监督。德国联邦宪法法院要求检察机关发挥关键作用,监督协商程序的合法性,检察机关不仅有责任否定违法的控辩协商,更有义务通过上诉来质疑建立在协商基础上的一审判决。[1]在我国普通案件中,检察机关在适用认罪认罚从宽制度中处于主导地位,通过审查认罪认罚具结书来对侦查阶段进行有效监督。《监察法》第4条第2款要求监察机关办理职务违法和职务犯罪案件时,应当与审判机关、检察机关、执法部门互相配合,互相制约。检察机关在审查起诉中对监察机关调查活动合法性的司法审查是实施法律监督的重要方式。[2]《监察法》第47条第3款规定:"人民检察院经审查,认为需要补充核实的,应当退回监察机关补充调查,必要时可以自行补充侦查。"检察机关对职务犯罪中的认罪认罚具结书进行审查后,认为认罪认罚自愿性或调查活动合法性存在疑问的,应当退回监察机关补充核实,确保认罪认罚依法适用,并对监察机关的调查活动进行事后监督。此外,对于看守所内的留置措施,被调查人除可以获得值班律师帮助外,还可以向检察机关提出申诉和控告,检察机关应及时审查并作出相应处理。需要指出的是,德国的认罪协商程序不仅要求记录协商的结果,还要记录协商的整个过程,如果违反记录和过程透明的要求,就构成了上诉理由。[3]我国《监察法》对被调查人认罪认罚情况的文本记载未作专门规定,实务中监察机关很少将被调查人的认罪认罚情况进行专门的文书记录并移交检察机关。为充分保障被调查人权利,并防止他们在后续程序中无端翻供,我们应要求调查机关对调查讯问的过程予以记录,检察机关在审查起诉阶段应对笔录进行实质性审查,审查内容包括认罪认罚的自愿性、是否履行告知义务、认罪的事实基础、协商的内容和从宽处罚的幅度等。事先记录和事后审查的结合能够让检察机关最

---

[1] Jacqueline Ross & Stephen Thaman, *Comparative Criminal Procedure*, Northampton: Edward Elgar Publishing, 2016, p. 234.

[2] 参见秦前红主编:《监察法学教程》,法律出版社2019年版,第400页。

[3] Andreas Mosbacher, "The Decision of the Federal Constitutional Court of 19 March 2013 on Plea Agreements", *German Law Journal*, Vol. 15, 2014, p. 12.

大限度地发挥法律监督的职责。

四、其他配套制度

制度完善是一个牵一发而动全身的工程，除以上三项主要思路外，还可同时引入其他配套措施，形成制度间的协力，使得认罪认罚从宽制度在监察调查和刑事程序中的衔接更加顺畅。第一，以非法证据排除规则来指引、规范调查机关的取证行为。《中国共产党纪律检查机关监督执纪工作规则》第43条和《监察法》第40条都明令禁止刑讯逼供等非法取证方法，但辩护方在审查起诉或审判阶段提请排除调查阶段所获之非法证据时，并无明确依据，实务中法院也一般对此问题予以回避。鉴于监察调查具有启动刑事追诉的效果，且《监察法》第33条第2款已经要求监察机关在收集、固定、审查、运用证据时，应当与刑事审判关于证据的要求和标准相一致，故应要求监察机关参照《刑事诉讼法》中非法证据排除规则的规定，以此规范自身调查行为，优化监察调查的程序环境，并为监察证据和刑事证据的衔接提供正当性。[1] 检察机关在审查起诉阶段发现存在刑讯逼供等非法取证行为的，应当按照《刑事诉讼法》等相关规定处理。

第二，明确全程录音录像的要求。中国共产党纪律检查机关监督执纪工作规则第48条第2款和《监察法》第41条第2款均要求全程录音录像，这能够规范调查活动，减少调查人员不当使用调查措施的可能性。但目前这项要求仅限于"严重违纪或违法、犯罪活动"，或者只针对调查中"重要的取证工作"，对案件严重性或取证重要性的判断使得全程录音录像制度的涵盖范围有限。故有必要删除范围限制，要求所有职务犯罪的调查中一律全程录音录像，不得剪辑、剪录，破坏录音录像的完整性和真实性。[2] 全程录音录像的要求可与非法证据排除规则衔接起来，参照《人民法院办理刑事案件排除非法证据规程（试行）》第26条的规定，未依法对讯问进行全程录音录像取得的供述，或讯问录音录像存在选择性录制、剪接、删改等情形的，应排除相

---

[1] 参见冯俊伟："《监察法》实施中的证据衔接问题"，载《行政法学研究》2019年第6期。

[2] 参见董坤："侦查讯问录音录像制度的功能定位及发展路径"，载《法学研究》2015年第6期。

关证据。这一要求可以倒逼调查人员检视自己的行为，而且，检察机关在辩护方申请排除证据时，也能以录音录像来证明调查活动的合法性。

第三，保障被追诉人撤回认罪认罚的权利。在监察机关调查完毕并将案件移送审查起诉后，检察机关和法院都应履行告知义务，特别要告知被追诉人有权撤回认罪认罚，以防止先前违法行为持续影响认罪认罚的自愿性，从而造成司法不公并影响全案的事实认定。一旦被调查人选择撤回认罪认罚，法检机关需向其说明撤回的效果，包括可以被采取羁押措施、不再享受量刑优惠等。撤回认罪认罚后，检察机关应进行补充收集证据和其他调查工作，以确保案件达到证据确实、充分的起诉标准。需要指出的是，被调查人撤回认罪认罚的时限应限定于一审判决之前。[1]宣判之后，为避免被告人利用上诉不加刑原则来逃避监所服刑，应引入上诉理由审核制，只有符合法定情形的，才能启动二审程序，[2]以此确保认罪认罚从宽制度的效率价值，并促进司法资源的合理配置。

第四，法院有权撤销认罪认罚，并及时变更程序。在美国有罪答辩的听证程序中，被告人经常是按照律师起草的样本，向法官作出简短的事实陈述。[3]认罪答辩的事实基础审查很薄弱，法官不会进行有效的审查，而是仅仅简单地询问控辩双方是否存在答辩的基础事实，法院听证程序的作用微小。[4]有鉴于此，美国特别强调上诉法院的审查监督职责。我国一审法院发现存在认罪认罚不自愿、不合法、不真实或者2018年《刑事诉讼法》第201条的情形时，有权撤销认罪认罚，认定"协议"自始无效，并将案件转换成普通或简易程序进行重新审理。二审法院启动审查程序后，应再次着重审查认罪认罚从宽"协议"以及一审程序的合法性，若存在剥夺或限制当事人法定诉讼权

---

[1] 胡云腾主编：《认罪认罚从宽制度的理解与适用》，人民法院出版社2018版，第47、97页。

[2] 参见牟绿叶："认罪认罚案件的二审程序——从上诉许可制展开的分析"，载《中国刑事法杂志》2019年第3期。

[3] Stephanos Bibas & Richard Bierschbach, "Integrating Remorse and Apology into Criminal Procedure", *The Yale Law Journal*, Vol. 114, 2004, p. 140.

[4] Christopher Slobogin, "Plea Bargaining and the Substantive and Procedural Goals of Criminal Justice: From Retribution and Adversarialism to Preventive Justice and Hybrid-Inquisitorialism", *William & Mary Law Review*, Vol. 57, 2016, pp. 1518-1519.

利等 2018 年《刑事诉讼法》第 238 条规定情形的，应当撤销原判，发回重审，以此发挥上诉审之监督和救济功能。

总之，在监察调查阶段引入认罪认罚从宽制度，既能鼓励被调查人积极配合调查工作，争取宽大处理，也有助于监察机关顺利查清案件，提高反腐工作的效率，实现公正与效率的统一。鉴于调查阶段的封闭性以及公权力主体和被调查人之间的资讯不对等地位，我们应在调查人员的告知义务、律师的有效帮助和检察机关的法律监督等方面，保障认罪认罚的自愿性、合法性和真实性，特别要重视二审上诉对于第一审程序和审判前程序的监督和制约功能，确保监察调查活动不致完全脱离诉讼轨道。认罪认罚从宽制度在调查阶段的依法适用不仅能提高反腐工作的效率，更能确保供述的真实性和全案事实认定的准确性，从而促进追诉犯罪、保障权利、高效反腐、维护法治等多重目标的实现。

第七章
禁止不利益变更原则及其中国化

第一节 研究禁止不利益变更原则的必要性

我国 1979 年《刑事诉讼法》确立了上诉不加刑原则:"第二审人民法院审判被告人或者他的法定代理人、辩护人、近亲属上诉的案件,不得加重被告人的刑罚。"为保证被告人依法行使上诉权,避免利用发回重审而变相加重刑罚,2012 年《刑事诉讼法》补充规定:"除有新的犯罪事实,人民检察院补充起诉的以外,原审人民法院也不得加重被告人的刑罚。"然而,四十余年来,该原则的适用范围和判断标准仍有解释和适用的模糊地带,2019 年余金平案引发了学界对此原则的争议和探讨。

被告人余金平涉嫌交通肇事罪,检察机关在被告人自愿认罪认罚的基础上,提出判处有期徒刑三年、缓刑四年(判三缓四)的量刑建议。一审法院经审理认定被告人属于交通肇事后逃逸,主观恶性较大,因此不予采纳量刑建议,判处有期徒刑二年。检察机关遂以原判量刑错误为由抗诉,被告方同时上诉,请求改判缓刑。二审法院不但未采纳量刑建议,还否定了一审判决对自首的认定,最终判处有期徒刑三年六个月。[1]2018 年《刑事诉讼法》第 237 条第 2 款规定,检察机关提起抗诉的,不受上诉不加刑原则的限制。本案的特殊情形在于,检察机关是为被告人利益而抗诉。对此,形成了针锋相对的观点:一方认为二审法院加重刑罚于法有据,另一方认为二审法院利用规范缺口加重处罚,有悖法理。早在 2012 年修正《刑事诉讼法》时,陈光中教

---

[1] 参见余金平交通肇事案二审刑事判决书,(2019)京 01 刑终 628 号。

授等人已经提出引入"禁止不利被告变更原则"。[1]余金平案两年之后，2021年《最高人民法院关于适用〈中华人民共和国刑事诉讼法〉的解释》（以下简称《最高法解释》[2]）第401条将"不得加重被告人的刑罚"改为"不得对被告人的刑罚作出实质不利的改判"，这体现出禁止不利益变更原则的要求，但"实质不利"的判断标准有待进一步厘清。

"禁止不利益变更原则"是指仅为被告人的利益上诉，上诉法院不得对原审判决作出不利于被告人的变更。与上诉不加刑原则一样，该原则适用的关键是对"刑"或"不利益"的判断。我国立法机关释义指出，"不得加重被告人的刑罚"中的"刑罚"是指刑法中的主刑和附加刑。[3]缓刑作为一种刑罚执行方式，不包括在内。据此，有观点在评论余金平案时指出，缓刑是刑罚执行方式，是附条件地不执行原判刑罚，它是依附于三年以下有期徒刑的，其本身不具有独立性，因此不能作为实体上判断刑罚轻重的标准。然而，《最高法解释》第401条已经把缓刑和禁止令、死缓限制减刑等情形都纳入上诉不加刑原则的规制范围，这些都不属于主刑或附加刑。如何跳出对上诉不加刑之"刑"的狭义理解，消除立法机关释义和司法解释之间的矛盾，并为实务操作提供明确的指引，就有必要引入禁止不利益变更原则并对"不利益"的判断设定适当的标准。

禁止不利益变更原则是一个横跨实体法和程序法的基本问题，对于"不利益"的判断必须考虑到近年来刑法的修订和犯罪法律后果多元化的趋势。随着社会的不断进步，犯罪的法律后果由单一化向多元化发展，刑事制裁的概念不再等同于刑罚概念。[4]例如，《刑法修正案（八）》新增禁止令制度："对判处管制或者宣告缓刑的犯罪分子，根据犯罪情况，禁止在管制执行期间或者缓刑考验期限内从事特定活动，进入特定区域、场所，接触特定的

---

[1] 陈光中、曾新华："刑事诉讼法再修改视野下的二审程序改革"，载《中国法学》2011年第5期。

[2] 如无特殊指明，《最高法解释》皆指最高人民法院在2021年修订颁布的《关于适用〈中华人民共和国刑事诉讼法〉的解释》。

[3] 全国人大常委会法制工作委员会刑法室编：《关于修改中华人民共和国刑事诉讼法的决定：条文说明、立法理由及相关规定》，北京大学出版社2012年版，第263页。

[4] 参见张明楷：《刑法学》（上），法律出版社2016年版，第635页。

人。"从法律上说，禁止令本身不是一项刑罚制度，而是类似于一种保安处分措施。[1]《刑法修正案（九）》新增第 37 条之一从业禁止："因利用职业便利实施犯罪，或者实施违背职业要求的特定义务的犯罪被判处刑罚的，人民法院可以根据犯罪情况和预防再犯罪的需要，禁止其自刑罚执行完毕之日或者假释之日起从事相关职业。"在刑法修订的背景下，我国现行刑法中存在诸多保安处分规范，和刑罚一并构成了"隐性双轨制"模式，未来立法可能将之调整为"显性双轨制"模式，并将其他限制使用对象权益的法律措施（如职业禁止、禁止驾驶等）一并规定在刑法中。[2]随着刑罚一元化向刑罚和保安处分二元化的转变，我国有必要确立内涵更丰富的禁止不利益变更原则，在程序立法层面跟进实体法领域中的变革。

研究禁止不利益变更原则还有助于继续探索刑法和刑事诉讼法的交错适用。《最高法解释》确立的"实质不利"标准本质上属于一般性条款，仍然比较抽象，无法解决实务中的所有问题。例如，2012 年《刑事诉讼法》新增"依法不负刑事责任的精神病人的强制医疗程序"，实现了和《刑法》第 18 条关于精神病人刑事责任能力规定的对接。若二审法院发现被告人符合强制医疗条件并依法决定对其强制医疗的，是否构成"实质不利"的改判？又如，针对未达刑事责任年龄的未成年人犯罪，若进一步改造目前的收容教养程序，或引入其他具有保安处分性质的措施，上诉审亦会涉及"实质不利"的判断问题。此外，2018 年《刑事诉讼法》第 201 条要求法院一般应当采纳检察机关的量刑建议，余金平案集中体现了检法之间量刑权限的争议。[3]禁止不利益变更原则关注的是一审法院的量刑裁判和二审法院的上诉审查之间的关系，在认罪认罚案件中，控辩双方经常仅提起量刑上诉或抗诉，二审法院对量刑问题的审查和处理为禁止不利益变更原则的实际运用提供了观察和分析的样本。

为拓展对上诉不加刑原则的狭义理解，本章着眼于当前问题、实务经验

---

[1] 陈兴良："刑法的刑事政策化及其限度"，载《华东政法大学学报》2013 年第 4 期。

[2] 参见时延安："隐性双轨制：刑法中保安处分的教义学阐释"，载《法学研究》2013 年第 3 期。

[3] 参见龙宗智："余金平交通肇事案法理重述"，载《中国法律评论》2020 年第 3 期。

以及刑法和刑事诉讼法的发展趋势,首先分析上诉不加刑原则在理论和实务中存在的问题,其次论证确立禁止不利益变更原则的必要性,再次明晰"不利益"的判断标准和典型情形,最后以研究该原则为契机,探索刑法和刑事诉讼法的交错互动以及刑事上诉制度的体系性完善。

第二节 上诉不加刑原则在理论和实务层面的问题

一、上诉不加刑原则的理论误读

我国1979年确立上诉不加刑原则时指出,它可以使被告人消除思想顾虑,大胆申述上诉理由,防止他们害怕上诉后被加刑而不敢行使上诉的权利。[1]基于一般理性人的立场,若行使上诉权会使自己陷入更不利的地位,则会在决定上诉时犹豫不决,限制加刑有助于降低被告人疑虑,保障其决定行使上诉权的意志自由。质言之,保障被告人的意志自由是禁止上诉加刑的重要理论依据。

有观点将"正当程序论"或"控审分离论"作为禁止上诉加刑的理论依据,影响颇大,有必要加以分析和澄清。我国学者将正当程序作为上诉不加刑的一个重要理论依据,[2]有观点在评论余金平案时指出,检察机关作出支持被告人的抗诉,二审法院加重刑罚,损害程序正当性。[3]然而,禁止上诉加刑是否是正当法律程序的必然要求,不无疑义。

第一,上诉制度不一定具有宪法地位。在我国和绝大多数国家及地区立法例中,上诉权和审级制度不是一项宪法要求。究其原因,"诉讼上的受益权,不能无限上纲要求国家永无止境的积极给付"。[4]连上诉制度都未必是宪法和正当程序的必然要求,更遑论作为上诉制度一部分的上诉不加刑或禁止

---

[1] 参见徐益初:"论上诉不加刑原则",载《法学研究》1985年第4期。
[2] 参见陈林林:"论上诉不加刑",载《法学研究》1998年第4期;王兆鹏、蔡羽玄:《上诉及救济程序》,元照出版有限公司2013年版,第146-148页。
[3] 龙宗智:"余金平交通肇事案法理重述",载《中国法律评论》2020年第3期。
[4] 陈运财:"不对称上诉制度之初探",载《检察新论》2011年(总)第9期。

不利益变更原则。第二，恪守正当程序的域外立法例未必禁止上诉加刑。英国治安法院一审宣判轻罪案件后，被告人有权就定罪或量刑问题向皇室法院提起权利型上诉，不受任何限制，但刑事法院不受禁止不利益变更之拘束，改判时可以加重刑罚。[1]欧洲人权法院在马加里安诉瑞士案（Magharian v. Switzerland）中指出禁止不利益变更不属于《欧洲人权公约》的保障范围。[2]在保障上诉权的前提下，缔约国有权根据各自传统、国情和政策来建构各自的上诉制度，[3]即可以自行决定是否允许上诉加刑。第三，"正当程序论"之致命伤在于学者对美国判例的扩张解读。该观点依据的是皮尔斯案确立的禁止恶意量刑规则（rule against vindictive sentencing）。[4]皮尔斯案禁止的是恶意加刑，即法院不能仅因被告人上诉这一事实，而在重审时加重刑罚。然而，皮尔斯案没有一律禁止加刑，若有可以确证的客观信息，指明被告人在原审量刑后有新的行为，法院就有理由推翻"恶意"的推定，从而在重审后加刑。[5]而且，皮尔斯案涉及的是发回重审后的量刑问题，其准确表述是，发回重审后不能恶意加刑，而不是仅有被告方上诉，法院能否加刑的问题。

与禁止上诉加刑更接近的是格林洛案（Greenlaw v. United States）。联邦地区法院针对被告人的一项指控A判处其10年监禁，而依据制定法指控A应判处25年以上监禁。检察官在初审中提出反对，但并未就判决上诉。被告人提起量刑上诉，第八巡回法院认为初审判决存在"明显错误"，并将指控A的量刑增加至15年。金斯伯格大法官代表最高法院撰写判决指出，民事和刑事诉讼都遵循当事人进行主义，由两造确定争议焦点，法院之职责在于居中裁断。如果控方没有单独上诉或提出交叉上诉，上诉法院无权主动加重刑罚。[6]被

---

〔1〕 Paul Taylor, *Taylor On Criminal Appeals*, 2nd ed., Oxford: Oxford University Press, 2012, p. 30.

〔2〕 Stefan Trechsel, *Human Rights in Criminal Proceedings*, Oxford: Oxford University Press, 2005, p. 362, footnote 7.

〔3〕 See William Schabas, *The European Convention on Human Rights: A Commentary*, Oxford: Oxford University Press, 2015, p. 1136.

〔4〕 North Carolina *v.* Pearce, 395 U. S. 711 (1969), pp. 724-725. Pearce案确立的标准在1986年McCullough案中得到修正，法院不仅可以根据初次量刑后出现的"客观信息"加重刑罚，而且可以根据任何"客观信息"加重刑罚。

〔5〕 North Carolina *v.* Pearce, 395 U. S. 711 (1969), p. 726.

〔6〕 Greenlaw v. United States, 554 U. S. 237 (2008), pp. 244-246.

告人上诉而控方未提出交叉上诉时，法院主动加重刑罚，将会削弱国会对于检察机关的信任。可见，格林洛案的判决依据不是正当法律程序，而是交叉上诉规则和权力分立原则。至此，所谓的禁止上诉加刑是正当法律程序的要求，值得反思。

另有"控审分离论"指出，上诉不加刑原则是制约上诉审判活动的必然要求，[1]也有观点在分析余金平案时指出，现代刑事诉讼以控审分离为基础，控诉方支持被告人，要求从轻处罚，而法院从重判处，势必形成法院既为裁判机关，又为控诉者的"自诉自审"现象，有违一般程序公正法理。[2]本书认为，控审分离不是禁止上诉加刑的理论依据。

根据控审分离和不告不理的要求，法院审判的对象以检察官起诉的被告人及犯罪事实为限，判定具体的罪名和裁量刑罚皆属法律评价的范畴，不受起诉的限制。例如，德国起诉书中提出的对行为的法律适用对法院没有约束力；[3]日本法院就认定的事实，有权力和职责来正确适用法律。[4]我国《最高法解释》第295条第1款第2项规定，起诉指控的事实清楚，证据确实、充分，但指控的罪名不当的，法院应依据法律和审理认定的事实作出有罪判决。可见，我国刑事审判中的审判对象是"公诉事实"，控方对指控事实之法律评价并无制约审判之效力。[5]

在余金平案的一审中，检、法对量刑的法律评价存在争议，检察机关建议判处缓刑，法院经审理后改判有期徒刑，此时，没人会指责一审法院违反控审分离原则。然而，二审法院听取控辩双方的意见后，依职权对量刑作出独立的法律评价，为何又违反控审分离原则？倘仅有被告方上诉的，没有"控诉"，又何来控审分离之说？而且，若二审法院遵循上诉不加刑原则，降

---

[1] 顾永忠：《刑事上诉程序研究》，中国人民公安大学出版社2003年版，第85页。

[2] 龙宗智："余金平交通肇事案法理重述"，载《中国法律评论》2020年第3期。

[3] [德]托马斯·魏根特：《德国刑事诉讼程序》，岳礼玲、温小洁译，中国政法大学出版社2004年版，第130页。

[4] 参见[日]松尾浩也：《日本刑事诉讼法》（上卷），张凌译，中国人民大学出版社2005年版，第335页。

[5] 孙远："'分工负责、互相配合、互相制约'原则之教义学原理——以审判中心主义为视角"，载《中外法学》2017年第1期。

低了原判刑罚，更改了犯罪行为之法律评价，是否违反了控审分离原则？显然不是。要言之，在"公诉事实"同一性的前提下，法院依职权改变对事实的法律评价，不违反控审分离原则。

我们还可以从全面审查原则来反思"控审分离论"。在诸如余金平案等被告人认罪认罚的案件中，被告方对定罪一般不持异议，只提起量刑上诉，二审法院仍遵循全面审查原则，对原判的事实认定和法律适用一并予以审查。既然只针对量刑问题上诉，二审法院为何能迳行审查定罪问题？此外，英国刑事法院审查轻罪案件之上诉后可以加重刑罚，这是否意味着英国刑事程序不采控审分离原则？显然不是。所以，"控审分离论"不是禁止上诉加刑的理论依据，余金平案中二审法院"自诉自审"的问题有更合适的理论和制度加以解释和规制，即一部上诉制度，下文第五部分予以详述。

作为"控审分离论"的一个分支，学者还提出"控辩平衡论"。控辩双方处于天然的不平等状况，上诉不加刑可以保障被告人行使上诉权，强化其诉讼地位并推进控辩平衡。〔1〕应当说，鉴于检察机关的资讯优势地位，程序的整体设计应贯彻控辩平衡原则，但就上诉制度而言，必须谨慎对待"控辩平衡说"。英美法系国家受禁止双重危险原则的限制，赋予控辩双方的是不对称的上诉权（asymmetric right to appeal）。〔2〕被告方一般有权就定罪或量刑问题上诉，而控方上诉受到更多限制，尤其是对无罪判决上诉。〔3〕不对称的上诉权体现出一种价值判决，即"错误定罪比错误放纵更严重，通过上诉来救济错误定罪的必要性更加突出"。〔4〕可见，即使强调平等武装和控辩平衡，英美法系上诉制度也明显体现出向被告方的倾斜，这是立法者特意为之的"不平衡"。在此格局下，英国刑事法院可以加重原判刑罚，美国法院也可依据新

---

〔1〕 陈林林："论上诉不加刑"，载《法学研究》1998年第4期；顾永忠：《刑事上诉程序研究》，中国人民公安大学出版社2003年版，第84—85页。

〔2〕 See Kate Stith, "Risk of Legal Error in Criminal Cases: Some Consequences of the Asymmetry in the Right to Appeal", *The University of Chicago Law Review*, Vol. 57, 1990, p. 35.

〔3〕 Rosemary Pattenden, "Prosecution Appeals against Judges' Rulings", *Criminal Law Review*, No. 12, 2000, p. 972.

〔4〕 Liz Campbell, Andrew Ashworth & Mike Redmayne, *The Criminal Process*, 5th ed., Oxford: Oxford University Press, 2019, p. 415.

的客观信息加刑,并非一律禁止上诉加刑。

大陆法系和我国确立的是对称的上诉权,控辩双方都有权就定罪或量刑问题上诉(或抗诉),同时贯彻禁止不利益变更(或上诉不加刑)原则。表面对称的上诉结构可细分为三种情形:一是被告人为自己的利益或检察官为被告人的利益上诉(或抗诉);二是检察官为被告人的不利益抗诉;三是被告人为自己利益上诉,检察官同时为被告人的不利益抗诉。整体观之,只有第一种情形禁止对被告人上诉加刑,但此时没有检察官"控诉",何以称为"控辩平衡"?第二、三种情形中,只要检察官抗诉,即产生阻却禁止上诉加刑的效力,体现出立法对检察官及其代表的公共利益的优先考量。因此,无论是不对称的上诉权或对称的上诉权,"控辩平衡论"都难以为禁止上诉加刑提供令人信服的解释。

二、上诉不加刑原则在司法实务中的问题

自1979年以降,我国历次修订司法解释都对上诉不加刑原则予以调整和补充,但它在实务中仍面临若干问题。

第一,规范建构仍有缺口,检察机关为被告人利益抗诉,被告人反而会被加重刑罚。作为法律监督机关,检察机关认为一审判决确有错误时,应依法提出抗诉,司法实务中一直存在检察机关为被告人利益而抗诉的情形,典型情形是检察机关认为一审判决量刑过重而抗诉。[1]余金平案与此类似,检察机关的抗诉意见指出,一审法院不采纳量刑建议的理由不成立,被告人符合缓刑适用条件,不应被判处有期徒刑二年。质言之,本案检察机关在为被告人利益抗诉,"抗诉和上诉,具有同质性"。[2]但二审法院不仅未采纳抗诉意见,反而加重原判刑罚,改判有期徒刑三年六个月。上诉不加刑原则是为了保障被告人依法有效行使上诉权,维护其合法权益。[3]若为被告人的利益

---

〔1〕参见余东明、曹庆娟:"检方抗诉并非'只抗轻不抗重':金华检察院首次支持被告人上诉并获减刑",载《法制日报》2008年4月29日,第5版。

〔2〕龙宗智:"余金平交通肇事案法理重述",载《中国法律评论》2020年第3期。

〔3〕江必新主编:《最高人民法院刑事诉讼法司法解释理解与适用》(下),人民法院出版社2015年版,第878页。

而上诉或抗诉，反而致使其处于更不利的地位，有违该原则之规范目的。

第二，上诉不加刑原则容易被发回重审或审判监督程序架空。在过去的司法实践中，原判刑罚畸轻而检察机关未抗诉时，二审法院经常以事实不清、证据不足发回重审，原审法院得以经重审后加重刑罚。2012年《最高人民法院关于适用〈中华人民共和国刑事诉讼法〉的解释》（以下简称2012年《最高法解释》）第325条对此予以禁止，但若有新的犯罪事实且检察机关补充起诉的，不受此限制。这在一定程度上强化了上诉不加刑原则对被告人的保护，但有的检察机关在一审中策略性放弃出示相关证据，待发回重审后将之作为新证据来指控"新的犯罪事实"，以此达到加重刑罚的目的。仅限定"犯罪事实"而不对"新证据"加以实质判断，无法从根本上解决问题。

审判监督程序对上诉不加刑原则的冲击更大。传统上，司法实务人员将上诉不加刑原则理解为："仅是禁止第二审人民法院直接加重上诉人的刑罚，而不能禁止通过审判监督程序对发生法律效力的判决或裁定在适用法律上存在的错误进行纠正。"[1]《最高法解释》第401条第1款之（七）[2]延续先前规定，原判刑罚畸轻，必须依法改判的，应当在第二审判决、裁定生效后，依照审判监督程序重新审判。然而，通过再审程序加刑，"与直接加刑或发回重审变相加刑，除了增加司法资源的大量、重复消耗外，又有什么区别？"[3]二审法院发现量刑畸轻的，先暂时维持原判，随后又立即通过再审程序予以改判并加重刑罚，同样会造成被告人的恐惧心理，使之不敢上诉。[4]而且，鉴于我国再审程序具有启动主体多元性和权力偏向性的特点，既判力规则对被告人保护效力较低，轻易启动的再审程序会消解上诉不加刑对被告人权利的保障功能。

第三，上诉不加刑之"刑"的内涵过于狭隘，不能回应立法和实务的最新发展，也不能在教义学层面提供体系性的规范准据。余金平案凸显的争议

---

〔1〕 熊选国主编：《刑事诉讼法司法解释释疑》，中国法制出版社2002年版，第192-193页。

〔2〕 "第401条之（七）"是"第401条第1款第（七）项"的简化表述。类似情况，同样以此形式表述。

〔3〕 顾永忠：《刑事上诉程序研究》，中国人民公安大学出版社2003年版，第92页。

〔4〕 陈光中主编：《中国刑事二审程序改革之研究》，北京大学出版社2011年版，第15页。

是如何解释"刑"之内涵，2012年《最高法解释》第325条之（四）已将缓刑及其考验期纳入上诉不加刑的规制范围，将"刑"限定主刑和附加刑显然滞后于立法和实务的发展趋势。更重要的是，上诉不加刑原则难以为法律的解释和适用提供一套合乎体系性、合理性的法教义学。《最高法解释》第401条不仅确立了"实质不利"的判断标准，第401条之（二）和（三）还新增规定，二审法院在改变罪名或罪数后，既不得加重刑罚，也不得"对刑罚执行产生不利影响"，这再次突破了"刑"之狭义解释。《最高法解释》第402条、第403条以及第428条"死缓复核程序"、第469条"再审程序"等条文中仍保留了"不得加重刑罚""不得改判为重于原审第一次判处的刑罚"的措辞，司法解释体系内部的措辞仍不统一。此外，实务中对二审能否对受贿罪改判并适用罚金刑、能否加大没收违法所得的范围等问题存有争议，不一而足。[1]究其原因，上诉不加刑原则的内涵过窄，无法统摄以上所有情形，并为法律解释、个案裁判和规则建构提供逻辑融贯、明晰合理的教义学阐释。

第四，上诉不加刑原则的理论辐射度有限，容易限缩立法、实务和改革的视域，割裂了该原则与整个刑事程序的联系。一方面，"实质不利"的标准只是局部调整，并未带动二审程序其他相关制度的变化。《最高法解释》第402条体现出一部上诉的原理，即同案被告人在上诉程序中具有可分性，二审法院不得对未被抗诉的同案其他被告人作出实质不利的改判。然而，我国刑事二审程序仍坚持全面审查原则，二审法院应依职权对一审判决无争议的部分重复审理，若发现其他同案被告人量刑畸轻的，可以通过审判监督程序予以改判，从而规避一部上诉和上诉不加刑原则的保障效果。另一方面，有观点将上诉不加刑原则与认罪认罚从宽制度相结合，认为二审期间被告人不认罪等符合缓刑适用条件的情形，如果继续适用缓刑，可能危害社会，必要时只能通过再审程序予以改判。[2]此外，有些被告人在一审认罪认罚后，利用

---

[1] 参见吴寿涛："二审对受贿罪改判并适用罚金刑是否违背上诉不加刑原则"，载《人民法院报》2016年8月10日，第6版；刘晓虎："违法所得的没收、返还、责令退赔是否受上诉不加刑的限制"，载《人民法院报》2018年2月28日，第6版。

[2] 李少平主编：《最高人民法院关于适用〈中华人民共和国刑事诉讼法〉的解释理解与适用》，人民法院出版社2021年版，第437页。

上诉不加刑原则的保护提出技术性上诉，以达到留所服刑的目的。实务中有部分法官、检察官表示可以通过突破上诉不加刑的方式加以遏制。[1]这些观点割裂了一审和二审之间的"审级联动"，为防止被告人利用上诉不加刑来架空认罪认罚从宽制度的实施效果，有其他制度可资参考，不应囿于是否允许上诉加刑的讨论。

第三节 确立禁止不利益变更原则之必要性

一、禁止不利益变更原则的理论依据

禁止不利益变更原则可以追溯至法国大革命时期，基于人道主义思想，凡合法上诉之被告人，不应使其居于较诸未上诉更不利之地位。[2]德国参酌法国立法例，发展出"确定力理论"并逐步促成禁止不利益变更原则的立法。目前，域外立法例大都确立了该原则，不同立法例背后的理论依据既有共通之处，也有各自特色。

禁止不利益变更原则的第一个理论依据是"人性心理说"。我国1979年确立上诉不加刑原则时指出，它可以使被告人消除思想顾虑，大胆申述上诉理由，防止他们害怕上诉后被加刑而不敢行使上诉的权利。[3]从一般理性人之立场出发，若行使上诉权会使自己陷入更不利的地位，则会在决定上诉时犹豫不决，限制加刑有助于降低被告人疑虑，保障其决定行使上诉权的意志自由。德国和日本亦采"人性心理说"。罗科信教授指出，禁止不利益变更原则之目的在于使被告免于恐惧，担心其在下一个审级的审判中被处以更严厉之刑罚。[4]松尾浩也教授认为，该原则最重要的依据就是防止被告人因害怕不利益变更而放弃行使上诉权。[5]虽然"人性心理说"得到广泛认可，但有

---

[1] 参见周新："论认罪认罚案件救济程序的改造模式"，载《法学评论》2019年第6期。
[2] 林俊益：《程序正义与诉讼经济》，元照出版有限公司2000年版，第262-263页。
[3] 参见徐益初："论上诉不加刑原则"，载《法学研究》1985年第4期。
[4] 参见［德］克劳思·罗科信：《刑事诉讼法》，吴丽琪译，法律出版社2003年版，第497页。
[5] ［日］松尾浩也：《日本刑事诉讼法》（下卷），张凌译，中国人民大学出版社2005年版，第256页。

一个理论障碍，域外立法例大多承认检察官为被告人的利益上诉，若仅有控方上诉，被告方未上诉，何来保障被告人意志自由之说？对此，另有德国学者提出了"失权观点"，检察官认为原审判决已充分实现国家刑罚权而舍弃上诉时，此判决原则上将使国家丧失对被告加重处罚的机会。检察官为被告之利益上诉，与检察官舍弃上诉一样，使国家丧失加重处罚的权利，故不得谕知重于原审判决之刑。[1]"失权观点"弥补了"人性心理说"的盲点。

美国依据的是交叉上诉规则（cross appeal rule）。按照当事人进行主义的精神，只有被告方上诉，法院不得加刑。检察官作为被上诉方，若想经上诉获得有利于己的结果，就必须提出交叉上诉。对于未上诉的一方，上诉法院不得作出有利于其的更改。[2]对此，卡多佐大法官早就指出，一方当事人欲推翻或变更初审判决，应自行提出上诉，这是一项在普通法中根深蒂固的规则。[3]日本在一定程度上借鉴了美国的交叉上诉规则，松尾浩也教授指出，禁止不利益变更的第二个理论依据是，"既然检察官没有上诉，就不能考虑对被告人不利益的变更"。[4]法国遵循"上诉仅利于提出上诉的人"的原则，一方当事人提出上诉时，其他当事人也可以随之提出上诉，从而在首先提出的"主上诉"之上增加自己的上诉，后一种上诉即称为"附带上诉"。被判刑之被告或民事当事人提出上诉后，检察院习惯上会提出附带上诉，其效果是阻却了"上诉不加刑"之效力。[5]简言之，保障被告人的上诉意志自由是禁止不利益变更原则最重要的理论依据。在此基础上，域外立法例发展出了各自的理论和制度，反映出它们不同的法律传统、学术风格和诉讼模式。但需注意的是，禁止不利益变更原则和诉讼模式之间没有必然联系。英美当事人进行主义是该原则的一个理论依据，但不是唯一依据，其他国家和地区也

---

[1] 薛智仁："刑事程序之不利益变更禁止原则"，载《月旦法学杂志》2012年第10期。

[2] Greenlaw v. United States, 554 U. S. 237 (2008), p. 245.

[3] Robert Stern, "When to Cross-Appeal Or Cross-Petition: Certainty Or Confusion", *Harvard Law Review*, Vol. 87, 1974, p. 763.

[4] [日] 松尾浩也：《日本刑事诉讼法》（下卷），张凌译，中国人民大学出版社2005年版，第256页。

[5] 参见 [法] 贝尔纳·布洛克：《法国刑事诉讼法》，罗结珍译，中国政法大学出版社2009年版，第535—536页。

根据各自的学说和理论确立了该原则。

二、禁止不利益变更原则的性质

分析该原则的性质，要从整个上诉制度的目的说起。上诉制度不仅能在个案中救济被告人，同时具有达成公正判决、维护法秩序统一的公共目的。个人利益和公共利益之间难免存在紧张关系，是否允许不利益的变更，恰好体现了两者之间的角力。一方面，国家赋予被告人上诉权，保障其上诉意志自由，防止因行使权利而落入不利益之"陷阱"；另一方面，权利保障是有限度的，仅为被告人利益上诉，才优先考虑个人利益，检察官代表公共利益提出的上诉（或抗诉）具有阻却禁止不利益变更原则之效力，体现出对公共利益优先考量。因此，上诉制度所蕴含的个人利益和公共利益处于一种动态平衡之中，它们之间角力的结果并非一定导向任何一方。

禁止不利益变更原则是立法者权衡个人利益和公共利益的政策产物，在仅为被告人利益上诉（或抗诉）时，立法者向个人利益作出政策性倾斜。德国通说认为，该原则是对被告人的福祉性、政策性措施，不是践行法治程序的必然结果。[1]我国台湾地区学者林俊益认为，该原则最主要是基于政策上之考量，避免被告畏惧上诉而妨害上诉权之行使。[2]此外，英美的制度变迁更能体现出该原则的政策属性。对于重罪案件，1907年《英国刑事上诉法案》创建刑事上诉法院时允许上诉加重刑罚，将之视为"确保量刑统一，并控制没有价值的上诉"的必要措施。[3]1966年颁布新的《英国刑事上诉法案》时，英国基于政策考量不再赋予上诉法院刑事法庭[4]上诉加刑的权力。真正有冤屈的被告人会担忧上诉遭致更不利对待，而且，对于那些深感量刑

---

[1] 参见薛智仁："刑事程序之不利益变更禁止原则"，载《月旦法学杂志》2012年第10期。

[2] 林俊益：《程序正义与诉讼经济》，元照出版有限公司2000年版，第263页。

[3] Rosemary Pattenden, *English Criminal Appeals*: 1844 – 1994, Oxford: Clarendon Press, 1996, p. 295.

[4] 1966年《英国刑事上诉法案》将1907年设立的刑事上诉法院（the Court of Criminal Appeal）并入英国上诉法院（the Court of Appeal, England and Wales），从此改称上诉法院刑事法庭（the Criminal Division of the Court of Appeal）。

过重的被告人，对其上诉加刑是不公正的。[1]美国皮尔斯案将"禁止恶意量刑规则"作为一种刑罚政策（punitive policy），被告人不能因行使上诉权而遭受不利益变更，否则该政策会影响他们决定是否行使权利的意愿。[2]要言之，禁止不利益变更原则反映出立法者在保障权利和实体正义之间的权衡和取舍。

有反对观点指出，鉴于权衡规则的模糊性、利益分类与评估的艰难性、利益选择的单方性和主观性以及权衡结果的不确定性，使之不能成为上诉不加刑的理论依据。[3]"法律，是在每一个法律共同体中相互独立且为求被承认的利益，彼此角力的结果。"[4]利益权衡不是在不同的利益之间作出全有或全无式的选择，而是给予它们各自适当之价值考量。上诉制度体现出公共利益和个人利益的角力，相关考量因素亦可识别，"在原则的具体化阶段都需要作价值判断，最初由立法者为之，在立法者评价之后所残留的判断余地范围内，再由法官为之"。[5]就禁止不利益变更原则而言，其本质是立法者经事先权衡后所作的政策性选择，表现为"立法权加诸于司法审判权之限制"，[6]即限制上诉法院的量刑权限。在现行法规范出现疏漏时，立法者又允许法官结合个案特殊情形进行事后权衡。[7]事先和事后权衡相结合，有助于降低权衡法则的弊端，并为原则的具体适用提供方法论的支持。

我们还应将该原则嵌入整个刑事程序加以分析。从刑事程序来看，禁止不利益变更是刑事诉讼中的有利被告原则在上诉阶段的延伸，[8]但在何种情形下、何种范围内、何种程度上有利于被告，就需结合各国上诉制度加以具体分析了。欧陆国家将上诉作为中央集权和科层管理的工具，赋予被告人完

---

[1] Rosemary Pattenden, *English Criminal Appeals*: 1844-1994, Oxford: Clarendon Press, 1996, pp. 295-296.

[2] North Carolina v. Pearce, 395 U.S. 711 (1969), pp. 724-725.

[3] 陈林林："论上诉不加刑"，载《法学研究》1998年第4期。

[4] 吴从周：《概念法学、利益法学与价值法学：探索一部民法方法论的演变史》，中国法制出版社2011年版，第253页。

[5] [德]卡尔·拉伦茨：《法学方法论》，陈爱娥译，商务印书馆2003年版，第351页。

[6] 王兆鹏、蔡羽玄：《上诉及救济程序》，元照出版有限公司2013年版，第154页。

[7] 关于立法事先权衡和法官在个案中的事后权衡，see T. Alexander Aleinikoff, "Constitutional Law in the Age of Balancing", *The Yale Law Journal*, Vol. 96, 1987, p. 948.

[8] 参见熊秋红："禁止双重危险原则之建构"，载陈泽宪主编：《刑事法前沿》（第三卷），中国人民公安大学出版社2006年版，第56页。

整的上诉权,实现上诉法院的有效监督,禁止不利益变更原则有助于保障上诉意愿、落实上诉监督。英美注重第一审程序的中心地位,旨在通过公正的第一审程序达到查明真相、保障权利的目标,相应地,英美采取不鼓励上诉的态度,在部分案件中甚至以不利益变更施加一定的震慑。因此,与其说是欧陆重视实体正义和真实发现,英美重视程序正义和权利保障,不如说各国因其历史传统、实践经验和现实国情不同而对公正审判的内涵有不同的理解,进而在不同程度上确立了禁止不利益变更原则。

三、确立禁止不利益变更原则的必要性

在确立上诉不加刑原则之初,我国没有使用"禁止不利益变更"的国际通用术语,顾及"不利益"之外延太过宽泛。[1]当时的刑罚结构、刑事责任体系和刑事诉讼程序都相对简易,上诉不加刑被理解为:"仅是禁止第二审人民法院直接加重上诉人的刑罚。"[2]当前,在深化刑事司法改革的背景下,犯罪法律后果日益多元化,刑罚及其执行方式正在经历结构性的调整,诉讼程序也逐步形成多元格局,上诉不加刑愈发难以回应立法和实务中的新规定、新案件和新问题,因而有必要引入内涵丰富、涵盖面广、体系完整的禁止不利益变更原则。确立该原则之必要性体现在以下五个方面。

(一)厘清理论误读,为保障权利和规范建构提供理论支撑

在余金平案中,有观点将禁止双重危险作为不可加重处罚之依据,或认为禁止不利益变更原则统摄禁止双重危险原则。先前有研究指出:"禁止不利于被告的变更是原则,既判力阻却是例外。"[3]禁止双重危险体现了既判力理论,它与禁止不利益变更有本质区别。其一,效力位阶。禁止双重危险一般是宪法要求,如美国宪法第五修正案规定,任何人不得因同一犯罪行为而两次遭受生命或身体的危害,《德国基本法》第103条第3项规定,任何人不得因同一行为而受到普通刑法重复处罚。但禁止不利益变更只是一国在上诉制

---

[1] 参见陈林林:"论上诉不加刑",载《法学研究》1998年第4期。
[2] 熊选国主编:《刑事诉讼法司法解释释疑》,中国法制出版社2002年版,第192页。
[3] 施鹏鹏:"刑事既判力理论及其中国化",载《法学研究》2014年第1期。

度中政策选择的产物，不具有宪法位阶，有些国家甚至允许上诉加刑。其二，适用对象。禁止双重危险的封锁作用于所有人，其要求包括两个方面：无罪判决后，任何人不得就同一行为再受追诉；有罪判决后，任何人都不得就同一行为再受审判或判刑。[1]禁止不利益变更的适用对象仅是被告人，适用于仅为被告人利益上诉的情形。其三，法效果。禁止双重危险之效果是限制国家的追诉权，减轻被告人因刑事审判过程带来的痛苦，减少被告人被错误定罪的可能性。[2]禁止不利益变更约束的是上诉法院的刑罚裁量权，美国皮尔斯案指出，"禁止双重危险并不能推导出禁止再次定罪后加重刑罚"。[3]其四，效力之阻却。既判力之阻却主要是再审程序，包括"有利被告"或"不利被告"的再审。阻却既判力之效力并启动再审程序后，若遵循禁止不利益变更原则，法效果肯定是"有利被告"。

以上四点差异表明，与其说"禁止不利于被告的变更是原则，既判力阻却是例外"，不如说"既判力本身即是原则，既判力阻却是例外"。既判力和禁止不利益变更不是原则和例外的关系，而是两个层面的问题，它们之间的交错适用包括三种情形：一是一审判决后两造都未上诉，判决生效且产生既判力，不涉及不利益变更的问题。二是一审判决后，仅为被告人利益上诉（或抗诉），原判决不产生既判力，上诉法院的刑罚裁量受禁止不利益变更的拘束。三是在两审终审制下，上诉审判决立即生效并产生既判力，若启动再审程序，既判力之效力受阻，法院在再审程序中需判断能否作出不利益的变更。质言之，既判力和禁止不利益变更是在不同的诉讼程序或阶段发挥各自不同的法效果。未来，我国在确立禁止不利益变更原则的同时，也要强化既判力规则的效力，防止轻易启动的再审程序抵消禁止不利益变更原则对被告人权利的保障功能。

(二) 禁止不利益变更原则可以更加周延地保障被告人权利

该原则要求对上诉、抗诉作实质判断，检察机关为被告人利益而抗诉，

---

[1] Joshua Dressler & Alan C. Michaels, *Understanding Criminal Procedure* (Volume 2: *Adjudication*), 4th ed., New York: LexisNexis, 2006, p. 307.

[2] 熊秋红："禁止双重危险原则之建构"，载陈泽宪主编：《刑事法前沿》（第三卷），中国人民公安大学出版社2006年版，第42页。

[3] North Carolina v. Pearce, 395 U. S. 711 (1969), p. 723.

上诉法院亦不得作不利益被告人的变更。"惟检察官，系代表国家行使职权，并非为其本身利益。故其上诉，并不以为被告之不利益为限；即为被告之利益，亦得上诉。"〔1〕我国比较权威的解释曾经指出，检察机关认为第一审判决确有错误，处刑过重而提出抗诉的，二审也不应加重刑罚。〔2〕尽管这一释义后续被删除，但仍具有参考意义。有观点基于检察监督理论，认为余金平案的检察机关抗诉虽客观上有利于被告人，但二审法院有权加重刑罚。〔3〕然而，检察机关不仅是宪法和法律的守护者，还是公民基本权利的守护者，特别是在现有司法机制缺位的情况下，法律监督之权利保障功能是必要和迫切的。〔4〕在刑事诉讼中，检察机关决定是否履行抗诉职责时，不仅要关注个案裁判是否有误、程序是否公正，更要维护被告人的合法权利，提出有利于他们的抗诉。以权利保障之规范目的为考量，实质上有利于被告人的抗诉亦应具有拘束二审法院的效力。

个案之中检察官的行为，难以辨别"纯"为公益或私益。在余金平案中，检察机关的第三项、第四项抗诉理由指出，一审法院曾判处类似案件的被告人缓刑，本案判处实刑属同案不同判，宣告缓刑更符合诉讼经济原则，也能取得更好的社会效果，这两点主要着眼于上诉之公共利益。第一点抗诉理由是余金平符合适用缓刑的条件，体现出为被告人利益的考量。但第二点理由，"一审法院不采纳量刑建议无法定理由"，既体现出确保"一般应当"条款准确实施的诉求，也兼顾被告人的利益，难以辨明为公为私。对被告人而言，检察机关是否抗诉及其抗诉动机，无法预测；在没有律师帮助的情况下，难以知晓本案法律适用有无错误。因此，从上诉制度之维护个人利益和公共利益的功能出发，我们应进一步贯彻有利被告人原则，为被告人利益的上诉或抗诉，都应受禁止不利益变更原则的拘束。

---

〔1〕 陈朴生：《刑事诉讼法实务》，作者1987年自版，第462页。

〔2〕 参见全国人大常委会法制工作委员会刑法室编：《关于修改中华人民共和国刑事诉讼法的决定条文说明、立法理由及相关规定》，北京大学出版社2012年版，第264页。

〔3〕 参见刘计划："抗诉的效力与上诉不加刑原则的适用——基于余金平交通肇事案二审改判的分析"，载《法学》2021年第6期。

〔4〕 参见魏晓娜："依法治国语境下检察机关的性质与职权"，载《中国法学》2018年第1期。

（三）禁止不利益变更原则的适用范围更广，有助于整合现有法律和司法解释，并围绕该原则发展一套教义学解释和制度规范

"实质不利"的标准已经鲜明体现出禁止不利益变更原则的要求，《最高法解释》第402条、第403条、第428条、第469条有关针对部分被告人抗诉、发回重审、死缓复核、再审程序的条文中亦有类似"不得加重刑罚"的规定。禁止不利益变更原则可以统摄第一审程序之后的所有情形，以上条文措辞皆可改为"不得对被告人的刑罚作出实质不利的改判"，从而精简法律文本，实现法秩序内部的一致性。未来，该原则的教义学研究不应致力于令人眼花缭乱的概念或叠床架屋式的条文，而应提出一套能够有效呼应、并且有助落实规范目的的完整论述。[1]法官从来都不是涵摄的机器，法律原则的解释和适用必然留有一定的空间，法教义学能将零散的规则和个案的经验归整到体系框架之中，发挥有效控制法官裁量空间、保障被告人权利之功能。

禁止不利益变更原则的教义化有助于应对刑法的扩张趋势。在实体法层面，我国犯罪范围的扩张将是一个持续的立法过程。[2]犯罪门槛的下降，刑罚结构、体系和种类均应相应调整，刑罚的严厉程度自然也要相应降低，刑罚的轻刑化、多元化也将成为必然趋势。[3]随着轻罪体系的逐步形成，我国应当形成与之配套的轻刑体系，并设立某些较轻的财产刑和资格刑。《刑法修正案（九）》新增第37条之一从业禁止不是新的刑种，而是为了防止犯罪分子利用职业和职务之便再次进行犯罪，采取的一项预防性措施。[4]陈兴良教授指出，从业禁止制度类似保安处分的预防性措施，但原先目的就是作为一种资格刑设置的。[5]此外，我国2018年《刑事诉讼法》第71条和第77条规

---

[1] 参见黄舒芃：《什么是法释义学？以二次战后德国宪法释义学的发展为借镜》，台湾大学出版中心2020年版，第191-192页。

[2] 陈兴良："犯罪范围的扩张与刑罚结构的调整——《刑法修正案（九）》述评"，载《法律科学（西北政法大学学报）》2016年第4期。

[3] 卢建平："犯罪门槛下降及其对刑法体系的挑战"，载《法学评论》2014年第6期。

[4] 参见喻海松：《刑法的扩张——〈刑法修正案（九）〉及新近刑法立法解释司法适用解读》，人民法院出版社2015年版，第9页。

[5] 陈兴良："犯罪范围的扩张与刑罚结构的调整——《刑法修正案（九）》述评"，载《法律科学（西北政法大学学报）》2016年第4期。

定,可以要求被追诉人将护照等出入境证件、身份证件、驾驶证件交执行机关保存。这些限制资格类证件的规定是域外常见的保安处分措施,法国将禁止居留、禁止从事某项职业或担任某些职务、吊销与撤销驾驶执照等措施界定为以刑罚的名称运作的保安处分,〔1〕《德国刑法》第 44 条将禁止驾驶作为附加刑,第 69 条将取消驾驶执照作为一项限制资格的保安处分措施。我国《刑法》修订中已有建议将吊销机动车驾驶证作为一种资格刑,〔2〕未来无论将之作为资格刑还是保安处分措施加以确立,禁止不利益变更原则之教义学都能提供经得起理性分析且清楚明确之标准,法官据此即可作出个案判断,从而节省立法成本,提升司法效率,降低立法和法官对烦琐法律条文的依赖。在程序法层面,第一审程序已经形成了普通程序、简易程序和速裁程序的三元递减格局,第二审程序的多元化改革趋势愈发明显,有观点提出将认罪认罚案件的二审程序改造成事后审查制,也有观点主张在刑事审级引入第三审法律审。〔3〕未来诉讼程序和审级制度的变动,亦可能带动禁止不利益变更原则的适用范围。

  刑事和民事责任的交叉运用是未来另一个关注点,即在刑事附带民事诉讼中,犯罪的法律后果是否会扩展至民事责任。法国规定由犯罪所造成之损害的民事诉讼而言,上诉法院法官也不得宣告民事部分不予受理或者提高一审法院已经判处的损害赔偿数额。〔4〕按此逻辑,上诉不加刑中的"刑"亦可能波及附带民事责任,若以禁止不利益变更原则加以统摄,二审法院应不能新增附带民事赔偿的判决内容,亦不能增加原判赔偿的数额。

---

  〔1〕 参见[法]卡斯东·斯特法尼等:《法国刑法总论精义》,罗结珍译,中国政法大学出版社 1998 年版,第 504-507 页。

  〔2〕 喻海松:《刑法的扩张——〈刑法修正案(九)〉及新近刑法立法解释司法适用解读》,人民法院出版社 2015 年版,第 5 页。

  〔3〕 参见孙长永:"比较法视野下认罪认罚案件被告人的上诉权",载《比较法研究》2019 年第 3 期;魏晓娜:"刑事审判中的事实问题与法律问题——从审判权限分工的视角展开",载《中外法学》2019 年第 6 期。

  〔4〕 [法]贝尔纳·布洛克:《法国刑事诉讼法》,罗结珍译,中国政法大学出版社 2009 年版,第 534 页。

（四）以"不利益"来拓宽"刑"之狭义内涵符合犯罪法律后果多元化的发展趋势，体现出刑法和刑事诉讼法的联袂互动

实体法和程序法的任何单方改动，都会对彼此产生影响，而且，适用规范来解决个案争议，从来都是实体与程序的交错适用。近年来，"刑"的内涵体现出三个发展趋势。

趋势一：从刑罚到刑罚的执行方式。《最高法解释》和余金平案表明，缓刑作为一种刑罚执行方式，应被纳入上诉不加刑之"刑"的范畴。实践中还存在二审改变罪名并影响刑罚执行的情形，如将盗窃罪改为抢劫罪，根据《刑法》第81条第2款规定，二审改判抢劫罪的被告人不得予以假释，相应地，《最高法解释》第401条之（二）新增规定，二审改变罪名也"不得对刑罚执行产生不利影响"。此外，第401条之（六）禁止二审法院在死缓案件中新增限制减刑或决定终身监禁。缓刑、假释、限制减刑和终身监禁一样，属于刑罚的执行方式，以内涵丰富的"不利益"来取代"刑"，更符合立法旨意和实务需求。

趋势二：从刑罚一元主义到刑罚和保安处分的二元主义。现代法治国家的制裁体系在特别预防理论的强力影响之下，由原来的刑罚单轨体系发展至刑罚与保安处分并存的双轨制裁体系。[1]时延安教授在分析我国刑法中的"隐性双轨制"时指出，

> 承认刑法中"隐性双轨制"的存在，除了刑事宣告问题之外，还涉及其他程序问题。例如，保安处分和刑罚一样，也表现为对适用对象权益的剥夺或限制，因此，出于保护其权益并提供有力救济的考虑，就大多数保安处分而言，应允许适用对象对保安处分的适用单独提出上诉以及其他类似的救济方法。当然，这必须以刑事诉讼法的规定为制度前提。[2]

其实，我国《刑事诉讼法》已经对《刑法》"双轨制"作出了一定的回应。在《刑法修正案（八）》引入禁止令制度后，2012年《最高法解释》即

---

〔1〕 林钰雄：《新刑法总则》，元照出版有限公司2020年版，第28页。
〔2〕 时延安："隐性双轨制：刑法中保安处分的教义学阐释"，载《法学研究》2013年第3期。

将之纳入上诉不加刑的规制范围，因为禁止令是对被告人人身自由的限制，二审法院增加宣告禁止令或延长适用期限的，构成对被告人的变相加重刑罚。[1]《刑法修正案（九）》新增职业禁止这一预防性措施后，《最高法解释》第401条亦将其纳入"实质不利"的判断范围。此外，2012年《刑事诉讼法》新增的精神病人强制医疗程序一般被视为一种特殊的处分措施，不属于刑事责任的范畴。日本大塚仁教授将《关于精神保健及精神障碍人福祉的法律》中的"措置入院"界定为保安处分，[2]张明楷教授把精神病人的强制医疗、禁止令和职业禁止都归为保安处分。[3]将禁止令、强制医疗等具有保安处分性质的措施纳入"不利益"的讨论范畴，能让程序法跟进实体法之双轨制裁体系的发展方向。

趋势三：违法所得的没收、返还制度的独立性和重要性越发明显。近年来，我国台湾地区将没收作为刑罚和保安处分之外独立的法律后果，强调没收"不具有刑罚本质"，是刑罚与保安处分之外的"独立法律效果"。[4]我国2012年《刑事诉讼法》将被追诉人逃匿、死亡案件违法所得的没收程序单独列为一种特殊程序，有观点认为应区分普通刑事程序和没收违法所得的特殊程序，前者不受上诉不加刑之限制，可以新增没收、返还的判项或增加相关数额，后者依据上诉不加刑不得扩大违法所得之认定范围。[5]该观点之误区在于对"刑"作狭义解释，割裂了刑事程序内部的统一性。未来，随着对《刑法》第64条和刑事没收程序继续展开实务探索和学术研究，此类案件的二审程序亦适用禁止不利益原则，以回应犯罪法律后果多元化的趋势，并围绕该原则完善兼具理论广度和深度的法教义学。

最后，从立法技术来看，一般性条款和案例相结合的立法技术，比司法解释更具有灵活性和前瞻性。我们可以沿着《最高法解释》第401条的思路，

---

[1] 参见江必新主编：《最高人民法院刑事诉讼法司法解释理解与适用》（上），人民法院出版社2015年版，第876页。

[2] 时延安："隐性双轨制：刑法中保安处分的教义学阐释"，载《法学研究》2013年第3期。

[3] 参见张明楷：《刑法学》（上），法律出版社2016年版，第639—641页。

[4] 林钰雄：《新刑法总则》，元照出版有限公司2020年版，第701—702页。

[5] 刘晓虎："违法所得的没收、返还、责令退赔是否受上诉不加刑的限制"，载《人民法院报》2018年2月28日，第6版。

总结实务经验,扩充第 401 条下设款项,但司法解释路径有两大问题:一是条文日益烦锁复杂,可能导致结构失衡,况且很多具体款项已明显超出"刑"之范畴,若再置于上诉不加刑原则之下,则无法提供体系性解释和明确的指导。二是司法解释本身具有抽象性、滞后性。即使穷尽立法智慧,成文法和司法解释也难免挂一漏万,有些司法解释本身具有一定的抽象性,非依解释者的现有经验才能完善。这在余金平案中体现得最为明显,控方为被告人利益抗诉,若纯粹依据既有规范,则可以加刑;但加刑有违立法初衷,控辩双方都为被告人之利益考虑,竟使被告人陷入更不利的"陷阱"。

一般性条款和具体案例相结合的立法技术既能满足法治国家对确定性的需求,维持法规范的体系性,还能让法官通过解释、创制法律来适应社会和价值观的变化。禁止不利益变更原则能够提供相对明确的规范,同时还需要一定数量的案例来促进类型化、体系化的建构。对价值标准在有争议案件之中的适用,

所发生的困难仅能透过价值标准的具体化及具体案件之类型化慢慢克服。这个过程可能是极艰难,效果有时也不彰,甚至在努力的初期,由于不够成熟而显得可笑。但如果人们因而失去耐性,并放弃或嘲笑这方面的努力,那么大家极其量将只能在"价值中立的"概念堆中拼凑,或在"感情法学"的笼罩下去听那"人治远胜于法治"的滔滔大辩。[1]

有鉴于此,我们应在价值指引之下,持续发挥指导性案例的辅助功能。一方面,指导性案例能及时解决个案争议,使原则保持一定的灵活性、开放性,无须等待每一次修订司法解释才吸收新的经验和规则;另一方面,个案裁判有助于逐步形成新的类型化规范,实现经验的积累和"法律的生长"。美国于皮尔斯案后就恶意推定、客观信息的范围以及禁止恶意加刑规则的适用程序等方面建构了一套规则体系,我国台湾地区也是依托判例不断打磨禁止不利益变更原则的内涵和外延。没有经年累月的积淀,何来法律体系的完善?于此意义,余金平案向我们提供了从"上诉不加刑"迈向"禁止不利益变

---

〔1〕 黄茂荣:《法学方法与现代民法》,作者自版 2021 年,第 633 页。

更"的契机。

四、对禁止不利益变更原则的质疑及回应

质疑包括三个方面：其一，上诉不得改判重于原审判决之刑，极易促成被告人滥行上诉；其二，过分强调保护被告人权利，可能妨害真实发现，纵使原审判决有误，也无法更改被告人应承担的责任；其三，倘若一审判决量刑畸轻，上诉法院无法充分对量刑问题进行法律评价，有违罪行相适应原则。本书对此作简要回应。

第一，禁止不利益变更原则体现了有利于被告人的政策导向，它不是为了遏制行使权利，而是鼓励行使权利，即使附有滥诉风险，也不应忽视其本质上乃立法者经利益权衡作出的有利被告的抉择。政策可变，但该原则对上诉意志自由的保障功能已经根深蒂固。曾有日本最高法院法官担忧滥行上诉之现象趋于显著，主张废除不利益变更禁止原则作为对策，但并未获得支持，此后也未见日本以废除原则来遏制滥行上诉之主张。而且，要防止滥行上诉，应从侦查、起诉和第一审程序的品质等方向研议改进，摒弃禁止不利益变更原则实乃舍本逐末。此外，尚有其他配套制度可以发挥防止滥诉的功能，如英国的上诉理由审核制和时间损失规则，我国学者提出的上诉理由审查制，[1]禁止不利益变更只是整个上诉制度的一部分，不宜作一叶障目式的分析。

第二，若言禁止不利益变更原则可能妨碍真实发现，有若干隐含前提：一是一审法院适用法律错误，导致量刑畸轻；二是被告方在获得有利判决后还坚持上诉；三是被害人没有请求检察机关抗诉。[2]最重要的是，检察机关也未抗诉，"若连代表国家追诉利益的检察官，都不认为有为被告之不利益提起上诉的必要，则更没有理由反对被告为自己之利益……求取轻于原审判决所谕知之刑了"。[3]而且，发现真实不是刑事诉讼的唯一目的，保障被告人的

---

[1] 参见孙长永：“比较法视野下认罪认罚案件被告人的上诉权”，载《比较法研究》2019年第3期；牟绿叶：“我国刑事上诉制度多元化的建构路径——以认罪认罚案件为切入点”，载《法学研究》2020年第2期。

[2] 陈林林：“论上诉不加刑”，载《法学研究》1998年第4期。

[3] 林钰雄：《刑事法理论与实践》，中国人民大学出版社2008年版，第95页。

上诉权亦可间接达到纠错之目的。即便存在特殊情形，仍可通过再审程序矫枉过正、实现正义。需要强调的是，作为既判力之阻却事由，启动再审程序有损法秩序之安定性，且经再审加重刑罚，无异于架空禁止不利益变更原则，因而有必要秉持"既判力本身即是原则，既判力阻却是例外"的理念，谨慎通过再审程序作出不利于被告人的变更。

第三，禁止不利益变更与罪行相适应原则的性质和保护方向不同，不能混为一谈、彼此攻击。禁止不利益变更要求不得增加被告人负担，通常而言，只要上诉法院的量刑没有超过原判刑罚，即不违反该原则。本质上，这是一种消除被告人上诉顾虑的程序保障机制。罪行相适应要求法院根据犯罪的事实、性质、情节和对于社会的危害程度，裁量与罪行、责任相当的刑罚，这是一种实体裁量机制。两者相较，禁止不利益变更设定的是量刑之外部界限，罪行相适应设定的是量刑之内部界限。[1]明确两者性质不同的意义在于，上诉法院在个案中应首先判断是否适用禁止不利益变更原则，以此确定量刑之外部界限，即量刑幅度的上限是否受到约束，其次才能综合全案情形，酌情裁量刑罚适用，若认定罪行较轻，应根据罪行相适应原则减轻处罚，而不是依据禁止不利益变更原则。切不可首先遵循罪行相适应原则来裁量刑罚，并以最终量刑可能重于原判刑罚来质疑禁止不利益变更的拘束，如此会削弱后者对被告人提供的程序保障。在实体法和程序法交错适用中，程序机制必然会影响实体规范的适用，[2]即，禁止不利益变更对实体刑罚裁量具有约束效果。

第四节 "不利益"的判断标准及其适用

禁止不利益变更原则内涵丰富，但仍是一个不确定的法律概念，如无适当界定，可能导致判决出现分歧。该原则适用的关键在于前后两次犯罪法律后果的比较，故应对"不利益"的比较设定适当的标准。

---

[1] 薛智仁："刑事程序之不利益变更禁止原则"，载《月旦法学杂志》2012年第10期。

[2] 参见 [美] 迈克尔·D. 贝勒斯：《法律的原则——一个规范的分析》，张文显等译，中国大百科全书出版社1996年版，第19页。

一、主观标准

主观标准即以被告人的主观感受或评价作为不利益变更的判断依据。有观点在评析余金平案时指出,一个刑事案件的处理,除社会承受部分负担(司法成本)之外,成本基本都在被告人身上(刑罚成本),判轻判重被告人最清楚。[1]据此,判三缓四和两年有期徒刑相比,被告人通常更愿意承担前者,故撤销缓刑、改判实刑属于不利益变更。龙宗智教授提出一个"商人青睐实刑案",被告人倾向选择实刑而非缓刑,因为三四个月服刑期满后他就具有完全商业行为能力,而缓刑几年内他仍是戴罪之身,以个人名义从事经济活动受到很大的限制。[2]我们发现,不同的被告人会对"不利益"有不同感受,若标准悉数以个案被告人的主观感受为准,显然过于浮动,徒增原则适用的不确定性,故域外立法例皆未采之。因此,"不利益"并非依被告人主观、个别情形为判断,而应"基于客观之立场,本于社会之通念,以被告实质之利益为指归加以考量"。[3]

二、一般客观标准

"客观之立场"又分为一般客观标准和具体客观标准。一般客观标准要求首先诉诸刑法对不同制裁手段之间设定的位阶关系,若没有明确规定,再诉诸宪法或整体法秩序里的一般评价标准。[4]较主观标准而言,一般客观标准能提供相对明确的指引,降低原则适用的不确定性,于方法论而言更为可取。具体来说,一般客观标准的首要参考依据是刑法对刑罚轻重之位阶关系的界定。"确定刑罚的轻重,不是只有形式的意义,而是有实质的作用。"[5]我国《刑法》的主刑与附加刑是分别按照严厉程度由轻到重进行排列的,主刑包括

---

[1] 卢建平:"余金平交通肇事案事实认定与法律适用争议评析",载《中国法律评论》2020年第3期。

[2] 龙宗智:"余金平交通肇事案法理重述",载《中国法律评论》2020年第3期。

[3] 林永谋:《刑事诉讼法释论》(下),作者2007年自版,第37页。

[4] 薛智仁:"刑事程序之不利益变更禁止原则",载《月旦法学杂志》2012年第10期。

[5] 张明楷:《外国刑法纲要》,法律出版社2020年版,第337页。

管制、拘役、有期徒刑、无期徒刑、死刑。相应地，主刑由轻变重、加长原判同一刑种的期限都构成不利益变更。附加刑包括罚金、剥夺政治权利和没收财产，增加罚金数额、追加适用附加刑也构成不利益变更。主刑和附加刑建构的"一般客观标准"之基本体系，能为被告方在决定是否上诉时提供客观、可靠的预测基础，并让该原则的适用受到法定标准的约束。

主刑和附加刑交错适用的情形，应遵循生命和自由优于罚金、资格刑等附加刑的位阶关系。降低自由刑的期限，同时提高罚金、资格刑等附加刑的数额或期限，一般不构成不利益变更。例如，德国规定自由刑变更为罚金，不论数额高低，只要未逾越第一审判决之刑罚标准，均属刑罚之减轻；相反，罚金改判为自由刑时，则属刑罚之加重。[1]在英国沃尔顿案（Walton）中，被告人被判处四个月监禁并处罚金，上诉法院减少了监禁刑期，但额外判处1000英镑的罚金，不构成不利益变更。[2]同样，监禁刑期缩短，但额外附加禁止驾驶的命令，或延长禁止驾驶的期限，都不属于不利益变更。[3]我国《刑法修正案（九）》对贪污受贿罪的量刑幅度和量刑档次作了较大修订，且全部量刑档次均新增附加刑的规定，在审理《刑法修正案（九）》实施前后的案件时，二审法院可以降低有期徒刑期限并同时新增罚金的判项。要言之，自由刑的增减是重要的判断标准，罚金等附加刑是辅助性的。

在主刑和附加刑构建的基本体系之外，《刑法》对于刑罚执行方式、非刑罚的法律后果没有提供明确的位阶判断。近年来，我国刑罚结构处于不断调整之中，犯罪的法律后果愈发多元化，因而有必要在整体法秩序中进一步厘清一般客观标准的若干准则。《最高法解释》第401条之（二）至（六）涵盖罪名、罪数、缓刑、职业禁止、死缓限制减刑等刑罚和刑罚的执行方式，应作为不利益判断的一般客观标准。

此外，另有其他情形尚需明确。第一，《刑法》尚未规定、未来可能新增的剥夺资格、驾驶证等保安处分。质言之，保安处分是否涉及不利益变更？

---

[1] [德] 克劳思·罗科信：《刑事诉讼法》，吴丽琪译，法律出版社2003年版，第497-498页。

[2] David Ormerod et al., *Blackstone's Criminal Practice*, New York: Oxford University Press, 2011, p. 2040.

[3] Paul Taylor, *Taylor On Criminal Appeals*, 2nd ed., Oxford: Oxford University Press, 2012, p. 429.

按刑罚和保安处分二元主义的立法例，保安处分不属于刑罚，但"保安处分所使用的手段，若非剥夺受处分人的人身自由，即是限制受处分人的其他自由，其干预人民权益之深，实与刑罚并无二致"。[1]《德国刑事诉讼法》第 331 条规定，由被告或为被告之利益提起之上诉，不得对于原判决在犯罪法律效果之种类及刑度上，作不利于被告之变更。"犯罪法律效果之种类"包括保安处分，因而将之纳入该原则的规制范围，没有争议。保安处分一般可分为剥夺自由和限制自由的措施，从业禁止和剥夺资格、驾驶证都属于限制自由的措施。[2] 2012 年《最高法解释》第 325 条已就禁止令作明确规定，因此，从业禁止等剥夺、限制自由的保安处分措施，亦应受禁止不利益变更原则的拘束。究其原因，无论是刑罚或保安处分，都可能加重被告人承受的刑事制裁负担，从而影响其上诉意愿。

第二，未成年人的保护处分。我国台湾地区将未成年人感化教育作为一种兼具预防和矫治功能的保安处分，日本和德国对违法少年的保护处分是保安处分的一种形式，是基于社会福祉的要求，避免以刑罚方式追究责任，从少年健康成长的角度出发所采取的必要保护。[3] 法国对于未成年人的治疗也是一种保安处分，目的在于改善当事人的状态以及恢复其智力，并不损害其人格与尊严。[4] 2019 年年初，我国最高人民检察院在《2018—2022 年检察改革工作规划》中提出，深化涉罪未成年人的教育感化挽救工作，探索建立罪错未成年人临界预防、家庭教育、分级处遇和保护处分制度。未来，若立法在此领域引入具有保安处分性质的措施，亦适用禁止不利益变更原则。

第三，精神病人的强制医疗。法院根据《最高法解释》第 640 条改判强制医疗，是否构成不利益变更？德国立法和通说认为此种情形不构成不利益

---

[1] 林山田：《刑法通论》（下册），北京大学出版社 2012 年版，第 390 页。

[2] 参见张明楷：《外国刑法纲要》，法律出版社 2020 年版，第 388 页。

[3] 参见［日］大谷实：《刑事政策学》，黎宏译，中国人民大学出版社 2009 年版，第 168-169 页。

[4] ［法］卡斯东·斯特法尼等：《法国刑法总论精义》，罗结珍译，中国政法大学出版社 1998 年版，第 450-451 页。

变更，因为安置精神病院"只会对被告有好处，而不会有害处"。[1]英国本尼特案（R. v. Bennett）指出，尽管强制医疗和不定期限制令的执行期限将超过原审判决中的 3 年监禁，但强制医疗的本质是治疗和矫正，不能被视为比监禁更重的刑罚。[2]我国强制医疗的目的不是惩戒和制裁，而是对被强制医疗的人采取的保护性措施。[3]尽管可能剥夺或限制人身自由，但是治疗和矫正本质上对相对人有利，故法院可以依法改判并决定强制医疗。

第四，强制戒毒。德国将安置戒瘾处所之命令与安置精神病院同等处之，法国明确允许对有危险的酗酒者和吸食毒品的人采取保安处分。若我国将强制戒毒从目前的行政措施进行司法化改造，[4]以被告人的福祉为考量，法院改判强制戒毒不属于不利益变更。

三、具体客观标准

一般客观标准涵盖了"不利益"判断的主要情形，然而，非常详尽地枚举具体规范，不仅毫无可能，反而会在个案中违反实质正义，因此必须保留给法院对概括条款的裁量空间和价值补充空间。[5]在一般客观标准之外，应辅之以具体客观标准，兼顾一般情势和特殊案情，允许法官在特殊个案中进行权衡和判断。具体客观标准的适用需注意两个问题：

第一，一般客观标准和具体客观标准是原则和例外的关系，只有前者没有明文规定时，才可依据后者进行个案裁量。日本是以《日本刑法》第 9 条、第 10 条为总的判断，不仅根据刑种和刑期等形式上的比较来确定，也进行具体、实质比较和综合考察。[6]我国《最高法解释》第 401 条确立了"实质不

---

[1] [德] 克劳思·罗科信：《刑事诉讼法》，吴丽琪译，法律出版社 2003 年版，第 498 页。

[2] R. v. Bennett, (1968) 52 Cr. App. R. 514, p. 518.

[3] 参见全国人大常委会法制工作委员会刑法室编：《关于修改中华人民共和国刑事诉讼法的决定条文说明、立法理由及相关规定》，北京大学出版社 2012 年版，第 374 页。

[4] 参见何荣功："我国轻罪立法的体系思考"，载《中外法学》2018 年第 5 期。

[5] 参见 [德] 阿图尔·考夫曼：《法律哲学》（第二版），刘幸义等译，法律出版社 2011 年版，第 209 页。

[6] 参见 [日] 土本武司：《日本刑事诉讼法要义》，董璠舆、宋英辉译，五南图书出版公司 1997 年版，第 420 页。

利"标准并列举了七种常见情形,同时指出对复杂问题不宜一概而论,宜坚持实质判断的原则,[1]这体现了一般客观标准和具体客观标准相结合的要求。但在方法论上有一个疑问:两者适用是否有先后或主从顺序?就《最高法解释》及其释义来看,没有先后顺序,域外立法例对此亦无规定。然而,并列适用存在一个问题,客观标准之提出即针对主观标准的不确定性,若法官不顾一般客观标准确立的位阶秩序而直接予以个案裁量,又将面对主观标准的诘难。以"商人青睐实刑案"为例,若法官直接依据具体客观标准,结合个案情形加以分析,自应得出短期自由刑比缓刑更有利于商人的结论。此时,具体客观标准和一般客观标准的适用产生矛盾。必须明确,两者是"原则和例外"的关系,前者是原则,应首先予以适用,只有在现行规范体系未有规定的例外情形中,法官才能根据具体客观标准予以个案裁量。究其原因,遵循既有的一般客观标准不仅能为个案裁判提供直接、明确的依据,更能维护法秩序的统一性和稳定性,彰显上诉制度之公共利益的价值取向。一般客观标准反映了立法者"事先权衡"的结果,有助于拘束法官权限,降低个案裁判的恣意性,为特殊情形中的"事后权衡"提供正当性基础。

第二,适用具体客观标准时,要注重裁判说理,及时总结经验、提炼规则,促进具体客观标准向一般客观标准的转化。英美判断是否构成不利益的"整体观察法"体现了具体客观标准的要求。1968年《英国刑事上诉法案》第11条要求上诉法院综合全案情形,不得让被告人受到更不利的对待。但立法没有界定什么是"不利益",留由法官进行个案判断。同时,英国判例积累了十余种常见情形和特殊情形,供法官参考。[2]美国大多数法院采用"整体观察法",一般认为监禁之刑期是首要参考标准,监禁期限缩短后,即使附加更长的假释期或判处更高额的罚金,都不构成不利益变更。

"整体观察法"在方法论上亦有诘难。个案衡量无法给出比较和评价不同利益的客观标准,衡量过程显得神秘和难以琢磨,使得司法裁判过多服从于

---

[1] 李少平主编:《最高人民法院关于适用〈中华人民共和国刑事诉讼法〉的解释理解与适用》,人民法院出版社2021年版,第437页。

[2] See Paul Taylor, *Taylor On Criminal Appeals*, 2nd ed., Oxford: Oxford University Press, 2012, pp. 428-430.

法官的主观判断。[1]原则和例外相结合的方法论能最大限度地避免这些弊端。原则上采一般客观标准，法院应首先参考既有的法规范，在原则未尽之例外情形中，才可将个案具体情状纳入整体评价。为求具体客观标准之合理化，应落实三个方面要求：一是承认多元标准的存在，不利益的判断涉及刑罚、保安处分、刑罚执行和非刑罚的法律后果，多元标准为个案裁量提供空间。二是充分结合案件具体信息展开说理，特别要阐明权衡比较的利益及相关考量因素，将"整体观察法"的内心过程予以外化，以说理论证来增强判决的合理性和可接受性。三是及时归纳、允许试错，注意案例的积累和教义学的理论建构，使得具体客观标准向一般客观标准转化，同时在新情形中进行试错，实现法律体系的持续完善。

确立一般客观标准和具体客观标准的适用模式后，举两例加以论证。

例一，数罪并罚。《最高法解释》第401条确立的一般客观标准是，不得加重决定执行的刑罚，也不得加重数罪中某罪的刑罚。但这不能悉数涵盖不利益的情形。例如，原审判决认定被告人构成甲罪、乙罪、丙罪，分别判处有期徒刑五年、六年和七年，数罪并罚决定执行有期徒刑十二年。二审法院经审查认定甲罪事实不清并就甲罪宣告无罪，但维持乙罪、丙罪之判决，两罪并罚执行有期徒刑十二年。以一般客观标准观之，法院未加重决定执行的刑罚，也未加重数罪中某罪的刑罚，但根据具体客观标准进行整体观察，甲罪是否成立没有影响二审法院的刑罚裁量，即使甲罪上诉成功，实际执行期限仍是十二年，被告人遭受了实质的不利益。此外，鉴于实务中还存在实质上对被告人有利的调整罪数的情形，[2]《最高法解释》第401条之（三）修改了"罪数不当"的一般客观标准，规定法院可以改变罪数，调整刑罚，但必须遵循"不加重执行刑"之一般客观标准，特殊情形下还应依据具体客观标准综合考察个案情形，"不对刑罚执行产生不利影响"。

例二，实刑和缓刑之间"轻重比较"。这本质上涉及责任刑和预防刑的关系，判断起来较为复杂，域外立法例基本没有体系性的标准，只在实务中积

---

[1] 参见张翔：《基本权利的规范建构》，法律出版社2017年版，第304页。

[2] 李少平主编：《最高人民法院关于适用〈中华人民共和国刑事诉讼法〉的解释理解与适用》，人民法院出版社2021年版，第436页。

累了若干规则。英国原则上不能将缓刑改判为立即服刑的监禁刑，[1]法国将缓刑视为一种有条件免除执行刑罚，从法官运用缓刑执行的方式来看，也可以把缓刑执行视同一种保安处分，[2]故应受禁止不利益变更原则之拘束。在我国台湾地区，"缓刑之宣告，本质上无异于恩赦，得消灭刑罚之效果，显对被告有利，如无因原审判决适用法则不当之情形而将下级审缓刑之宣告撤销"，即有违禁止不利益变更之原则。[3]德国和日本的立法或判例也采行该立场。[4]我国大陆地区将撤销缓刑、改判实刑视为违反了上诉不加刑原则，此与其他国家及地区通行的一般客观标准相同，在余金平案和"商人青睐实刑案"中应直接援引作为判断依据，不再触发具体客观标准的分析。[5]此外，有学者围绕余金平案提出诸多质疑，择其一二略作评论。

质疑一：若一审法院判三缓四，被告人在缓刑考验期第一天就严重违反有关规定，因此被撤销缓刑而收监执行，此时，我们还能说两年有期徒刑比判三缓四更重吗？首先，在撤销缓刑、改判实刑的情形中，一般客观标准已经反映了剥夺自由和限制自由之间的位阶关系，应据此直接认定构成不利益变更，不再触发具体客观标准，无须考虑缓刑第一天是否会严重违反有关规定。其次，该质疑的根本缺陷是混淆了刑罚裁量和不利益的判断。刑罚裁量应当兼顾惩罚和预防，系基于责任刑和预防刑所为之裁量，体现出"过去"和"未来"面向性。若被告人悔罪表现差，具有再犯危险，法院可以合理预见"缓刑考验期第一天就严重违反有关规定"，则不应改判缓刑，此乃刑罚裁量层面的问题。而不利益变更的判断，是原判量刑和拟判刑罚之间"过去"和"现在"的对比，"未来"不能准确预测，既可能在缓刑考验期第一天就严重违反有关规定，也可能缓刑考验期届满，原判刑罚就不再执行，但"现

---

[1] Rosemary Pattenden, *English Criminal Appeals*: 1844-1994, Oxford: Clarendon Press, 1996, p. 254.

[2] [法]卡斯东·斯特法尼等：《法国刑法总论精义》，罗结珍译，中国政法大学出版社1998年版，第506页。

[3] 参见薛智仁："刑事程序之不利益变更禁止原则"，载《月旦法学杂志》2012年第10期。

[4] [德]克劳思·罗科信：《刑事诉讼法》，吴丽琪译，法律出版社2003年版，第498页；[日]田口守一：《刑事诉讼法》，张凌、于秀峰译，法律出版社2019年版，第577页。

[5] 理论上说，在"商人青睐实刑案"中，若一审判缓刑、二审请求改判实刑，没有上诉利益，也就不符合上诉条件，因而不会涉及不利益变更的问题。

在"拟判刑罚是可以确定的,其与原判刑罚的轻重比较,应当且能够得出确定的结论。若混淆了"现在"之应然判断和"未来"之可能情形,法院在个案量刑时将无所适从。一个更极端的例子是:若"未来"在缓刑考验期第一天就猝然死亡的话,岂非"现在"就没有裁量刑罚的必要了?

质疑二:如果被告人被判处两年有期徒刑,审前羁押折抵刑期两年,宣判之日就被释放了,此时,两年有期徒刑比判三缓四更重吗?首先必须明确,该设问有一个暗含前提,"宣判之日就被释放了"即把刑罚的执行纳入了考量范围。其次,该特殊情形有域外经验可以参照。英国上诉法院在沃特斯和杨案(R. v. Waters & Young)中指出,根据已有的判例体系(一般客观标准),若撤销缓刑、改判监禁,即使监禁期限显著缩短,普通人也会认为他们遭受了不利对待。本案中,刑事法院在一审中认定两名被告人构成盗窃罪,同时适用缓刑44周;被告人以量刑存在原则性错误为由提起上诉,上诉法院经听审后认为两名被告人应被判处九个月监禁,作出判决时他们已被羁押了近九个月,遂撤销缓刑,改判九个月监禁,羁押折抵,宣判后得以立即释放,这不属于不利益之变更。[1]若我国未来出现这种情形,应允许法院依据具体客观标准进行个案权衡,在充分说理的基础上,构成现有一般客观标准的例外。

由于涉及刑罚、刑罚执行方式、保安处分和非刑罚的法律后果之间的交叉对比,类似质疑和特殊情形还可以继续枚举。例如,(1)缩短拘役、有期徒刑的刑期,而延长缓刑考验期,或者加重拘役、有期徒刑的刑期,而缩短缓刑考验期的情形,是否构成不利益变更?(2)缓刑和禁止令、职业禁止之间的轻重关系?(3)缓刑和保安处分、缓刑和罚金、罚金和保安处分之间的轻重关系?法条有限,人事无穷。总的来说,只要判决的法律效果加重被告人的负担,就足以影响其上诉意志,无论宣告刑或执行刑,刑罚或保安处分,皆受禁止不利益变更原则的约束。一般客观标准和具体客观标准之"原则和例外"模式提供了相对明确的标准,在方法论上兼顾稳定性和灵活性、统一性和开放性,有助于个案经验的类型化和教义化。

---

〔1〕 R. v. Waters & Young,〔2008〕EWCA Crim 2538.

第五节　禁止不利益变更原则和上诉制度的互动和完善

一、上诉理由审核制的过滤功能

我们应以上诉理由审核制来事先过滤上诉，而不是以加重刑罚来震慑上诉。实行禁止不利益变更原则的一个担忧是被告人滥行上诉，认罪认罚案件中也有如何防止滥诉的争议，实务中提出了突破上诉不加刑原则的思路。[1] 对上诉本身不加以事先限制，仅关注是否允许加刑，割裂了禁止不利益变更原则和整个上诉制度之间的联系。

英国综合利用上诉类型、审查方式和禁止不利益变更原则的"组合思路"颇具启发意义。治安法院一审管辖的轻罪案件，采权利型上诉和复审制，刑事法院经审理有权加重刑罚。作为一种震慑滥诉的机制，刑事法院在实务中并不常行使这项权力。[2] 刑事法院一审管辖的重罪案件，采裁量型上诉和事后审查制，上诉法院受禁止不利益变更原则的拘束。但被告人仍面临着被实质性加重刑罚的风险，上诉法院若拒绝批准上诉，有权决定被告人在上诉期间的部分羁押日期不得折抵刑罚，此即时间损失规则。[3] 与上诉加刑、时间损失规则相比，上诉理由审核制是防止滥诉更理性的方式。它能事先过滤掉没有价值的上诉，促进司法资源的合理配置，并维护第一审程序的中心地位。

随着"上诉不加刑"向"禁止不利益变更"的转变，后者的内涵和规则体系日益丰富，为确保被告人对不利益作出准确的理解和判断，律师应在上诉阶段继续提供有效的帮助，法院也有必要履行一定的告知和说明义务，帮助被告方审慎决定是否上诉。针对余金平案中量刑建议的采纳问题，"基于公

---

〔1〕 参见周新："论认罪认罚案件救济程序的改造模式"，载《法学评论》2019年第6期。

〔2〕 Rosemary Pattenden, *English Criminal Appeals*: 1844 - 1994, Oxford: Clarendon Press, 1996, p. 219.

〔3〕 See Liz Campbell, Andrew Ashworth & Mike Redmayne, *The Criminal Process*, 5th ed., Oxford: Oxford University Press, 2019, p. 386.

平审判原则而来的信赖保护,除非在协商后发现法院迄今所不知的重大新状况,承审法院应受拘束"。[1]法院若要偏离控辩双方达成的量刑建议,更应事先履行告知义务,否则其将成为上诉的法定理由。

二、一部上诉制度和禁止不利益变更原则的交错适用

我们应通过一部上诉制度和禁止不利益变更原则的交错适用来促进上诉制度的精细化、体系化发展。一部上诉制度能让被告方主动限制上诉审查之范围,合理预期上诉结果,也能让法院免于就一审判决没有争议之部分重复进行证据调查和事实认定程序,符合被告方和法院共同的审级利益。[2]《最高法解释》第401条、第402条关于共同被告人上诉、抗诉案件的处理,将上诉、抗诉的效力限于被告人本人,而不及于其他共同被告人,这反映出判决之"一部确定效力"的原理。未来,我国应逐步引入一部上诉制度,将之与禁止不利益变更原则联袂互动,以充分保障上诉权的行使。被告人提出合法有效的一部上诉时,未上诉的部分产生暂时的既判力,上诉法院不得径行审理,否则违反控审分离原则。不得听审也就不涉及不利益变更的问题。合法上诉的部分未产生既判力,法院在量刑时应判断是否受禁止不利益原则的拘束。一部上诉制度和禁止不利益变更原则的交错适用,"对被告而言原则上不会更为不利……因此提供了相当的诱因,鼓励被告人将上诉之声明作合理限制"。[3]

一部上诉制度之核心问题是判断上诉的可分性,其中关键问题是定罪和量刑是否可分,在此应注意两点。一是在定罪无异议的前提下,量刑问题可以单独上诉。被告人的认罪认罚在一审阶段不可分,但在上诉阶段可以单独提起量刑上诉,在诸如余金平案等情形中,控辩双方一般只提起量刑上诉(或抗诉)。按一部上诉的原理,一审判决之定罪部分具有暂时的既判力,上诉法院不得主动审理定罪问题,否则就存在学者所说的"自诉自审"问题。

---

[1] [德]Hans-Jürgen Kerner:《德国刑事追诉与制裁》,许泽天、薛智仁译,元照出版有限公司2008年版,第183-184页。

[2] 参见尹章华:"刑事诉讼第三审及非常上诉之比较研究",载《法学丛刊》1993年第1期。

[3] 林钰雄:《刑事法理论与实践》,中国人民大学出版社2008年版,第94页。

定罪部分尚须等待其他上诉部分确定后，整个案件才可交付执行。量刑部分既已上诉，法院须判断是否受禁止不利益变更原则的拘束。二是不能仅就定罪部分提起一部上诉。定罪是量刑的前提和基础，只有在准确认定事实并作出法律定性后，方可论处刑罚。若单独就定罪部分上诉，量刑部分将会生效，若上诉法院经审理决定撤销定罪或予以改判，量刑部分将无所依附。因此，定罪的上诉效力当然及于量刑部分。

三、重新审视上诉之纠错功能

我们应淡化上诉制度的纠错功能，特别是对于量刑问题，上诉法院要保持适当的克制，尊重一审法院的量刑裁量权，构建良性互动的上下级法院关系。上诉审的事实纠错功能已受到了诸多质疑，[1]余金平案集中体现的是上诉法院对原审量刑的纠错。域外经验显示，上诉法院应秉持适度的被动和克制态度，尽量尊重初审法院的量刑裁决。英美主要依靠两项机制来确保上诉法院只在少数情形中才介入审查原审量刑。一是明确列举允许介入审查的情形，美国主要包括违反法律规定、错误适用量刑指南、超过量刑指南的幅度等，[2]英国主要包括违反法律规定、基于错误的事实基础、存在原则性错误、量刑明显过当等。[3]二是设定高度尊重（highly deferential）初审法院裁量权的审查标准，上诉法院不是判断原审量刑是否"正确"，而是审查原审量刑是否存在裁量权的滥用，只要在合理的裁量范围内，就不会轻易改判。

英美的做法与大陆法系国家及地区采行的量刑幅度理论异曲同工，上诉法院对量刑是一种"幅"的审查，而非"点"的判断，不能以自己得出不同的量刑结论（"点"）来替代原审量刑。根据德国的"量刑空间理论"，关于量刑如何才算是与罪责程度相当，事实审法院原本就享有一定的判断空间，只要量刑结果系未低于已与罪责相当的下限，未超出仍与罪责相当的上限，

---

[1] 参见易延友："我国刑事审级制度的建构与反思"，载《法学研究》2009 年第 3 期；魏晓娜："以审判为中心的刑事诉讼制度改革"，载《法学研究》2015 年第 4 期。

[2] 18 U.S. Code §3742（a）

[3] Paul Taylor, *Taylor On Criminal Appeals*, 2nd ed., Oxford: Oxford University Press, 2012, p.375.

就符合罪刑相当原则。[1]在日本,即使上诉审的宣告刑低于法定刑的最低限度,法院也是"泰然处之",实行禁止不利益变更原则的结果,"有时只能宣告法定刑之外的刑罚,但也不得不如此"。[2]

我国台湾地区曾将"量刑显系失出而撤销之者"作为禁止不利益变更的一项例外。尔后,实务部门和学者逐步意识到,

于法定刑度内,法官酌量科刑,其轻重原无绝对之客观标准。从而,在原审判决适用法条并无不当之情形下,其量刑是否显然失出极难断定。倘使仅凭上诉审法院主观认定之,则由被告上诉或为被告之利益而上诉之任何条件,上诉审皆无不可认为量刑失出而为不利于被告之判决。其流弊所至,足以使不利益变更禁止原则之精神减损无遗。[3]

我国台湾地区在1976年删除了"量刑显系失出而撤销之者"的规定,上诉法院不能因原审量刑明显不当而加重刑罚。我国大陆地区亦有必要反思上诉审查是否仍坚持"事实清楚,证据确实、充分"的标准,一个初步的结论是,上诉法院应秉持适当的克制态度,不能因为自己会得出不同的量刑结论而轻易介入审查并予以改判,更不能以纠错之名来突破禁止不利益变更原则的限制。

上诉法院尊重原审量刑、谨慎介入审查也是维系上诉体系良性、高效运行的需要。上诉法院居于科层式体系的上层,若积极行使量刑监督权,以自己的判断来替代下级法院的裁量结果,不仅体现出对下级法院的不信任,更会捆绑法官在个案裁量中的手脚。在余金平案中,上诉法院遵循实事求是、有错必纠的态度,无论本案实体判决结果如何,可以确定的是,在复审制和全面审查原则下,若要达到"事实清楚,证据确实、充分"的程度,必然要求投入大量司法资源。在案件增多、刑法扩张的背景下,是否能在所有案件中都实现"有错必纠",亟须反思。

---

[1] 薛智仁:"刑事程序之不利益变更禁止原则",载《月旦法学杂志》2012年第10期。

[2] [日]土本武司:《日本刑事诉讼法要义》,董璠舆、宋英辉译,五南图书出版公司1997年版,第420页。

[3] 参见陈朴生主编:《刑事诉讼法论文选辑》,五南图书出版公司1984年版,第326页。

司法实践不是在法律与事实之间进行机械的搬运，法官职业群体会把对公平正义的理解注入实践中。[1]这种实践理性让下级法院有一种"自觉"，即尊重检察机关量刑建议的"自觉"以及在法定幅度内依据个案事实裁量刑罚的"自觉"。实践理性既依靠法律规范的指引，也依靠审级制度的规制，更仰赖法律职业共同体内的相互信任和尊重。无论是"尊重"还是"自觉"，都难以外化为具体的规则，一条可行的思路是：设置适当的上诉审查标准。"标准的设定，既要考虑合法性和正义的要求，也要考虑合理范围内制度正常运转和案件负担。"[2]未来我国应探索多元化的上诉审查标准，就量刑问题适当放松要求，只作"幅"的审查，不作"点"的判断。同时注重基层法官的职业技能和经验素养，从"制度"和"人员"两个方面构建良性互动的上下级法院关系。

四、裁判说理和原则适用的合理性

我们应注重裁判说理，特别是依据具体客观标准来判断是否构成不利益变更时，法院应充分结合个案事实加以论证，强化裁判的合理性和可接受性，并以个案为契机促进一般性条款的具体化。制定法的不完备性不是一种缺陷，而是一种先验且必然的结果，自身封闭、完备、无漏洞、明确的制定法反而会使法律的发展陷入停滞状态。[3]在实体法和程序法不断发展的时代，我们应兼顾法秩序的稳定性和个案的灵活性，若有"更好的论证"支持新观点，就应该放弃现有的做法。"更好的论证"是一份判决中最有权威的部分，它既不是判决的结论，也不是法官作出判决时所依赖的规则，而是那些潜藏在判决和规则背后的判决理由。[4]

我国法律和司法解释已经围绕禁止不利益变更原则初步建构了规范体系，

---

[1] 参见白建军：《刑法规律与量刑实践——刑法现象的大样本考察》，北京大学出版社2011年版，第89-91页。

[2] Richard Nobles & David Schiff, "The Right to Appeal and Workable System of Justice", *Modern Law Review*, Vol. 65, 2002, pp. 700-701.

[3] 参见[德]阿图尔·考夫曼：《法律哲学》，刘幸义等译，法律出版社2011年版，第113页。

[4] [美]杰罗姆·弗兰克：《初审法院——美国司法中的神话与现实》，赵承寿译，中国政法大学出版社2007年版，第305页。

当现有规范无法提供解决方案时，就为法律的续造提供了素材和契机。法院在个案中要着重阐述是否可以直接援引一般客观标准，以及本案哪些特殊情势触发了例外情形的适用。在余金平案中，二审判决围绕原判量刑是否过重的问题作了充分说理和论证，遗憾的是，法院回避了控方为被告人利益抗诉的事实，未能进一步发展上诉不加刑原则。未来，确立禁止不利益变更原则后，法院遇有新情形、新问题，应基于该原则之规范目的，在整个法秩序内解释法律并填补漏洞，不断完善相对稳定且具有前瞻性的"原则和例外"模式。现有规范体系和个案特殊情形相互作用，既将保障上诉权的理念融入个案裁判，也将个案特殊事实予以规范化、一般化、建构化，促进个案的归整和"法律的生长"。于此意义上，期待未来出现更多的"余金平案"。

五、禁止不利益变更原则与上诉制度的整体完善

我国应以引入禁止不利益变更原则为契机，从纵向和横向两个层面推进刑事上诉制度的整体完善。纵向层面应遵循审级联动原理，依托"以审判为中心"的改革，以高质量的侦查和审查起诉工作建构坚实的第一审，同时注重发挥第二审程序的救济功能，并适当探索第三审法律审的试点改革。本质上，各种对禁止不利益变更原则的质疑态度是对一审裁判品质的怀疑和对真相发现的眷恋。然而，纵向层面改进的重点不在于通过增加审级来纠正错误，而是在有限的司法资源内确保裁判的公正性和法秩序的安定性。我国学术和实务中已经出现"精一审、强二审"的呼声，[1]只有注重基层法院的人员配置，提高法官的业务素质，强化对下级法院的信任，才能从根本上减少出错可能，降低对二审纠错的依赖，从而在整体上塑造"第一审是中心，第二审侧重救济，第三审严格法律审"的"金字塔型"审级制度。

横向层面须从上诉类型、审查范围、禁止不利益变更等方面加以综合研判。我国应遵循上诉结构多元化的思路，在部分认罪认罚案件中以上诉理由审核制来事先过滤案件，在重大、疑难、复杂或被告人不认罪的案件中仍应

---

[1] 参见林喜芬："我国刑事审级制度功能考辩与变迁改良"，载《东方法学》2009年第5期；刘艳辉、阳桂凤："上诉不加刑：在救济与纠错功能博弈中寻求平衡与协调——以新修订的《刑事诉讼法》第226条为视角"，载《法律适用》2014年第3期。

坚持权利型上诉，并以禁止不利益变更原则来保障被告人行使上诉权。在强化第一审事实审的基础上，我国可以引入事后审查制来确保第一审程序的中心地位。事后审查制是以第一审的事实认定为依据，审查原审判决是否"妥当"，一般不允许提出新的证据或事实。[1] 改判事由较少，禁止不利益变更的适用范围也相对较窄。总之，综观纵向和横向两个层面，禁止不利益变更原则之确立可以继续助推我国刑事上诉制度多元化的改革。

本章分析表明，刑事诉讼体现了国家追诉利益和个人权利保障之间持续的对话和角力，禁止不利益变更原则旨在保障被告人的上诉意志自由，是立法者权衡公共利益和个人利益后作出的有利于被告人的角力结果。在犯罪门槛下降、刑罚结构调整和犯罪法律后果多元化的背景下，我国应当确立禁止不利益变更原则，让程序法跟进实体法变革的节奏。立法智慧有限，个案情形无穷，一般客观标准和具体客观标准相结合的"原则和例外"模式兼具稳定性和灵活性，能为"不利益"的判断提供准据，并在法秩序疏漏处促进"法律的生长"。个案裁判始终是刑法和刑事诉讼法的交错适用，纵使禁止不利益变更原则限制了上诉法院的量刑权限，可能有碍真实发现，但这恰恰宣示出：没有不用付出代价的法治国原则！

---

[1] 参见牟绿叶："人民陪审员参与刑事审判的上诉审构造"，载《当代法学》2021年第4期。

第八章
多元上诉结构的规范建构路径

在刑法不断扩张的背景下,刑事程序应提供繁简有度、层次分明的诉讼体系。在我国"以审判为中心"和认罪认罚从宽制度的改革中,为了兼顾司法公正和诉讼效率,刑事第一审程序的建构已经考虑了案件类型、刑罚轻重和认罪与否等因素,并依据裁判对象和一审程序的类型初步建构了多元化的诉讼轨道。上诉处于程序的下游,承载着纠错、救济等多元功能,而且,由于经历了审前和一审程序,程序下游的制度建构将会更加精细、复杂。我国应结合案件类型、刑罚轻重、认罪与否等因素,并参酌一审程序的类型以及二审程序的价值取向、功能预期和政策导向,探索建构二元或多元化的上诉制度。

必须承认,上诉理由审核制必然对我国历来坚持的权利型上诉造成一定的冲击,被告人的上诉权难免受到一定的限制,二审程序的纠错功能亦难免有所减损。但是,国家不可能在每个案件中都投入同等的司法资源,也不能单纯为了纠错而不计成本地投入司法资源,"正义的多种面孔"要求对不同的案件和不同的被告人作出区分对待。上诉制度的多元功能和司法资源的有限性要求我们不断优化资源配置,在二审阶段继续推进案件的繁简分流,为中国特色轻罪诉讼体系提供体系化的制度保障。

在规范建构层面,引入裁量型上诉和上诉理由审核制是一项牵一发而动全身的改革,不仅涉及认罪认罚案件的二审程序,也将影响所有案件的一审管辖、上诉类型和二审查的模式,更需要在刑事实体法、法院职能和审级制度等方面进行结构性调整。在此总结性的章节,本书并非旨在提供事无巨细的规则条款,而是提出规范建构初步和长远两种方案。

第八章　多元上诉结构的规范建构路径

第一节　多元上诉结构的初步完善思路

当前，在2018年《刑事诉讼法》第227条充分保障上诉权的原则下，我国可以根据一审管辖和认罪认罚两个因素初步探索建构多元化的上诉结构。

第一，中级以上法院一审管辖的案件属于典型的重罪案件或性质特殊案件，它们涉及公民的生命、自由和重大财产权利，或涉及社会公共利益，在彻底实现"以审判为中心"的改革目标前，为确保案件得到公正处理并保障被告人的权利，无论认罪与否，都应维持权利型上诉和全面审查原则。质言之，短期而言，不能因优先追求效率而减损对公正审判的保障。但从长远看，随着"以审判为中心"改革的推进，在这些案件中确保第一审程序对事实和法律问题进行实质审理后，坚实的第一审可以为改采裁量型上诉提供正当性基础和程序保障。法院批准上诉并启动二审程序后，应按照"一部上诉"原则围绕争议问题展开审查，侧重发挥二审之救济功能以及在极少数情形中的纠错功能。此外，得益于上诉理由审核制的过滤功能，二审法院有充足的人力、物力和时间在重罪案件中进行开庭审理，让控辩双方充分发表意见，当庭听取关键证人的证言，从而保障被告人获得有效的上诉救济。

第二，基层人民法院一审管辖的案件根据被告人是否认罪认罚作进一步区分。一方面，被告人不认罪的案件只适用普通程序，上诉阶段的司法资源应继续向此类案件倾斜，故应维持权利型上诉。另一方面，在认罪认罚案件中，鉴于目前基层法院管辖案件的范围较广，故可以依据刑罚轻重作进一步分流。其一，适用普通或简易程序审理的可能判处三年有期徒刑以上刑罚的案件，鉴于目前认罪认罚的自愿性、真实性和合法性尚且难以获得有效保障，检察机关的量刑建议有时缺乏精准性，而且，我国立法和实务对上诉理由审核制较为陌生，没有具体的操作指引，故不宜立即改采裁量型上诉。未来，随着"以审判为中心"和认罪认罚从宽制度改革的推进，立法和实务积累了一定的经验后，应适时探索试点上诉理由审核制。需要指出的是，这类案件最能反映出上诉程序和审级制度是政策性抉择之产物，立法者可以综合考虑犯罪率、案件数量和司法资源等因素，选择权利型或裁量型上诉。鉴于可能判处较重刑罚，在司法资源允许的范围内可以维持权利型上诉；若检察机关量刑建议日益精准化，基层法院也能对认罪认罚展开有效的司法审查，亦可改采裁量型上诉。其二，我们应在适用速裁程序审理的案件中率先引入上诉理由审核制，本书第三章已经论证，这具有正当性、必要性和可行性。这种初步探索亦能为未来逐步扩大上诉理由审核制、探索多元上诉结构提供试点经验。

第二节 多元上诉结构的长远构建图景

多元上诉结构的探索应带动刑事实体法、各级法院的职能和审级制度的整体性完善。

第一，重罪和轻罪的界定对一审管辖和上诉程序具有双重意义。目前，中级人民法院一审管辖的是可能判处无期徒刑、死刑的典型重罪案件，它们与可能判处三年有期徒刑以下刑罚的轻罪案件之间存在大量中间地带。未来可通过实体法对重罪、轻罪作细化界定，同时兼顾案件的特殊类型（如危害国家安全、恐怖活动案件等）来确定中级人民法院的一审管辖。例如，对于可能判处十年以上有期徒刑的案件，《刑事诉讼法》在逮捕、侦查期限等方面都作出了特殊规定，《人民陪审员法》第16条还将之与可能判处无期徒刑、死刑的案件一并作为重大刑事案件。因此，这类案件可以纳入中级人民法院的一审管辖。确定一审管辖之意义不仅在于一审程序的适用，即只适用诉讼形态最完整的普通程序，也将间接决定二审上诉的类型和审查范围。如果中级人民法院在一审中进行了彻底的事实审，被告人只能提起裁量型上诉；高级人民法院对上诉理由进行初步审查后，即使启动二审程序，审查范围也只限于争议问题。

第二，从长远看，我国还可以在特定案件中引入选择管辖制度，在考虑认罪与否之前，通过选择管辖率先实现案件的初步分流，在审前阶段建构"选择管辖+认罪与否"的双重分流机制。典型的重罪或其他特殊案件必须由中级人民法院一审管辖，轻罪案件也必须由基层法院一审管辖，除这两类强制管辖外，处于两者之间的其他案件，可以通过"个罪"和"类罪"相结合的方式，明确选择管辖的适用范围。例如，对于交通肇事、盗窃、抢夺、非法拘禁等个罪和诈骗、伤害、毒品、行贿等类罪，量刑幅度较宽，甚至可能判处十年以上有期徒刑，可由控辩双方选择一审管辖法院。选择时的考虑因素包括刑罚轻重、认罪与否、审判组织、量刑范围和上诉类型等。例如，被告人不认罪且可能判处十年以上有期徒刑的盗窃案件，可选择由中级人民法院一审管辖且适用普通程序，并申请人民陪审员和法官组成七人合议庭，充分发挥陪审员认定事实的优势，通过最完整的诉讼程序来保障被告人获得公正审判的权利。但是，中级人民法院一审管辖意味着被告人可能被判处无期徒刑，而且，只能基于法定理由向高级人民法院申请上诉。也就是说，一审程序中正当的诉讼程序、充分的权利保障和充足的资源投入决定了二审程序的功能定位应侧重于救济。相反，若被告人在此类案件中认罪认罚，亦可选择基层人民法院一审管辖并适用简易程序，合议庭的人数规模将有所限制，最终也不会被判处无期徒刑以上刑罚。一审判决后，被告人究竟是可以提出权利型上诉还是裁量型上诉，取决于立法者的政策抉择。一般来说，为了引导被告人选择简易程序，既可在量刑上适度从宽，也可确立权利型上诉。当然，立法者也可以基于案件数量、司法资源等其他因素，采用裁量型上诉，但此时必须在量刑幅度、程序保障和审判组织等方面作出相应的调整，让被告人有理由去选择简易程序。

第三，审级越高的法院越应淡化二审的纠错功能，侧重发挥救济功能。审级制度是一把双刃剑，以重复审判的方式追求司法的正确性必须以维护一审判决的终局性和权威性为前提。[1]"以审判为中心"的改革就是要让一审法院在事实认定方面发挥关键作用，二审法院可能具有人员、组织和资源等优势，但权利型上诉一律要求二审法院启动二审程序，并不一定得以更正错误，而且，大部分案件既无实质争议，也无新的证据，全面审查的意义和效果都值得反思。在裁量型上诉中，法院初步审查上诉理由时亦能发现可能存在的错误，并可根据争议类型来确定救济之方式。中级人民法院能借助上诉

---

[1] 傅郁林："审级制度的建构原理"，载《中国社会科学》2002 年第 4 期。

理由审核制过滤掉大量"空白上诉",将有限的司法资源投入具有听审价值的案件,以及由其一审管辖的重大、疑难、复杂或不认罪案件,实现司法资源的优化配置。高级人民法院和最高人民法院处于法院体系的高层,更应发挥二审程序之救济功能,依托个案裁决来保证法律统一适用,在现行法体系出现漏洞时促进"法律的生长"。

第四,以建构多元上诉结构为契机,逐步区分事实审和法律审,推进刑事审级制度的多元化、精细化发展。《人民陪审员法》第22条要求在陪审员和法官组成的七人合议庭中区分事实问题和法律问题,但即使在英美严格遵循陪审团和法官职能分工的情形下,也无法对事实和法律问题的区分提供精确的规则。[1]难以区分不是不能区分,已有研究通过排除法来列举陪审员不能针对诉讼程序、证据能力、法律适用、法条解释、罪名选择等法律问题发表意见。[2]按此思路,我们可以总结实务经验来不断扩充排除事项,推动我国区分事实和法律问题的理论探讨和实务操作。更重要的是,这有助于完善刑事上诉结构和审级制度。在权利型上诉中,既可坚持全面审查原则,也可重点审查存在争议的事实或法律问题。在裁量型上诉中,法院可依据上诉理由指向之事实或法律问题,准确把握个案中的争议焦点,有针对性地开展审查并确定不同的救济方式。此外,对于具有普遍重要性的法律问题,经第一次权利型或裁量型上诉后仍有争议的,控辩双方可以再向上一级法院申请上诉。此时,上诉应阐明理由,法院有权进行初步审查,故即便改采三审终审制也不会造成法院负担过重。对具有普遍重要性的法律问题再次展开审查,有助于在现行指导性案例的遴选机制外,开辟另一条以诉讼程序来推动"法律的生长"途径。

第五,坚实的第一审程序是二审程序改革的基础。无论在基层人民法院还是中级人民法院,庭审实质化改革都要求强化第一审程序的事实认定功能。第一审程序是基础,第二审程序是整个刑事程序的下游工程,如果无法有效

---

[1] See Wayne LaFave, *Search and Seizure: A Treatise on the Fourth Amendment* (volume 6), St. Paul, MN: Thomson Reuters, 2017, p. 561.

[2] 参见刘峥:"人民陪审员制度中的区分事实审和法律审",载《人民法院报》2018年10月20日,第2版。

提升侦查品质、慎重筛选起诉案件并强化一审程序的品质，上诉制度的改革徒属"空中楼阁"。[1]只有在审前程序合理分流和坚实的第一审基础上，二审程序才能为建构多元精细、公正高效的诉讼体系提供制度保障。

---

[1] 参见陈运财："刑事诉讼第三审构造之探讨"，载《月旦法学杂志》2007年第4期。

附　录

附录一　英国有罪答辩案件的上诉程序

我国认罪认罚从宽制度改革和英国自20世纪六七十年代以来的刑事司法发展脉络颇有异曲同工之妙。我国认罪认罚从宽制度体现的是在"以审判为中心"的要求下贯彻案件繁简分流的原则,[1]而英国刑事案件的初审管辖和上诉程序的建构同样体现了这一原则基本的要求。在英国的刑事诉讼制度中,为了确定审判方式,犯罪可以划分为三个等级:仅能以起诉书(indictment)审判的、仅能简易审判的和可以任选方式审判的。一般而言,重罪案件只能适用起诉书审判,审判在皇室法院内由法官或陪审团审理;中等严重程度的犯罪,如偷窃、处理赃物、欺骗以获取财物等,可以适用两种审判方式的任意一种;95%左右的案件都是轻罪案件,无须被判处监禁以上的刑罚,可以在治安法院适用简易审判。[2]就二审上诉而言,皇室法院既是重罪案件的一审法院,同时也是轻罪案件的二审法院,处理来自治安法院的上诉案件。如果对皇室法院所作的一审判决不服,可以向上诉法院刑事法庭提起上诉。被告人在治安法院或皇室法院管辖的一审案件中都可以作有罪答辩,但有罪答辩会对上诉的权利、上诉理由和上诉审查等方面造成不同的法律后果。本附录一将"深描"英国有罪答辩案件的上诉程序,为二元上诉结构和上诉理由审核制作对比参照。

---

[1] 参见汪海燕:"认罪认罚从宽制度视野下的'以审判为中心'",载《中国法学》2023年第6期。

[2] 参见[英]约翰·斯普莱克:《英国刑事诉讼程序》,徐美君、杨立涛译,中国人民大学出版社2009年版,第5页。

一、在治安法院作有罪答辩后的上诉

1980年《英国治安法院法》第108条规定,如果被告人已经作了有罪答辩,那么只能向皇室法院提起量刑上诉;如果没有作有罪答辩,有权就定罪、量刑问题提起上诉。尽管《欧洲人权公约》第7章第2条规定,任何被法庭判定有罪之人都有权要求更高一级的法庭对定罪、量刑进行审查,但英国政府没有批准该条款,所以限制有罪答辩的被告人的上诉权不会涉及违反《欧洲人权公约》的问题。尽管如此,当有罪答辩是模棱两可(equivocal)时,被告人有权就定罪问题提起上诉,此时,皇室法院可以将案件发回治安法院,指示被告人可以改作无罪答辩。如果被告人的有罪答辩是清楚明确的(unequivocal),治安法官也根据有罪答辩判处了刑罚,那么治安法院和皇室法院都无权允许被告人撤回有罪答辩。也就是说,被告人作出清楚明确的有罪答辩后,无论如何都无权向皇室法院提起定罪上诉。最初,《英国治安法院法》第108条限制上诉权的规定也受到了质疑,欧洲人权法院在1994年明确指出,被告人自愿作出清楚明确的有罪答辩后,禁止其再行变更有罪答辩的规定不违反《欧洲人权公约》第6条所保障的公正审判权。[1]自此以降,被告人在治安法院作有罪答辩后,原则上只能提起量刑上诉,除非答辩是"模棱两可"的。

(一)"模棱两可"的有罪答辩

如果有罪答辩是基于错误的证据,或错误的基础事实,或仅仅因被告人事后改变了主意,想获得更好的协商结果,都不是模棱两可的答辩。在证据或基础事实错误的情形下,被告人可以申请其他救济,例如,可以申请高等法院(Queen's Bench Division of the High Court)对治安法官裁判过程的合法性和适当性进行司法审查(judicial review),也可以 向刑事案件审查委员会申请救济。[2]

模棱两可的答辩主要有两种情形:第一,在作出答辩时就是模棱两可的。

---

[1] RO v. UK, [1994] 18 EHRR CD 212.
[2] Paul Taylor, *Taylor On Criminal Appeals*, 2nd ed., Oxford:Oxford University Press, 2012, p. 70.

例如，被告人承认是有罪的，但附加了一些说辞，如"我是正当防卫"，"这是意外事件"，"承认实施了盗窃行为，但认为赃物是自己的"。这些情形一般争议不大，因为治安法院会记录被告人答辩时的每一句话。第二，作出答辩后的案情显示当初的答辩是模棱两可的。例如，被告人在没有律师帮助的情形下作了有罪答辩，但随后案情显示有利于被告人的情节与答辩不符，例如，被告人承认误拿了摩托车，但却主张说，他认为这辆摩托车是他朋友的，并且获得了朋友的允许。在此类情形中，只有进入量刑听证阶段才能显示先前有罪答辩是模棱两可的。

向皇室法院主张有罪答辩是模棱两可时，必须满足以下两个条件：第一，有初步证据（prima facie）显示，被告人已经向治安法官提出有罪答辩是模棱两可的；第二，治安法官应当行使裁量权来允许被告人改变有罪答辩。满足两个条件后，答辩是否模棱两可就成为一个"先决问题"，需要皇室法院展开调查。此时，被告人必须向皇室法院提交可靠的证据，而且只限于向治安法官提交的那些证据，不能超出范围提交新证据。皇室法院可以要求治安法院的法官或书记员提供一份附誓证言，必要时也可以要求律师提供证言，以便了解在治安法院进行答辩的情况。在此基础上，皇室法院必须解决三个问题：（1）有罪答辩是模棱两可的吗？（2）如果不是，在治安法院听审过程中，案情是否足以明确，以至于治安法官应当行使裁量权去允许被告人改变有罪答辩？（3）如果是，治安法官没有允许被告人改变有罪答辩的做法，是否错误地行使了裁量权？需要指出的是，在被告人有律师帮助的案件中，如果他们在治安法院没有申请改变有罪答辩，皇室法院很少会认定治安法院应当依职权主动要求被告人改变有罪答辩。但是，如果有利于被告人的量刑情节与犯罪的构成要素或有罪答辩本身严重不符的话，皇室法院应当考虑行使裁量权去允许被告人变更有罪答辩。

此外，受胁迫（duress）所作的有罪答辩和模棱两可的答辩一样，都是无效的答辩。[1]皇室法院在调查有罪答辩是否模棱两可时，必须全面调查在治

---

〔1〕 Andrew Keogh, *Criminal Appeals and Review Remedies for Magistrates' Court Decisions*, London：Blackstone Press Limited, 1999, p. 26.

安法院听审中的所有问题。如果被告人因受到同案被告人的胁迫而作有罪答辩的，即使治安法院没有注意该问题，皇室法院也可以进行全面审查。例如，在乔丹案中，夫妻二人被指控盗窃，他们在治安法院都作了有罪答辩，随后，妻子向皇室法院就定罪问题提起上诉，主张她是在丈夫的胁迫下实施了犯罪，而且丈夫威胁她如果不承认有罪，事后会对她施暴。当治安法官询问她是否有罪时，丈夫用手臂顶了一下她，提醒她事后会施暴。皇室法院经审查后指出，它们只有对模棱两可的有罪答辩享有管辖权，本案中妻子的有罪答辩是清楚明确的，故驳回了她的上诉。随后，妻子向高等法院申请司法审查，高等法院裁决认为，如果皇室法院对本案情形不享有管辖权，受到胁迫的被告人就无法及时变更先前的有罪答辩，所以皇室法院应当有权就此类情形展开调查。被告人受到胁迫后，就不是在自由意志支配下作出的有罪答辩，这种答辩和模棱两可的答辩或无效的答辩一样，法院都应予以撤销，并将案件发回治安法院重新听审。[1]总之，被告人在选择答辩时可能会受到来自法院、律师和其他人施加的压力，无论压力源自何处，都可能导致有罪答辩是无效的。

(二) 量刑上诉

皇室法院在上诉程序中对量刑的听证和一审程序基本一样。略有不同的是，皇室法院首先要忽略治安法院的量刑裁决，自行判断被告人应当被判处何种刑罚，然后再对比自己的量刑结论和治安法院的结论之间存在多大程度的差异。如果两者差异不大或不明显（trifling or insignificant），则予以忽略；如果差异显著，则接受上诉意见并以皇室法院自己的结论替代一审量刑。申言之，皇室法院关注的不是一审量刑是否超出了治安法官的裁量权限，而是要自行判断应当判处何种适当的刑罚。

如果控辩双方在一审程序中已经对有罪答辩的事实基础存有争议，治安法官应当先听取相关证据，并确保皇室法院在听审量刑问题前知悉相关争议和证据。治安法院的事实认定不具有拘束力，皇室法院可以再次举行听证，自行审查和认定量刑的事实基础。如果皇室法院不接受治安法院的观点，必

---

[1] R. v Huntingdon Justices Ex p. Jordan, [1981] Q. B. 857, p. 861.

须将此清楚地告知被告人，以便给予其充分的准备时间。

如果被告人在上诉中第一次对量刑的事实基础提出了异议，皇室法院可以自行裁量决定，要么将案件发回治安法院并委托它们认定量刑事实，要么自行举行听证程序。皇室法院在决定是否将案件发回治安法院时，应当考虑以下因素：(1) 犯罪事实；(2) 被告人是否可以在治安法院质疑量刑的事实基础；(3) 将案件发回治安法院是否会造成严重的诉讼拖延。如果皇室法院决定自行举行量刑听证，则适用牛顿听证程序（Newton Hearing）的相关规定，[1] 被告人有权提交没有向治安法官提交的有利于自己的量刑证据。如果对量刑的事实基础存在截然不同的事实版本，或者对某一事实认定存在重大的意见冲突，法官应当听取律师的意见，并且尽量尊重被告方提出的事实版本。当然，如果被告方主张的事实版本是明显错误的或完全不可能的，皇室法院有权不予接受并自行认定最终的量刑事实。

(三) 皇室法院的裁决

根据1981年《英国高等法院法》（the Senior Courts Act）第48条的规定，皇室法院处理上诉案件的权限很宽泛。就定罪问题而言，皇室法院在上诉听审过程中，可以更正治安法院裁决中的法律或事实错误，在上诉听审结束后，可以维持、撤销或改变治安法院的裁决，也可以将案件发回治安法院并阐明自己的意见，也可以就案件相关问题作出皇室法院自己认为是公正的其他命令。在被告人主张有罪答辩是模棱两可的情形中，如果证据不足以支持被告人的主张，上诉程序即行终止，即使皇室法院自己认为被告人当初没有作有罪答辩的意图，也无权将案件发回治安法院。皇室法院经调查认为有罪答辩是模棱两可的，有权将案件发回治安法院，并要求重新举行听证。治安法院必须遵循皇室法院的指示，除非皇室法院未经适当的调查就作出裁决。当皇室法院决定将案件发回治安法院重新听审，但治安法院予以拒绝时，交由高等法院作最终裁决。

就量刑问题而言，皇室法院同样享有广泛的裁决权力。例如，如果被告

---

[1] Martin Wasik & Andrew Ashworth, "Issues in Sentencing Procedure", *Criminal Law Review*, No. 5, 2020, p. 398.

人在治安法院中被判决构成甲罪，但就乙罪被宣告无罪，在上诉程序中，被告人成功说服皇室法院撤销了甲罪的定罪。此时，《英国高等法院法》第48条第2款允许皇室法院以乙罪替代甲罪，因为针对乙罪的无罪宣告也是"上诉所针对的一审裁决的一部分"。[1]同样，皇室法院也可以改变被告人没有异议的量刑。此外，即使被告人仅就定罪问题提起上诉，皇室法院仍有权同时审查量刑问题。也就是说，皇室法院遵循的是全面审查原则，上诉审查的范围不受当事人上诉争议事项的限制。同时，皇室法院也不受上诉不加刑原则的拘束，在治安法院管辖案件的量刑权限内，既可以减轻也可以加重原判刑罚。[2]但皇室法院作为上诉法院的一个限制是，被告人仅提起量刑上诉时，无权审查治安法院一审过程中的程序性错误。

二、在皇室法院作有罪答辩后的上诉

（一）定罪问题

在起诉书审判的重罪案件中，皇室法院是初审法院，被告人在皇室法院作出有罪答辩后，如果认为有罪答辩是无效的（null）或不安全的（unsafe），有权向上诉法院提起上诉。法院通过考虑以下四个因素来判断定罪是否是"不安全的"：被告人是否具有答辩的合适资质；是否清楚自己行为的性质；是否有作出有罪答辩的真实意愿；在接受专业的建议后，是否作了清楚明确的答辩。具体而言，被告人提起定罪上诉的理由主要包括：

1. 非自愿的有罪答辩

如果被告人被剥夺了自由选择有罪还是无罪答辩的权利，任何答辩都是无效的，根据有罪答辩所作的定罪判决也是无效的。此时，上诉法院可以签发一份重审令状（a writ of venire de novo）要求重新进行审判，或者直接取消定罪（set aside the conviction）。"取消"和"撤销"定罪不同，"取消"意味着该定罪在法律意义上自始不存在。例如，在英斯案（R. v. Inns）中，初审法官通过律师向本案17岁的被告人施压，迫使其作出有罪答辩。法官把律师

---

[1] Paul Taylor, *Taylor On Criminal Appeals*, 2nd ed., Oxford: Oxford University Press, 2012, p. 30.
[2] 1981 Senior Court Act, s. 48 (4).

叫进了办公室并警告说，如果被告人坚持抵抗，将会被判处羁押性刑罚，但作有罪答辩的话，就会从轻处罚。被告人最终为了避免丧失自由而承认有罪。上诉法院指出，被告人在受到压力或威胁状态下所作的有罪答辩不是其自由意志的产物，法庭审判也就自始不存在任何答辩，最终的定罪判决也是无效的。[1]可见，与治安法院处理受胁迫所作的答辩一样，只要有罪答辩违背了被告人自由选择的意志，都是无效的。

在雷维特、伯格和巴恩斯案（Revitt, Borg and Barnes v. DPP）中，上诉法院确立了被告人撤回有罪答辩的处理原则。时任上诉法院首席法官菲利普勋爵指出，如果被告人作出了清楚明确的有罪答辩，法院也予以接受，那么被告人在法律意义上就已经被证明有罪。此时，被告人不再享有无罪推定原则的保障，法院也可以依据有罪答辩进行量刑。但是，如果答辩是模棱两可的，或者法院对供述的自愿性或被告人是否真的作出过供述存在疑问，法院经审查可以允许撤回答辩。但菲利普勋爵指出，这些情形在实务中很少，法院应当谨慎行使允许撤回有罪答辩的权力。此外，在有些情况下，被告人即使作出了清楚明确的有罪答辩，但事实上也不理解被指控犯罪的构成要素，此时法院也可以允许其撤回有罪答辩。同样，这种情形比较罕见，特别是在被告人已经获得律师帮助之后，律师负有解释和说明的职责，在没有律师帮助的场合，法院也会向被告人解释清楚犯罪的种类和要素。[2]通常情况下，被告人在法院量刑之前都可以改变有罪答辩，在量刑之后，皇室法院无权允许被告人撤回有罪答辩，被告人只能向上诉法院寻求救济。

2. 根据律师错误的建议作出的答辩

如果被告人依据律师错误或误导性的建议作了有罪答辩，其定罪可能是不安全的。在埃米特案（R. v. Emmett）中，律师错误地告诉被告人，基于本案事实，他无权提出法律上的抗辩，上诉法院在受理案件后指出，如果因律师的错误建议使本案出现了根本性的法律错误或事实错误，法院可以允许被告人撤回有罪答辩。[3]在W（AG）案中，情形更为复杂。被告人被指控多个

---

[1] R. v. Inns, [1974] 60 Cr App R 231, p. 233.

[2] Revitt, Borg & Barnes v DPP, [2006] EWHC 2266 (Admin), para. 17, 28.

[3] R. v. Emmett, [1998] 1 Cr App R 247, p. 253.

罪名，律师告诉被告人其中两个罪名的相关证据对于其他指控罪名具有决定性作用，如果就那两项指控作有罪答辩，就可能避免其他指控罪名的定罪。被告人因此作了有罪答辩，上诉法院最后撤销了有罪答辩，因为这样的定罪也是不安全的。[1]

但是，如果律师考虑到最终的量刑结果，强烈建议被告人选择有罪答辩，即使被告人不情愿地作了有罪答辩，本质上也与W（AG）案的情形不同。很明显，律师有职责向被告人提供法律建议，有罪答辩不会仅因被告人采纳律师的建议而被撤销。在赛克案（R. v. Saik）中，被告人的上诉理由是律师就可能判处的刑罚和没收程序提供了错误的建议，上诉法院指出，除非有充分的事实和证据表明有罪答辩不是真实的自认有罪，否则不会撤销定罪。错误的法律建议必须影响到答辩的核心内容（the heart of the plea），才会致使答辩是无效的。[2] 犯罪构成的要素是答辩的核心内容，但可能判处的刑罚不属于答辩的核心内容。可见，如果律师的建议不会迫使被告人丧失了自愿、明知地选择有罪答辩的权利，就没有影响到答辩的核心内容，最终定罪也不是不安全的。

在被告人因律师错误建议而作有罪答辩的情形中，需要区分两种程序瑕疵：一是因律师的错误导致程序自始都无效；二是在程序合法启动后，因律师错误的建议导致程序中途开始无效。在第一种情形中，整个程序都会被宣告无效，最初依据律师错误建议而作出的有罪答辩也是无效的；在第二种情形中，程序不是自始无效，如果被告人作了有罪答辩，但同时确实享有法律上的抗辩理由，那么可以在上诉中主张定罪是不安全的。法院在审查第二种情形时，应当保障律师有机会解释答辩的情形，只有充分的证据表明律师的错误使得定罪不安全时，才能支持被告人的上诉请求。

3. 根据初审法官的错误裁定作出的答辩

这是实务中最常见的上诉理由。被告人通常主张初审法官剥夺了他们的辩护权，因此相关裁定是错误的，定罪也是不安全的。最权威的判例是查克

---

[1] Paul Taylor, *Taylor On Criminal Appeals*, 2nd ed., Oxford: Oxford University Press, 2012, p. 260.

[2] R. v. Saik, [2004] EWCA Crim 2936, para. 61.

利和杰弗里斯案（R. v. Chalkley and Jeffries），上诉法院在本案中首次阐明了什么样的错误裁定会导致定罪是不安全的。本案确立的一般原则是，如果法官基于既有事实作出了错误的裁定，该裁定的效果使得被告人不可避免地被判处有罪，且事实上没有宣告无罪的可能性，那么该定罪就是不安全的。相反，如果法院采信了不利于被告人的证据，被告人受该裁定的影响而认为获得无罪判决的希望渺茫，因此改作有罪答辩的，定罪一般不是不安全的。[1] 在后一种情形中，即使法院的证据裁定有误，被告人仍有权提出抗辩，他们放弃抗辩并改作有罪答辩的，可以视为是对犯罪事实真实性的承认，所以定罪不一定是不安全的。

法院在很多判决中都援引了查克利和杰弗里斯案确立的分析法则。例如，在拉杰库玛案中，被告人提出了滥用程序、警察圈套和审判不公这三项抗辩理由，初审法官经充分调查后全部予以拒绝，被告人随后改作有罪答辩。上诉法院驳回了被告人的上诉申请，指出初审法官在听审三项抗辩理由时适当地行使了裁量权，被告人随后也作出了清楚明确的有罪答辩，所以无权主张一审定罪因初审法官的错误裁定而是不安全的。同样，在汉森案中，初审法官采信了一个有关被告人"不良品格"的证据，被告人随后作了有罪答辩，上诉法院指出，在这种情形下一般不会认定一审定罪是不安全的，因为即使错误采信了品格证据，也不会必然导致宣告无罪，也就不符合查克利和杰弗里斯案确立的分析法则。

随后，史密斯案（R. v. Smith）扩展了查克利和杰弗里斯案的分析法则。在史密斯案中，被告人在证人席承认了有罪，但随后在上诉中提出，有罪答辩的原因是初审法官错误地拒绝了被告人无案可答的申请（a submission of no case to answer），正是因为初审法官错误的裁定，被告人才在交叉询问时承认有罪。上诉法院指出，即使初审法官已经听取了不利于被告人的证据，被告人在法官错误拒绝了无案可答后也作了有罪答辩，但如果允许事实上无案可答的案件继续进入审判程序，将会构成程序滥用并导致严重的程序不公，所

---

[1] R. v. Chalkley and Jeffries, [1998] 2 Cr App R 79, p. 94.

以被告人应当被宣告无罪。[1]总之，无论是查克利和杰弗里斯案还是史密斯案，根本的判断标准都在于定罪是否是不安全的，如果因为法官的错误裁定导致定罪是不安全的，就应撤销有罪答辩和一审判决。

4. 定罪后发现新证据

1968 年《英国刑事上诉法》（Criminal Appeal Act）第 23 条第 1 款赋予上诉法院裁量权，如果认为有必要或者有助于促进司法公正，可以允许被告人根据定罪后发现的新证据来提起定罪上诉。例如，在李案（R. v. Lee）中，尽管被告人已经作了有罪答辩，但有新证据显示检控方最初滥用了指控权，法院原本不应该接受一揽子的有罪答辩，而应分开审查每个指控和相应的答辩。上诉法院经牛顿听证程序后认定定罪是不安全的，一并撤销了有罪答辩和一审判决。[2]

（二）量刑上诉

《欧洲人权公约》第 6 条保障了被告人在定罪和量刑程序中获得公正审判的权利。1998 年《英国人权法案》（Human Rights Act）对有罪答辩和量刑也确立了一些基本原则。第一，被告人有权选择有罪答辩来避免正式的审判程序，只要有充分的答辩保障机制，就不违反《欧洲人权公约》第 6 条赋予的公正审判权。第二，向有罪答辩的被告人提供一定的量刑优惠并不违反公正审判原则，但量刑优惠的幅度必须根据个案情形予以确定。被告人及其律师有时候会向法官咨询可能获得的量刑优惠，法官对优惠幅度的阐述不构成对被告人答辩的压力。第三，被告人有权要求检控方开示本案的任何信息和资料，以便帮助被告人获得可能的量刑优惠。在上诉阶段，检控方同样负有开示义务。

总体而言，由于初审法官可以直接接触全案的量刑信息，上诉法院一般不会干涉初审法官的量刑裁量权，只有在以下几种情形中，才会介入审查一审量刑的合法性和适当性。

---

[1] R. v. Smith, [1999] 2 Cr App R 238, p. 242.
[2] R. v. Lee, [1984] 1 WLR 578, p. 585.

1. 量刑没有法律依据

如果量刑超过了法定的最高或最低幅度，属于没有法律依据的典型情形。此外，如果皇室法院没有遵守相关制定法规定或程序性要求，也属于量刑没有法律依据，这主要包括两种情形：第一，量刑没有说理。有些法律明确要求量刑需要说理，如果没有说理，就属于违反制定法的典型情形。但是，量刑没有说理并不构成致命的错误，在很多暴力犯罪或性犯罪的案件中，上诉法院可以进行补充说理，来弥补一审量刑说理中的不足。第二，量刑程序中的无效辩护。在一些特殊案件的量刑程序中，法律明确要求被告人获得有效的律师帮助，无效辩护会使得最终的量刑不合法。例如，被告人可能被判处终身监禁时，如果法官没有将此告知律师并给予辩护方必要的准备时间，上诉法院就会撤销原判刑罚。在未成年人案件中，如果法官要对成年人判处监禁刑以上的刑罚，应当提供律师帮助。此外，如果量刑前的报告涉及新的、相关性很强的证据材料，法官必须告知律师，否则也违反了有效辩护的要求。

2. 量刑的基础事实有误

如果量刑依据的基础事实有误，则必须予以撤销。例如，被告人在审判前的有罪答辩中就指控 A 承认有罪，但指控 A 并不涉及正式指控的其他罪名，被告人也没有就其他指控承认有罪，法院在量刑时就不能将被告人已经就指控 A 作了有罪答辩，作为其他指控的量刑依据。然而，如果被告人作了有罪答辩，但随后上诉中提出了一个明显错误或不可能的事实版本，法院可以直接予以拒绝，无须再行举行听证程序；相反，如果初审法官在量刑时没有认定明确的基础事实，上诉法院可以依职权重新举行牛顿听证程序。

3. 法院忽略了相关因素，或考虑了不相关的因素

如果法官在量刑时没有考虑有罪答辩，或没有考虑被告人对案件侦破提供的其他帮助，上诉法院可以据此撤销量刑。同样，如果法官在量刑时考虑了不应当考虑的因素，也构成量刑上诉的法定理由。后者的情形包括，法官考虑了被告人的生活状况，被告人在宣誓后撒了谎，强迫证人出庭，或者法官对量刑的评论让人怀疑有罪答辩不是自愿的。这些情节在有些案件中与量刑是相关的，这里所指的是这些情节在个案量刑中不具有相关性时，但法官仍予以考虑，属于不适当地考虑了不相关的因素。

此外，考虑了不应当考虑的因素还可能涉及证明标准的问题。例如，在戴维斯案（R. v. Davies）中，初审法院在量刑中适用了错误的证明标准，导致没有达到法定证明标准的加重量刑情节进入了评估量刑的范围。根据2003年《英国刑事司法法》（Criminal Justice Act）第296条的规定，谋杀罪成立将被判处终身监禁，法院同时必须设定罪犯被关押的最低服刑期限。如果谋杀过程中实施了性侵或虐待行为，最低服刑期限是30年。上诉法院经审查指出，本案量刑中的争点问题是，被告人在谋杀过程中是否实施了性侵行为。被害人尸体被发现时的确一丝不挂，但没有充分的证据证明被告人实施了性侵行为。对于这种非常不利于被告人的量刑情节，应当适用陪审团认罪有罪的最高证明标准，也就是说，本案是否实施性侵的量刑情节没有达到排除合理怀疑的程度，初审法官不适当地将之作为设定最低服刑期的依据，最终撤销了30年的最低服刑期，结合被告人的定罪前科、精神状况将最低服刑期改为18年。[1] 总之，初审法官考虑了没有达到法定证明标准的量刑情节，属于考虑了不应当考虑的因素，构成量刑上诉的理由。

4. 量刑存在"原则性的错误"

"原则性的错误"的情形比较宽泛，难以准确界定，实务中比较常见的案例是判断原则上适用羁押性还是非羁押性刑罚。一般而言，只有在"绝对必要"时才能判处羁押性刑罚，在暴力、恐吓或其他严重犯罪的案件中，可以适用羁押性刑罚，在其他案件中，只需判处社区服务或罚金刑即可。具体来看，在以下情形中，如果判处了羁押性刑罚，量刑就可能存在"原则性的错误"。第一，被告人因无力支付罚金而被判处监禁刑，或因无力赔偿损失而被延长了监禁的刑期；第二，存在有利于被告人的量刑情节或被告人已经作了有罪答辩，但最终仍被判处最重的刑罚；第三，在量刑幅度内，被告人既被判处最重的刑罚，同时又被科以罚金；第四，有罪答辩得到的量刑优惠和其他有利于被告人的量刑情节混同，使得被告人没有获得应有的全部量刑优惠。[2]

---

[1] R. v. Davies, [2008] EWCA Crim 1055, para. 14.
[2] Paul Taylor, *Taylor On Criminal Appeals*, 2nd ed., Oxford: Oxford University Press, 2012, p. 382.

5. 量刑明显过当

一般而言，难以准确界定量刑是否"明显过当"，上诉法院已经以判例的形式针对具体犯罪确立了一些指导规则。首先，就量刑的一般方式而言，包括是否有必须判处较低的刑罚，判处羁押刑的门槛条件，以及对于特定案件的量刑级别（包括谋杀、危险驾驶致人死亡、强奸、毒品案件等）。其次，就"判处羁押刑的门槛条件"来说，量刑"明显过当"和"原则性错误"存在一定的重合，如不应被判处羁押刑而被判处的情形。此外，严重超出个罪量刑基准的量刑或者在个案中被认为是不必要的或严苛的量刑都可能被认定为"明显过当"。

量刑是否"明显过当"最终由法官结合个案事实和量刑情节加以判断。上诉法院一再强调，法官在量刑时必然享有一定的裁量权，虽然上诉法院已经颁布了一些量刑指引和典型案例，但它们本质上只具有参考价值，不能一律适用于每个案件。上诉法院重视的不是量刑结果的统一化，而是量刑方法的统一化。[1]所以，只有当初审法官错误地适用了量刑指引，构成量刑方法错误时，上诉法院才可能介入审查。需要指出的是，"明显"一词表明量刑不能仅仅是"严厉"或"过当"，而是"严厉"或"过当"达到一定的程度。而且，上诉法院不会因为它们可能会判处不同的刑罚而轻易介入审查一审量刑，只有当一审量刑达到"明显过当"的程度，才会予以重新审查。

6. 量刑后出现的新证据

为了强化一审重心的要求，当事人应当在一审程序中提交全部证据，因此上诉法院一再强调，它们会谨慎考虑是否允许当事人在上诉中提交新证据。但事实上，上诉法院享有宽泛的裁量权来允许当事人提交一审量刑结束后发现的新证据。上诉法院在索耶案中指出，它们不仅要审查一审量刑是否错误，还要关注刑罚对被告人的效果，也要综合全案情形来判断维持一审量刑是否有助于实现司法公正。[2]量刑后出现的新证据主要有两大类：第一，服刑报告，上诉法院会根据典狱长提交的报告来调整量刑幅度，在有些案件中甚至

---

[1] Paul Taylor, *Taylor On Criminal Appeals*, 2nd ed., Oxford: Oxford University Press, 2012, p. 395.

[2] Rosemary Pattenden, *English Criminal Appeals*: 1844-1994, Oxford: Clarendon Press, 1996, p. 258.

会立即释放被告人，认为他们已经改过自新，改为非羁押性的刑罚不会有损量刑的目的。第二，有关精神状态的证据。例如，在德希瓦尔案（R. v. De Silva）中，被告人对纵火罪的指控作了有罪答辩，检控方在一审中提交了三份司法精神病鉴定报告，表明被告人虽然长期患有精神分裂症，但纵火并不是受到精神疾病的影响，初审法院判处被告人终身监禁。在上诉中，被告人提交了新的证据，表明他的行为受到了精神疾病的影响，法院据此撤销定罪并改判接受强制医疗。[1]

（三）上诉法院对定罪和量刑的裁决

定罪上诉成功后，上诉法院可以（1）撤销定罪，并指示皇室法院以无罪宣告替代定罪记录；（2）直接变更定罪的罪名；或（3）命令重新审判。如果上诉法院认定一审程序自始无效，也可以签发一份重审令状并要求重新进行审判，或者直接取消原判、宣告无效，并且不再进行新的审判。在直接变更罪名的情形下，被告人就指控甲作了有罪答辩，如果上诉法院认定即使没有甲罪的有罪答辩，被告人也将被判决构成乙罪，而且被告人就甲罪的答辩涉及乙罪相关事实的自认，就有权直接变更有罪答辩的罪名并判处乙罪。但是，上诉法院强调必须谨慎行使更替罪名的裁量权，只有在综合考虑全案的程序和证据后，才能作出有助于促进司法公正的变更裁决。就命令重新审判而言，其判断标准也是"是否有助于促进司法公正"，[2]具体来说，上诉法院会考虑以下因素：被告人已经服刑的期限；犯罪的严重性；犯罪发生和审判相间隔的时间；如果上诉是因为一审程序中的错误，该错误在重审时是否容易被补救；一审程序中的错误或困难是否可能在重审中继续存在；被告人自身的情况等。

量刑上诉成功后，如果上诉法院经审查认为被告人应当被判处不同的刑罚，可以撤销原判刑罚，并在一审法院的量刑权限范围内予以改判。上诉法院可以采信新的证据并考虑新的量刑情节，但不得加重被告人的刑罚。此外，与皇室法院审查治安法官的量刑一样，上诉法院首先必须判断它们自己会判

---

[1] R. v. De Silva, [1994] 15 Cr App R (S) 296, pp. 298-299.

[2] 1968 Criminal Appeal Act, s. 7 (1).

处什么样的刑罚,然后再和一审量刑作对比。如果相差程度显著,就可以在较大的幅度内改变一审量刑。

综上,英国的刑事上诉程序主要是立法的产物,重要的法律渊源包括《英国治安法院法》《英国刑事上诉法》和《英国高等法院法》等制定法,除此之外,判例对解释复杂的上诉规则、积累实务经验和推动法律发展起到了重要作用。针对有罪答辩的上诉案件,英国有些制定法的规定比较原则,尤其是量刑上诉,由于法官在量刑时必然会行使一定的裁量权,诸如"原则性错误""明显过当"等上诉理由都非常抽象,法院正是通过一个又一个判例让这些抽象的制定法得以逐步明确化。制定法和判例相结合的方式,能够给实务操作提供明确的指引。我国随着最高人民法院《关于案件指导工作的规定》的颁布,可以用指导性案例的形式来弥补制定法过于抽象之不足,来进一步明确"量刑明显不当"等抽象规定的程度把握和典型情形。实务中个案情形千差万别,法官不只是适用法律的裁判机器,而是承担赋予法律规则生命体的解释主体,应当通过个案裁判来发展、形成新的法律规则。[1]指导性案例既能提供具体的操作指引,也能适应不断发展的社会生活和司法实务之需要,在必要时可以用新的指导性案例来改变或进一步阐释先前确立的规则,以司法实务的鲜活经验来推进"法律的生长"。

---

〔1〕 牟绿叶:"论指导性案例的效力",载《当代法学》2014年第1期。

附录二　我国相关法律法规及司法解释

中华人民共和国刑事诉讼法（节选）

（2018年10月26日第十三届全国人民代表大会常务委员会第六次会议通过）

第二百二十七条　被告人、自诉人和他们的法定代理人，不服地方各级人民法院第一审的判决、裁定，有权用书状或者口头向上一级人民法院上诉。被告人的辩护人和近亲属，经被告人同意，可以提出上诉。

附带民事诉讼的当事人和他们的法定代理人，可以对地方各级人民法院第一审的判决、裁定中的附带民事诉讼部分，提出上诉。

对被告人的上诉权，不得以任何借口加以剥夺。

第二百二十八条　地方各级人民检察院认为本级人民法院第一审的判决、裁定确有错误的时候，应当向上一级人民法院提出抗诉。

第二百二十九条　被害人及其法定代理人不服地方各级人民法院第一审的判决的，自收到判决书后五日以内，有权请求人民检察院提出抗诉。人民检察院自收到被害人及其法定代理人的请求后五日以内，应当作出是否抗诉的决定并且答复请求人。

第二百三十三条　第二审人民法院应当就第一审判决认定的事实和适用法律进行全面审查，不受上诉或者抗诉范围的限制。

共同犯罪的案件只有部分被告人上诉的，应当对全案进行审查，一并处理。

第二百三十四条　第二审人民法院对于下列案件，应当组成合议庭，开庭审理：

（一）被告人、自诉人及其法定代理人对第一审认定的事实、证据提出异议，可能影响定罪量刑的上诉案件；

（二）被告人被判处死刑的上诉案件；

（三）人民检察院抗诉的案件；

（四）其他应当开庭审理的案件。

第二审人民法院决定不开庭审理的，应当讯问被告人，听取其他当事人、辩护人、诉讼代理人的意见。

第二审人民法院开庭审理上诉、抗诉案件，可以到案件发生地或者原审人民法院所在地进行。

第二百三十六条　第二审人民法院对不服第一审判决的上诉、抗诉案件，经过审理后，应当按照下列情形分别处理：

（一）原判决认定事实和适用法律正确、量刑适当的，应当裁定驳回上诉或者抗诉，维持原判；

（二）原判决认定事实没有错误，但适用法律有错误，或者量刑不当的，应当改判；

（三）原判决事实不清楚或者证据不足的，可以在查清事实后改判；也可以裁定撤销原判，发回原审人民法院重新审判。

原审人民法院对于依照前款第三项规定发回重新审判的案件作出判决后，被告人提出上诉或者人民检察院提出抗诉的，第二审人民法院应当依法作出判决或者裁定，不得再发回原审人民法院重新审判。

第二百三十七条　第二审人民法院审理被告人或者他的法定代理人、辩护人、近亲属上诉的案件，不得加重被告人的刑罚。第二审人民法院发回原审人民法院重新审判的案件，除有新的犯罪事实，人民检察院补充起诉的以外，原审人民法院也不得加重被告人的刑罚。

人民检察院提出抗诉或者自诉人提出上诉的，不受前款规定的限制。

第二百三十八条　第二审人民法院发现第一审人民法院的审理有下列违反法律规定的诉讼程序的情形之一的，应当裁定撤销原判，发回原审人民法院重新审判：

（一）违反本法有关公开审判的规定的；

（二）违反回避制度的；
（三）剥夺或者限制了当事人的法定诉讼权利，可能影响公正审判的；
（四）审判组织的组成不合法的；
（五）其他违反法律规定的诉讼程序，可能影响公正审判的。

最高人民法院关于适用《中华人民共和国刑事诉讼法》的解释（节选）

（最高人民法院审判委员会第1820次会议通过，自2021年3月1日起施行）

第四百零一条 审理被告人或者其法定代理人、辩护人、近亲属提出上诉的案件，不得对被告人的刑罚作出实质不利的改判，并应当执行下列规定：

（一）同案审理的案件，只有部分被告人上诉的，既不得加重上诉人的刑罚，也不得加重其他同案被告人的刑罚；

（二）原判认定的罪名不当的，可以改变罪名，但不得加重刑罚或者对刑罚执行产生不利影响；

（三）原判认定的罪数不当的，可以改变罪数，并调整刑罚，但不得加重决定执行的刑罚或者对刑罚执行产生不利影响；

（四）原判对被告人宣告缓刑的，不得撤销缓刑或者延长缓刑考验期；

（五）原判没有宣告职业禁止、禁止令的，不得增加宣告；原判宣告职业禁止、禁止令的，不得增加内容、延长期限；

（六）原判对被告人判处死刑缓期执行没有限制减刑、决定终身监禁的，不得限制减刑、决定终身监禁；

（七）原判判处的刑罚不当、应当适用附加刑而没有适用的，不得直接加重刑罚、适用附加刑。原判判处的刑罚畸轻，必须依法改判的，应当在第二审判决、裁定生效后，依照审判监督程序重新审判。

人民检察院抗诉或者自诉人上诉的案件，不受前款规定的限制。

第四百零二条 人民检察院只对部分被告人的判决提出抗诉，或者自诉人只对部分被告人的判决提出上诉的，第二审人民法院不得对其他同案被告人加重刑罚。

第四百零三条 被告人或者其法定代理人、辩护人、近亲属提出上诉，人民检察院未提出抗诉的案件，第二审人民法院发回重新审判后，除有新的犯罪事实且人民检察院补充起诉的以外，原审人民法院不得加重被告人的刑罚。

对前款规定的案件，原审人民法院对上诉发回重新审判的案件依法作出判决后，人民检察院抗诉的，第二审人民法院不得改判为重于原审人民法院第一次判处的刑罚。

第四百零四条 第二审人民法院认为第一审判决事实不清、证据不足的，可以在查清事实后改判，也可以裁定撤销原判，发回原审人民法院重新审判。

有多名被告人的案件，部分被告人的犯罪事实不清、证据不足或者有新的犯罪事实需要追诉，且有关犯罪与其他同案被告人没有关联的，第二审人民法院根据案件情况，可以对该部分被告人分案处理，将该部分被告人发回原审人民法院重新审判。原审人民法院重新作出判决后，被告人上诉或者人民检察院抗诉，其他被告人的案件尚未作出第二审判决、裁定的，第二审人民法院可以并案审理。

第四百零五条 原判事实不清、证据不足，第二审人民法院发回重新审判的案件，原审人民法院重新作出判决后，被告人上诉或者人民检察院抗诉的，第二审人民法院应当依法作出判决、裁定，不得再发回重新审判。

第四百二十八条 高级人民法院复核死刑缓期执行案件，应当按照下列情形分别处理：

（一）原判认定事实和适用法律正确、量刑适当、诉讼程序合法的，应当裁定核准；

（二）原判认定的某一具体事实或者引用的法律条款等存在瑕疵，但判处被告人死刑缓期执行并无不当的，可以在纠正后作出核准的判决、裁定；

（三）原判认定事实正确，但适用法律有错误，或者量刑过重的，应当改判；

（四）原判事实不清、证据不足的，可以裁定不予核准，并撤销原判，发回重新审判，或者依法改判；

（五）复核期间出现新的影响定罪量刑的事实、证据的，可以裁定不予核准，并撤销原判，发回重新审判，或者依照本解释第二百七十一条的规定审理后依法改判；

（六）原审违反法定诉讼程序，可能影响公正审判的，应当裁定不予核准，并撤销原判，发回重新审判。

复核死刑缓期执行案件，不得加重被告人的刑罚。

第四百六十九条 除人民检察院抗诉的以外，再审一般不得加重原审被告人的刑罚。再审决定书或者抗诉书只针对部分原审被告人的，不得加重其他同案原审被告人的刑罚。

最高人民法院关于适用《中华人民共和国刑事诉讼法》的解释（节选）

（最高人民法院审判委员会第1559次会议通过，自2013年1月1日起施行，已失效）

第三百二十五条 审理被告人或者其法定代理人、辩护人、近亲属提出上诉的案件，不得加重被告人的刑罚，并应当执行下列规定：

（一）同案审理的案件，只有部分被告人上诉的，既不得加重上诉人的刑罚，也不得加重其他同案被告人的刑罚；

（二）原判事实清楚，证据确实、充分，只是认定的罪名不当的，可以改变罪名，但不得加重刑罚；

（三）原判对被告人实行数罪并罚的，不得加重决定执行的刑罚，也不得加重数罪中某罪的刑罚；

（四）原判对被告人宣告缓刑的，不得撤销缓刑或者延长缓刑考验期；

（五）原判没有宣告禁止令的，不得增加宣告；原判宣告禁止令的，不得增加内容、延长期限；

（六）原判对被告人判处死刑缓期执行没有限制减刑的，不得限制减刑；

（七）原判事实清楚，证据确实、充分，但判处的刑罚畸轻、应当适用附加刑而没有适用的，不得直接加重刑罚、适用附加刑，也不得以事实不清、证据不足为由发回第一审人民法院重新审判。必须依法改判的，应当在第二审判决、裁定生效后，依照审判监督程序重新审判。

人民检察院抗诉或者自诉人上诉的案件，不受前款规定的限制。

第三百二十六条　人民检察院只对部分被告人的判决提出抗诉，或者自诉人只对部分被告人的判决提出上诉的，第二审人民法院不得对其他同案被告人加重刑罚。

第三百二十七条　被告人或者其法定代理人、辩护人、近亲属提出上诉的案件，第二审人民法院发回重新审判后，除有新的犯罪事实，人民检察院补充起诉的以外，原审人民法院不得加重被告人的刑罚。

第三百二十八条　原判事实不清、证据不足，第二审人民法院发回重新审判的案件，原审人民法院重新作出判决后，被告人上诉或者人民检察院抗诉的，第二审人民法院应当依法作出判决、裁定，不得再发回重新审判。

第三百四十九条　高级人民法院复核死刑缓期执行案件，应当按照下列情形分别处理：

（一）原判认定事实和适用法律正确、量刑适当、诉讼程序合法的，应当裁定核准；

（二）原判认定的某一具体事实或者引用的法律条款等存在瑕疵，但判处被告人死刑缓期执行并无不当的，可以在纠正后作出核准的判决、裁定；

（三）原判认定事实正确，但适用法律有错误，或者量刑过重的，应当改判；

（四）原判事实不清、证据不足的，可以裁定不予核准，并撤销原判，发回重新审判，或者依法改判；

（五）复核期间出现新的影响定罪量刑的事实、证据的，可以裁定不予核准，并撤销原判，发回重新审判，或者依照本解释第二百二十条规定审理后依法改判；

（六）原审违反法定诉讼程序，可能影响公正审判的，应当裁定不予核准，并撤销原判，发回重新审判。

高级人民法院复核死刑缓期执行案件，不得加重被告人的刑罚。

第三百八十六条　除人民检察院抗诉的以外，再审一般不得加重原审被告人的刑罚。再审决定书或者抗诉书只针对部分原审被告人的，不得加重其他同案原审被告人的刑罚。

最高人民法院、最高人民检察院、公安部、国家安全部、司法部《关于适用认罪认罚从宽制度的指导意见》(2019年)(节选)

二、适用范围和适用条件

5. 适用阶段和适用案件范围。认罪认罚从宽制度贯穿刑事诉讼全过程，适用于侦查、起诉、审判各个阶段。

认罪认罚从宽制度没有适用罪名和可能判处刑罚的限定，所有刑事案件都可以适用，不能因罪轻、罪重或者罪名特殊等原因而剥夺犯罪嫌疑人、被告人自愿认罪认罚获得从宽处理的机会。但"可以"适用不是一律适用，犯罪嫌疑人、被告人认罪认罚后是否从宽，由司法机关根据案件具体情况决定。

6. "认罪"的把握。认罪认罚从宽制度中的"认罪"，是指犯罪嫌疑人、被告人自愿如实供述自己的罪行，对指控的犯罪事实没有异议。承认指控的主要犯罪事实，仅对个别事实情节提出异议，或者虽然对行为性质提出辩解但表示接受司法机关认定意见的，不影响"认罪"的认定。犯罪嫌疑人、被告人犯数罪，仅如实供述其中一罪或部分罪名事实的，全案不作"认罪"的认定，不适用认罪认罚从宽制度，但对如实供述的部分，人民检察院可以提出从宽处罚的建议，人民法院可以从宽处罚。

7. "认罚"的把握。认罪认罚从宽制度中的"认罚"，是指犯罪嫌疑人、被告人真诚悔罪，愿意接受处罚。"认罚"，在侦查阶段表现为表示愿意接受处罚；在审查起诉阶段表现为接受人民检察院拟作出的起诉或不起诉决定，认可人民检察院的量刑建议，签署认罪认罚具结书；在审判阶段表现为当庭确认自愿签署具结书，愿意接受刑罚处罚。

"认罚"考察的重点是犯罪嫌疑人、被告人的悔罪态度和悔罪表现，应当结合退赃退赔、赔偿损失、赔礼道歉等因素来考量。犯罪嫌疑人、被告人虽然表示"认罚",却暗中串供、干扰证人作证、毁灭、伪造证据或者隐匿、转移财产,有赔偿能力而不赔偿损失,则不能适用认罪认罚从宽制度。犯罪嫌疑人、被告人享有程序选择权,不同意适用速裁程序、简易程序的,不影响"认罚"的认定。

三、认罪认罚后"从宽"的把握

8."从宽"的理解。从宽处理既包括实体上从宽处罚,也包括程序上从简处理。"可以从宽",是指一般应当体现法律规定和政策精神,予以从宽处理。但可以从宽不是一律从宽,对犯罪性质和危害后果特别严重、犯罪手段特别残忍、社会影响特别恶劣的犯罪嫌疑人、被告人,认罪认罚不足以从轻处罚的,依法不予从宽处罚。

办理认罪认罚案件,应当依照刑法、刑事诉讼法的基本原则,根据犯罪的事实、性质、情节和对社会的危害程度,结合法定、酌定的量刑情节,综合考虑认罪认罚的具体情况,依法决定是否从宽、如何从宽。对于减轻、免除处罚,应当于法有据;不具备减轻处罚情节的,应当在法定幅度以内提出从轻处罚的量刑建议和量刑;对其中犯罪情节轻微不需要判处刑罚的,可以依法作出不起诉决定或者判决免予刑事处罚。

9.从宽幅度的把握。办理认罪认罚案件,应当区别认罪认罚的不同诉讼阶段、对查明案件事实的价值和意义、是否确有悔罪表现,以及罪行严重程度等,综合考量确定从宽的限度和幅度。在刑罚评价上,主动认罪优于被动认罪,早认罪优于晚认罪,彻底认罪优于不彻底认罪,稳定认罪优于不稳定认罪。

认罪认罚的从宽幅度一般应当大于仅有坦白,或者虽认罪但不认罚的从宽幅度。对犯罪嫌疑人、被告人具有自首、坦白情节,同时认罪认罚的,应当在法定刑幅度内给予相对更大的从宽幅度。认罪认罚与自首、坦白不作重复评价。

对罪行较轻、人身危险性较小的,特别是初犯、偶犯,从宽幅度可以大一些;罪行较重、人身危险性较大的,以及累犯、再犯,从宽幅度应当从严把握。

四、犯罪嫌疑人、被告人辩护权保障

10. 获得法律帮助权。人民法院、人民检察院、公安机关办理认罪认罚案件，应当保障犯罪嫌疑人、被告人获得有效法律帮助，确保其了解认罪认罚的性质和法律后果，自愿认罪认罚。

犯罪嫌疑人、被告人自愿认罪认罚，没有辩护人的，人民法院、人民检察院、公安机关（看守所）应当通知值班律师为其提供法律咨询、程序选择建议、申请变更强制措施等法律帮助。符合通知辩护条件的，应当依法通知法律援助机构指派律师为其提供辩护。

人民法院、人民检察院、公安机关（看守所）应当告知犯罪嫌疑人、被告人有权约见值班律师，获得法律帮助，并为其约见值班律师提供便利。犯罪嫌疑人、被告人及其近亲属提出法律帮助请求的，人民法院、人民检察院、公安机关（看守所）应当通知值班律师为其提供法律帮助。

11. 派驻值班律师。法律援助机构可以在人民法院、人民检察院、看守所派驻值班律师。人民法院、人民检察院、看守所应当为派驻值班律师提供必要办公场所和设施。

法律援助机构应当根据人民法院、人民检察院、看守所的法律帮助需求和当地法律服务资源，合理安排值班律师。值班律师可以定期值班或轮流值班，律师资源短缺的地区可以通过探索现场值班和电话、网络值班相结合，在人民法院、人民检察院毗邻设置联合工作站，省内和市内统筹调配律师资源，以及建立政府购买值班律师服务机制等方式，保障法律援助值班律师工作有序开展。

12. 值班律师的职责。值班律师应当维护犯罪嫌疑人、被告人的合法权益，确保犯罪嫌疑人、被告人在充分了解认罪认罚性质和法律后果的情况下，自愿认罪认罚。值班律师应当为认罪认罚的犯罪嫌疑人、被告人提供下列法律帮助：

（一）提供法律咨询，包括告知涉嫌或指控的罪名、相关法律规定，认罪认罚的性质和法律后果等；

（二）提出程序适用的建议；

（三）帮助申请变更强制措施；

（四）对人民检察院认定罪名、量刑建议提出意见；

（五）就案件处理，向人民法院、人民检察院、公安机关提出意见；

（六）引导、帮助犯罪嫌疑人、被告人及其近亲属申请法律援助；

（七）法律法规规定的其他事项。

值班律师可以会见犯罪嫌疑人、被告人，看守所应当为值班律师会见提供便利。危害国家安全犯罪、恐怖活动犯罪案件，侦查期间值班律师会见在押犯罪嫌疑人的，应当经侦查机关许可。自人民检察院对案件审查起诉之日起，值班律师可以查阅案卷材料、了解案情。人民法院、人民检察院应当为值班律师查阅案卷材料提供便利。

值班律师提供法律咨询、查阅案卷材料、会见犯罪嫌疑人或者被告人、提出书面意见等法律帮助活动的相关情况应当记录在案，并随案移送。

13. 法律帮助的衔接。对于被羁押的犯罪嫌疑人、被告人，在不同诉讼阶段，可以由派驻看守所的同一值班律师提供法律帮助。对于未被羁押的犯罪嫌疑人、被告人，前一诉讼阶段的值班律师可以在后续诉讼阶段继续为犯罪嫌疑人、被告人提供法律帮助。

14. 拒绝法律帮助的处理。犯罪嫌疑人、被告人自愿认罪认罚，没有委托辩护人，拒绝值班律师帮助的，人民法院、人民检察院、公安机关应当允许，记录在案并随案移送。但是审查起诉阶段签署认罪认罚具结书时，人民检察院应当通知值班律师到场。

15. 辩护人职责。认罪认罚案件犯罪嫌疑人、被告人委托辩护人或者法律援助机构指派律师为其辩护的，辩护律师在侦查、审查起诉和审判阶段，应当与犯罪嫌疑人、被告人就是否认罪认罚进行沟通，提供法律咨询和帮助，并就定罪量刑、诉讼程序适用等向办案机关提出意见。

六、强制措施的适用

19. 社会危险性评估。人民法院、人民检察院、公安机关应当将犯罪嫌疑人、被告人认罪认罚作为其是否具有社会危险性的重要考虑因素。对于罪行较轻、采用非羁押性强制措施足以防止发生刑事诉讼法第八十一条第一款规定的社会危险性的犯罪嫌疑人、被告人，根据犯罪性质及可能判处的刑罚，依法可不适用羁押性强制措施。

20. 逮捕的适用。犯罪嫌疑人认罪认罚，公安机关认为罪行较轻、没有社会危险性的，应当不再提请人民检察院审查逮捕。对提请逮捕的，人民检察院认为没有社会危险性不需要逮捕的，应当作出不批准逮捕的决定。

21. 逮捕的变更。已经逮捕的犯罪嫌疑人、被告人认罪认罚的，人民法院、人民检察院应当及时审查羁押的必要性，经审查认为没有继续羁押必要的，应当变更为取保候审或者监视居住。

七、侦查机关的职责

22. 权利告知和听取意见。公安机关在侦查过程中，应当告知犯罪嫌疑人享有的诉讼权利、如实供述罪行可以从宽处理和认罪认罚的法律规定，听取犯罪嫌疑人及其辩护人或者值班律师的意见，记录在案并随案移送。

对在非讯问时间、办案人员不在场情况下，犯罪嫌疑人向看守所工作人员或者辩护人、值班律师表示愿意认罪认罚的，有关人员应当及时告知办案单位。

23. 认罪教育。公安机关在侦查阶段应当同步开展认罪教育工作，但不得强迫犯罪嫌疑人认罪，不得作出具体的从宽承诺。犯罪嫌疑人自愿认罪，愿意接受司法机关处罚的，应当记录在案并附卷。

24. 起诉意见。对移送审查起诉的案件，公安机关应当在起诉意见书中写明犯罪嫌疑人自愿认罪认罚情况。认为案件符合速裁程序适用条件的，可以在起诉意见书中建议人民检察院适用速裁程序办理，并简要说明理由。

对可能适用速裁程序的案件，公安机关应当快速办理，对犯罪嫌疑人未被羁押的，可以集中移送审查起诉，但不得为集中移送拖延案件办理。

对人民检察院在审查逮捕期间或者重大案件听取意见中提出的开展认罪认罚工作的意见或建议，公安机关应当认真听取，积极开展相关工作。

25. 执法办案管理中心建设。加快推进公安机关执法办案管理中心建设，探索在执法办案管理中心设置速裁法庭，对适用速裁程序的案件进行快速办理。

八、审查起诉阶段人民检察院的职责

26. 权利告知。案件移送审查起诉后，人民检察院应当告知犯罪嫌疑人享有的诉讼权利和认罪认罚的法律规定，保障犯罪嫌疑人的程序选择权。告知应当采取书面形式，必要时应当充分释明。

27. 听取意见。犯罪嫌疑人认罪认罚的，人民检察院应当就下列事项听取犯罪嫌疑人、辩护人或者值班律师的意见，记录在案并附卷：

（一）涉嫌的犯罪事实、罪名及适用的法律规定；

（二）从轻、减轻或者免除处罚等从宽处罚的建议；

（三）认罪认罚后案件审理适用的程序；

（四）其他需要听取意见的情形。

人民检察院未采纳辩护人、值班律师意见的，应当说明理由。

28. 自愿性、合法性审查。对侦查阶段认罪认罚的案件，人民检察院应当重点审查以下内容：

（一）犯罪嫌疑人是否自愿认罪认罚，有无因受到暴力、威胁、引诱而违背意愿认罪认罚；

（二）犯罪嫌疑人认罪认罚时的认知能力和精神状态是否正常；

（三）犯罪嫌疑人是否理解认罪认罚的性质和可能导致的法律后果；

（四）侦查机关是否告知犯罪嫌疑人享有的诉讼权利，如实供述自己罪行可以从宽处理和认罪认罚的法律规定，并听取意见；

（五）起诉意见书中是否写明犯罪嫌疑人认罪认罚情况；

（六）犯罪嫌疑人是否真诚悔罪，是否向被害人赔礼道歉。

经审查，犯罪嫌疑人违背意愿认罪认罚的，人民检察院可以重新开展认罪认罚工作。存在刑讯逼供等非法取证行为的，依照法律规定处理。

29. 证据开示。人民检察院可以针对案件具体情况，探索证据开示制度，保障犯罪嫌疑人的知情权和认罪认罚的真实性及自愿性。

30. 不起诉的适用。完善起诉裁量权，充分发挥不起诉的审前分流和过滤作用，逐步扩大相对不起诉在认罪认罚案件中的适用。对认罪认罚后没有争议，不需要判处刑罚的轻微刑事案件，人民检察院可以依法作出不起诉决定。

人民检察院应当加强对案件量刑的预判,对其中可能判处免刑的轻微刑事案件,可以依法作出不起诉决定。

对认罪认罚后案件事实不清、证据不足的案件,应当依法作出不起诉决定。

31. 签署具结书。犯罪嫌疑人自愿认罪,同意量刑建议和程序适用的,应当在辩护人或者值班律师在场的情况下签署认罪认罚具结书。犯罪嫌疑人被羁押的,看守所应当为签署具结书提供场所。具结书应当包括犯罪嫌疑人如实供述罪行、同意量刑建议、程序适用等内容,由犯罪嫌疑人、辩护人或者值班律师签名。

犯罪嫌疑人认罪认罚,有下列情形之一的,不需要签署认罪认罚具结书:

(一)犯罪嫌疑人是盲、聋、哑人,或者是尚未完全丧失辨认或者控制自己行为能力的精神病人的;

(二)未成年犯罪嫌疑人的法定代理人、辩护人对未成年人认罪认罚有异议的;

(三)其他不需要签署认罪认罚具结书的情形。

上述情形犯罪嫌疑人未签署认罪认罚具结书的,不影响认罪认罚从宽制度的适用。

32. 提起公诉。人民检察院向人民法院提起公诉的,应当在起诉书中写明被告人认罪认罚情况,提出量刑建议,并移送认罪认罚具结书等材料。量刑建议书可以另行制作,也可以在起诉书中写明。

33. 量刑建议的提出。犯罪嫌疑人认罪认罚的,人民检察院应当就主刑、附加刑、是否适用缓刑等提出量刑建议。人民检察院提出量刑建议前,应当充分听取犯罪嫌疑人、辩护人或者值班律师的意见,尽量协商一致。

办理认罪认罚案件,人民检察院一般应当提出确定刑量刑建议。对新类型、不常见犯罪案件,量刑情节复杂的重罪案件等,也可以提出幅度刑量刑建议。提出量刑建议,应当说明理由和依据。

犯罪嫌疑人认罪认罚没有其他法定量刑情节的,人民检察院可以根据犯罪的事实、性质等,在基准刑基础上适当减让提出确定刑量刑建议。有其他法定量刑情节的,人民检察院应当综合认罪认罚和其他法定量刑情节,参照相关量刑规范提出确定刑量刑建议。

犯罪嫌疑人在侦查阶段认罪认罚的，主刑从宽的幅度可以在前款基础上适当放宽；被告人在审判阶段认罪认罚的，在前款基础上可以适当缩减。建议判处罚金刑的，参照主刑的从宽幅度提出确定的数额。

34. 速裁程序的办案期限。犯罪嫌疑人认罪认罚，人民检察院经审查，认为符合速裁程序适用条件的，应当在十日以内作出是否提起公诉的决定；对可能判处的有期徒刑超过一年的，可以在十五日以内作出是否提起公诉的决定。

十、审判程序和人民法院的职责

39. 审判阶段认罪认罚自愿性、合法性审查。办理认罪认罚案件，人民法院应当告知被告人享有的诉讼权利和认罪认罚的法律规定，听取被告人及其辩护人或者值班律师的意见。庭审中应当对认罪认罚的自愿性、具结书内容的真实性和合法性进行审查核实，重点核实以下内容：

（一）被告人是否自愿认罪认罚，有无因受到暴力、威胁、引诱而违背意愿认罪认罚；

（二）被告人认罪认罚时的认知能力和精神状态是否正常；

（三）被告人是否理解认罪认罚的性质和可能导致的法律后果；

（四）人民检察院、公安机关是否履行告知义务并听取意见；

（五）值班律师或者辩护人是否与人民检察院进行沟通，提供了有效法律帮助或者辩护，并在场见证认罪认罚具结书的签署。

庭审中审判人员可以根据具体案情，围绕定罪量刑的关键事实，对被告人认罪认罚的自愿性、真实性等进行发问，确认被告人是否实施犯罪，是否真诚悔罪。

被告人违背意愿认罪认罚，或者认罪认罚后又反悔，依法需要转换程序的，应当按照普通程序对案件重新审理。发现存在刑讯逼供等非法取证行为的，依照法律规定处理。

40. 量刑建议的采纳。对于人民检察院提出的量刑建议，人民法院应当依法进行审查。对于事实清楚、证据确实、充分，指控的罪名准确，量刑建议适当的，人民法院应当采纳。具有下列情形之一的，不予采纳：

（一）被告人的行为不构成犯罪或者不应当追究刑事责任的；

（二）被告人违背意愿认罪认罚的；

（三）被告人否认指控的犯罪事实的；

（四）起诉指控的罪名与审理认定的罪名不一致的；

（五）其他可能影响公正审判的情形。

对于人民检察院起诉指控的事实清楚，量刑建议适当，但指控的罪名与审理认定的罪名不一致的，人民法院可以听取人民检察院、被告人及其辩护人对审理认定罪名的意见，依法作出裁判。

人民法院不采纳人民检察院量刑建议的，应当说明理由和依据。

41. 量刑建议的调整。人民法院经审理，认为量刑建议明显不当，或者被告人、辩护人对量刑建议有异议且有理有据的，人民法院应当告知人民检察院，人民检察院可以调整量刑建议。人民法院认为调整后的量刑建议适当的，应当予以采纳；人民检察院不调整量刑建议或者调整后仍然明显不当的，人民法院应当依法作出判决。

适用速裁程序审理的，人民检察院调整量刑建议应当在庭前或者当庭提出。调整量刑建议后，被告人同意继续适用速裁程序的，不需要转换程序处理。

42. 速裁程序的适用条件。基层人民法院管辖的可能判处三年有期徒刑以下刑罚的案件，案件事实清楚，证据确实、充分，被告人认罪认罚并同意适用速裁程序的，可以适用速裁程序，由审判员一人独任审判。人民检察院提起公诉时，可以建议人民法院适用速裁程序。

有下列情形之一的，不适用速裁程序办理：

（一）被告人是盲、聋、哑人，或者是尚未完全丧失辨认或者控制自己行为能力的精神病人的；

（二）被告人是未成年人的；

（三）案件有重大社会影响的；

（四）共同犯罪案件中部分被告人对指控的犯罪事实、罪名、量刑建议或者适用速裁程序有异议的；

（五）被告人与被害人或者其法定代理人没有就附带民事诉讼赔偿等事项达成调解或者和解协议的；

（六）其他不宜适用速裁程序办理的案件。

43. 速裁程序的审理期限。适用速裁程序审理案件，人民法院应当在受理后十日以内审结；对可能判处的有期徒刑超过一年的，应当在十五日以内审结。

44. 速裁案件的审理程序。适用速裁程序审理案件，不受刑事诉讼法规定的送达期限的限制，一般不进行法庭调查、法庭辩论，但在判决宣告前应当听取辩护人的意见和被告人的最后陈述意见。

人民法院适用速裁程序审理案件，可以在向被告人送达起诉书时一并送达权利义务告知书、开庭传票，并核实被告人自然信息等情况。根据需要，可以集中送达。

人民法院适用速裁程序审理案件，可以集中开庭，逐案审理。人民检察院可以指派公诉人集中出庭支持公诉。公诉人简要宣读起诉书后，审判人员应当当庭询问被告人对指控事实、证据、量刑建议以及适用速裁程序的意见，核实具结书签署的自愿性、真实性、合法性，并核实附带民事诉讼赔偿等情况。

适用速裁程序审理案件，应当当庭宣判。集中审理的，可以集中当庭宣判。宣判时，根据案件需要，可以由审判员进行法庭教育。裁判文书可以简化。

45. 速裁案件的二审程序。被告人不服适用速裁程序作出的第一审判决提出上诉的案件，可以不开庭审理。第二审人民法院审查后，按照下列情形分别处理：

（一）发现被告人以事实不清、证据不足为由提出上诉的，应当裁定撤销原判，发回原审人民法院适用普通程序重新审理，不再按认罪认罚案件从宽处罚；

（二）发现被告人以量刑不当为由提出上诉的，原判量刑适当的，应当裁定驳回上诉，维持原判；原判量刑不当的，经审理后依法改判。

46. 简易程序的适用。基层人民法院管辖的被告人认罪认罚案件，事实清楚、证据充分，被告人对适用简易程序没有异议的，可以适用简易程序审判。

适用简易程序审理认罪认罚案件，公诉人可以简要宣读起诉书，审判人员当庭询问被告人对指控的犯罪事实、证据、量刑建议及适用简易程序的意见，核实具结书签署的自愿性、真实性、合法性。法庭调查可以简化，但对有争议的事实和证据应当进行调查、质证，法庭辩论可以仅围绕有争议的问题进行。裁判文书可以简化。

47. 普通程序的适用。适用普通程序办理认罪认罚案件，可以适当简化法庭调查、辩论程序。公诉人宣读起诉书后，合议庭当庭询问被告人对指控的犯罪事实、证据及量刑建议的意见，核实具结书签署的自愿性、真实性、合法性。公诉人、辩护人、审判人员对被告人的讯问、发问可以简化。对控辩双方无异议的证据，可以仅就证据名称及证明内容进行说明；对控辩双方有异议，或者法庭认为有必要调查核实的证据，应当出示并进行质证。法庭辩论主要围绕有争议的问题进行，裁判文书可以适当简化。

48. 程序转换。人民法院在适用速裁程序审理过程中，发现有被告人的行为不构成犯罪或者不应当追究刑事责任、被告人违背意愿认罪认罚、被告人否认指控的犯罪事实情形的，应当转为普通程序审理。发现其他不宜适用速裁程序但符合简易程序适用条件的，应当转为简易程序重新审理。

发现有不宜适用简易程序审理情形的，应当转为普通程序审理。

人民检察院在人民法院适用速裁程序审理案件过程中，发现有不宜适用速裁程序审理情形的，应当建议人民法院转为普通程序或者简易程序重新审理；发现有不宜适用简易程序审理情形的，应当建议人民法院转为普通程序重新审理。

49. 被告人当庭认罪认罚案件的处理。被告人在侦查、审查起诉阶段没有认罪认罚，但当庭认罪，愿意接受处罚的，人民法院应当根据审理查明的事实，就定罪和量刑听取控辩双方意见，依法作出裁判。

50. 第二审程序中被告人认罪认罚案件的处理。被告人在第一审程序中未认罪认罚，在第二审程序中认罪认罚的，审理程序依照刑事诉讼法规定的第二审程序进行。第二审人民法院应当根据其认罪认罚的价值、作用决定是否从宽，并依法作出裁判。确定从宽幅度时应当与第一审程序认罪认罚有所区别。

十一、认罪认罚的反悔和撤回

51. 不起诉后反悔的处理。因犯罪嫌疑人认罪认罚，人民检察院依照刑事诉讼法第一百七十七条第二款作出不起诉决定后，犯罪嫌疑人否认指控的犯罪事实或者不积极履行赔礼道歉、退赃退赔、赔偿损失等义务的，人民检察院应当进行审查，区分下列情形依法作出处理：

（一）发现犯罪嫌疑人没有犯罪事实，或者符合刑事诉讼法第十六条规定的情形之一的，应当撤销原不起诉决定，依法重新作出不起诉决定；

（二）认为犯罪嫌疑人仍属于犯罪情节轻微，依照刑法规定不需要判处刑罚或者免除刑罚的，可以维持原不起诉决定；

（三）排除认罪认罚因素后，符合起诉条件的，应当根据案件具体情况撤销原不起诉决定，依法提起公诉。

52. 起诉前反悔的处理。犯罪嫌疑人认罪认罚，签署认罪认罚具结书，在人民检察院提起公诉前反悔的，具结书失效，人民检察院应当在全面审查事实证据的基础上，依法提起公诉。

53. 审判阶段反悔的处理。案件审理过程中，被告人反悔不再认罪认罚的，人民法院应当根据审理查明的事实，依法作出裁判。需要转换程序的，依照本意见的相关规定处理。

54. 人民检察院的法律监督。完善人民检察院对侦查活动和刑事审判活动的监督机制，加强对认罪认罚案件办理全过程的监督，规范认罪认罚案件的抗诉工作，确保无罪的人不受刑事追究、有罪的人受到公正处罚。

最高人民法院、最高人民检察院、公安部、国家安全部、司法部《关于办理刑事案件严格排除非法证据若干问题的规定》（2017年）

一、一般规定

第一条 严禁刑讯逼供和以威胁、引诱、欺骗以及其他非法方法收集证据，不得强迫任何人证实自己有罪。对一切案件的判处都要重证据，重调查研究，不轻信口供。

第二条 采取殴打、违法使用戒具等暴力方法或者变相肉刑的恶劣手段，使犯罪嫌疑人、被告人遭受难以忍受的痛苦而违背意愿作出的供述，应当予以排除。

第三条 采用以暴力或者严重损害本人及其近亲属合法权益等进行威胁的方法，使犯罪嫌疑人、被告人遭受难以忍受的痛苦而违背意愿作出的供述，应当予以排除。

第四条 采用非法拘禁等非法限制人身自由的方法收集的犯罪嫌疑人、被告人供述，应当予以排除。

第五条 采用刑讯逼供方法使犯罪嫌疑人、被告人作出供述，之后犯罪嫌疑人、被告人受该刑讯逼供行为影响而作出的与该供述相同的重复性供述，应当一并排除，但下列情形除外：

（一）侦查期间，根据控告、举报或者自己发现等，侦查机关确认或者不能排除以非法方法收集证据而更换侦查人员，其他侦查人员再次讯问时告知诉讼权利和认罪的法律后果，犯罪嫌疑人自愿供述的；

（二）审查逮捕、审查起诉和审判期间，检察人员、审判人员讯问时告知诉讼权利和认罪的法律后果，犯罪嫌疑人、被告人自愿供述的。

第六条 采用暴力、威胁以及非法限制人身自由等非法方法收集的证人证言、被害人陈述，应当予以排除。

第七条 收集物证、书证不符合法定程序，可能严重影响司法公正的，应当予以补正或者作出合理解释；不能补正或者作出合理解释的，对有关证据应当予以排除。

二、侦查

第八条 侦查机关应当依照法定程序开展侦查，收集、调取能够证实犯罪嫌疑人有罪或者无罪、罪轻或者罪重的证据材料。

第九条 拘留、逮捕犯罪嫌疑人后，应当按照法律规定送看守所羁押。犯罪嫌疑人被送交看守所羁押后，讯问应当在看守所讯问室进行。因客观原因侦查机关在看守所讯问室以外的场所进行讯问的，应当作出合理解释。

第十条　侦查人员在讯问犯罪嫌疑人的时候，可以对讯问过程进行录音录像；对于可能判处无期徒刑、死刑的案件或者其他重大犯罪案件，应当对讯问过程进行录音录像。

侦查人员应当告知犯罪嫌疑人对讯问过程录音录像，并在讯问笔录中写明。

第十一条　对讯问过程录音录像，应当不间断进行，保持完整性，不得选择性地录制，不得剪接、删改。

第十二条　侦查人员讯问犯罪嫌疑人，应当依法制作讯问笔录。讯问笔录应当交犯罪嫌疑人核对，对于没有阅读能力的，应当向他宣读。对讯问笔录中有遗漏或者差错等情形，犯罪嫌疑人可以提出补充或者改正。

第十三条　看守所应当对提讯进行登记，写明提讯单位、人员、事由、起止时间以及犯罪嫌疑人姓名等情况。

看守所收押犯罪嫌疑人，应当进行身体检查。检查时，人民检察院驻看守所检察人员可以在场。检查发现犯罪嫌疑人有伤或者身体异常的，看守所应当拍照或者录像，分别由送押人员、犯罪嫌疑人说明原因，并在体检记录中写明，由送押人员、收押人员和犯罪嫌疑人签字确认。

第十四条　犯罪嫌疑人及其辩护人在侦查期间可以向人民检察院申请排除非法证据。对犯罪嫌疑人及其辩护人提供相关线索或者材料的，人民检察院应当调查核实。调查结论应当书面告知犯罪嫌疑人及其辩护人。对确有以非法方法收集证据情形的，人民检察院应当向侦查机关提出纠正意见。

侦查机关对审查认定的非法证据，应当予以排除，不得作为提请批准逮捕、移送审查起诉的根据。

对重大案件，人民检察院驻看守所检察人员应当在侦查终结前询问犯罪嫌疑人，核查是否存在刑讯逼供、非法取证情形，并同步录音录像。经核查，确有刑讯逼供、非法取证情形的，侦查机关应当及时排除非法证据，不得作为提请批准逮捕、移送审查起诉的根据。

第十五条　对侦查终结的案件，侦查机关应当全面审查证明证据收集合法性的证据材料，依法排除非法证据。排除非法证据后，证据不足的，不得移送审查起诉。

侦查机关发现办案人员非法取证的，应当依法作出处理，并可另行指派侦查人员重新调查取证。

三、审查逮捕、审查起诉

第十六条 审查逮捕、审查起诉期间讯问犯罪嫌疑人，应当告知其有权申请排除非法证据，并告知诉讼权利和认罪的法律后果。

第十七条 审查逮捕、审查起诉期间，犯罪嫌疑人及其辩护人申请排除非法证据，并提供相关线索或者材料的，人民检察院应当调查核实。调查结论应当书面告知犯罪嫌疑人及其辩护人。

人民检察院在审查起诉期间发现侦查人员以刑讯逼供等非法方法收集证据的，应当依法排除相关证据并提出纠正意见，必要时人民检察院可以自行调查取证。

人民检察院对审查认定的非法证据，应当予以排除，不得作为批准或者决定逮捕、提起公诉的根据。被排除的非法证据应当随案移送，并写明为依法排除的非法证据。

第十八条 人民检察院依法排除非法证据后，证据不足，不符合逮捕、起诉条件的，不得批准或者决定逮捕、提起公诉。

对于人民检察院排除有关证据导致对涉嫌的重要犯罪事实未予认定，从而作出不批准逮捕、不起诉决定，或者对涉嫌的部分重要犯罪事实决定不起诉的，公安机关、国家安全机关可要求复议、提请复核。

四、辩护

第十九条 犯罪嫌疑人、被告人申请提供法律援助的，应当按照有关规定指派法律援助律师。

法律援助值班律师可以为犯罪嫌疑人、被告人提供法律帮助，对刑讯逼供、非法取证情形代理申诉、控告。

第二十条 犯罪嫌疑人、被告人及其辩护人申请排除非法证据，应当提供涉嫌非法取证的人员、时间、地点、方式、内容等相关线索或者材料。

第二十一条　辩护律师自人民检察院对案件审查起诉之日起，可以查阅、摘抄、复制讯问笔录、提讯登记、采取强制措施或者侦查措施的法律文书等证据材料。其他辩护人经人民法院、人民检察院许可，也可以查阅、摘抄、复制上述证据材料。

第二十二条　犯罪嫌疑人、被告人及其辩护人向人民法院、人民检察院申请调取公安机关、国家安全机关、人民检察院收集但未提交的讯问录音录像、体检记录等证据材料，人民法院、人民检察院经审查认为犯罪嫌疑人、被告人及其辩护人申请调取的证据材料与证明证据收集的合法性有联系的，应当予以调取；认为与证明证据收集的合法性没有联系的，应当决定不予调取并向犯罪嫌疑人、被告人及其辩护人说明理由。

五、审判

第二十三条　人民法院向被告人及其辩护人送达起诉书副本时，应当告知其有权申请排除非法证据。

被告人及其辩护人申请排除非法证据，应当在开庭审理前提出，但在庭审期间发现相关线索或者材料等情形除外。人民法院应当在开庭审理前将申请书和相关线索或者材料的复制件送交人民检察院。

第二十四条　被告人及其辩护人在开庭审理前申请排除非法证据，未提供相关线索或者材料，不符合法律规定的申请条件的，人民法院对申请不予受理。

第二十五条　被告人及其辩护人在开庭审理前申请排除非法证据，按照法律规定提供相关线索或者材料的，人民法院应当召开庭前会议。人民检察院应当通过出示有关证据材料等方式，有针对性地对证据收集的合法性作出说明。人民法院可以核实情况，听取意见。

人民检察院可以决定撤回有关证据，撤回的证据，没有新的理由，不得在庭审中出示。

被告人及其辩护人可以撤回排除非法证据的申请。撤回申请后，没有新的线索或者材料，不得再次对有关证据提出排除申请。

第二十六条 公诉人、被告人及其辩护人在庭前会议中对证据收集是否合法未达成一致意见,人民法院对证据收集的合法性有疑问的,应当在庭审中进行调查;人民法院对证据收集的合法性没有疑问,且没有新的线索或者材料表明可能存在非法取证的,可以决定不再进行调查。

第二十七条 被告人及其辩护人申请人民法院通知侦查人员或者其他人员出庭,人民法院认为现有证据材料不能证明证据收集的合法性,确有必要通知上述人员出庭作证或者说明情况的,可以通知上述人员出庭。

第二十八条 公诉人宣读起诉书后,法庭应当宣布开庭审理前对证据收集合法性的审查及处理情况。

第二十九条 被告人及其辩护人在开庭审理前未申请排除非法证据,在法庭审理过程中提出申请的,应当说明理由。

对前述情形,法庭经审查,对证据收集的合法性有疑问的,应当进行调查;没有疑问的,应当驳回申请。

法庭驳回排除非法证据申请后,被告人及其辩护人没有新的线索或者材料,以相同理由再次提出申请的,法庭不再审查。

第三十条 庭审期间,法庭决定对证据收集的合法性进行调查的,应当先行当庭调查。但为防止庭审过分迟延,也可以在法庭调查结束前进行调查。

第三十一条 公诉人对证据收集的合法性加以证明,可以出示讯问笔录、提讯登记、体检记录、采取强制措施或者侦查措施的法律文书、侦查终结前对讯问合法性的核查材料等证据材料,有针对性地播放讯问录音录像,提请法庭通知侦查人员或者其他人员出庭说明情况。

被告人及其辩护人可以出示相关线索或者材料,并申请法庭播放特定时段的讯问录音录像。

侦查人员或者其他人员出庭,应当向法庭说明证据收集过程,并就相关情况接受发问。对发问方式不当或者内容与证据收集的合法性无关的,法庭应当制止。

公诉人、被告人及其辩护人可以对证据收集的合法性进行质证、辩论。

第三十二条 法庭对控辩双方提供的证据有疑问的,可以宣布休庭,对证据进行调查核实。必要时,可以通知公诉人、辩护人到场。

第三十三条 法庭对证据收集的合法性进行调查后,应当当庭作出是否排除有关证据的决定。必要时,可以宣布休庭,由合议庭评议或者提交审判委员会讨论,再次开庭时宣布决定。

在法庭作出是否排除有关证据的决定前,不得对有关证据宣读、质证。

第三十四条 经法庭审理,确认存在本规定所规定的以非法方法收集证据情形的,对有关证据应当予以排除。法庭根据相关线索或者材料对证据收集的合法性有疑问,而人民检察院未提供证据或者提供的证据不能证明证据收集的合法性,不能排除存在本规定所规定的以非法方法收集证据情形的,对有关证据应当予以排除。

对依法予以排除的证据,不得宣读、质证,不得作为判决的根据。

第三十五条 人民法院排除非法证据后,案件事实清楚,证据确实、充分,依据法律认定被告人有罪的,应当作出有罪判决;证据不足,不能认定被告人有罪的,应当作出证据不足、指控的犯罪不能成立的无罪判决;案件部分事实清楚,证据确实、充分的,依法认定该部分事实。

第三十六条 人民法院对证据收集合法性的审查、调查结论,应当在裁判文书中写明,并说明理由。

第三十七条 人民法院对证人证言、被害人陈述等证据收集合法性的审查、调查,参照上述规定。

第三十八条 人民检察院、被告人及其法定代理人提出抗诉、上诉,对第一审人民法院有关证据收集合法性的审查、调查结论提出异议的,第二审人民法院应当审查。

被告人及其辩护人在第一审程序中未申请排除非法证据,在第二审程序中提出申请的,应当说明理由。第二审人民法院应当审查。

人民检察院在第一审程序中未出示证据证明证据收集的合法性,第一审人民法院依法排除有关证据的,人民检察院在第二审程序中不得出示之前未出示的证据,但在第一审程序后发现的除外。

第三十九条 第二审人民法院对证据收集合法性的调查,参照上述第一审程序的规定。

第四十条 第一审人民法院对被告人及其辩护人排除非法证据的申请未

予审查，并以有关证据作为定案根据，可能影响公正审判的，第二审人民法院可以裁定撤销原判，发回原审人民法院重新审判。

第一审人民法院对依法应当排除的非法证据未予排除的，第二审人民法院可以依法排除非法证据。排除非法证据后，原判决认定事实和适用法律正确、量刑适当的，应当裁定驳回上诉或者抗诉，维持原判；原判决认定事实没有错误，但适用法律有错误，或者量刑不当的，应当改判；原判决事实不清楚或者证据不足的，可以裁定撤销原判，发回原审人民法院重新审判。

第四十一条 审判监督程序、死刑复核程序中对证据收集合法性的审查、调查，参照上述规定。

第四十二条 本规定自2017年6月27日起施行。

参考文献

一、翻译文献

1. ［德］Hans-Jürgen Kerner:《德国刑事追诉与制裁》,许泽天、薛智仁译,元照出版有限公司 2008 年版。

2. ［德］克劳思·罗科信:《刑事诉讼法》,吴丽琪译,法律出版社 2003 年版。

3. ［德］卡尔·拉伦茨:《法学方法论》,陈爱娥译,商务印书馆 2003 年版。

4. ［德］卡尔·施米特:《宪法学说》(修订译本),刘锋译,上海人民出版社 2018 年版。

5. ［德］托马斯·魏根特:《德国刑事诉讼程序》,岳礼玲、温小洁译,中国政法大学出版社 2004 年版。

6. ［德］约阿希姆·赫尔曼:"德国刑事诉讼程序中的协商",王世洲译,载《环球法律评论》2001 年第 4 期。

7. ［德］阿图尔·考夫曼:《法律哲学》,刘幸义等译,法律出版社 2011 年版。

8. ［日］三井诚:"裁判员审判之实施及其对于刑事程序之影响",吴秋宏译,载《月旦法学杂志》2013 年第 12 期。

9. ［日］后藤昭:"日本刑诉二审沿革与裁判员制度",林裕顺译,载《月旦法学杂志》2019 年第 10 期。

10. ［日］四宫启:《裁判员制度施行十年——所带来的变革及今后的课题》,陈运财译,载《月旦法学杂志》2019 年第 10 期。

11. ［日］土本武司:《日本刑事诉讼法要义》,董璠舆、宋英辉译,五南图书出版公司 1997 年版。

12. ［日］城下裕二:《量刑理论的现代课题》(增补版),黎其武、赵珊珊译,法律出版社 2016 年版。

13. ［日］大谷实:《刑事政策学》,黎宏译,中国人民大学出版社 2009 年版。

14. ［日］川出敏裕、金光旭:《刑事政策》,钱叶六等译,中国政法大学出版社 2016 年版。

15. [日] 松尾浩也：《日本刑事诉讼法》（上、下），丁相顺、张凌译，中国人民大学出版社 2005 年版。

16. [日] 田口守一：《刑事诉讼法》，张凌、于秀峰译，法律出版社 2019 年版。

17. [法] 卡斯东·斯特法尼等：《法国刑法总论精义》，罗结珍译，中国政法大学出版社 1998 年版。

18. [法] 贝尔纳·布洛克：《法国刑事诉讼法》，罗结珍译，中国政法大学出版社 2009 年版。

19. [美] 杰罗姆·弗兰克：《初审法院——美国司法中的神话与现实》，赵承寿译，中国政法大学出版社 2007 年版。

20. [美] 理查德·A. 波斯纳：《联邦法院：挑战与改革》，邓海平译，中国政法大学出版社 2002 年版。

21. [美] 米尔伊安·R. 达玛什卡：《司法和国家权力的多种面孔：比较法视野中的法律程序》，郑戈译，中国政法大学出版社 2015 年版。

22. [美] 迈克尔·D. 贝勒斯：《法律的原则——一个规范的分析》，张文显等译，中国大百科全书出版社 1996 年版。

23. [美] 理查德·波斯纳：《法律的经济分析》，蒋兆康译，法律出版社 2012 年版。

24. [美] 约书亚·德雷斯勒、艾伦·C. 迈克尔斯：《美国刑事诉讼法精解》（第二卷·刑事审判），魏晓娜译，北京大学出版社 2009 年版。

25. [美] 马丁·夏皮罗：《法院：比较法上和政治学上的分析》，张生等译，中国政法大学出版社 2005 年版。

26. [英] 麦高伟、杰弗里·威尔逊主编：《英国刑事司法程序》，姚永吉等译，法律出版社 2003 年版。

二、中文文献

1. 白建军：《刑法规律与量刑实践——刑法现象的大样本考察》，北京大学出版社 2011 年版。

2. 北京市第一中级人民法院、北京市人民检察院第一分院编：《刑事二审程序深度研讨》，法律出版社 2012 年版。

3. 曹志勋："经验法则适用的两类模式——自对彭宇判决说理的反思再出发"，载《法学家》2019 年第 5 期。

4. 陈光中、曾新华："刑事诉讼法再修改视野下的二审程序改革"，载《中国法学》2011 年第 5 期。

5. 陈光中、马康："认罪认罚从宽制度若干重要问题探讨"，载《法学》2016 年第 8 期。

6. 陈光中、邵俊："我国监察体制改革若干问题思考"，载《中国法学》2017 年第 4 期。

7. 陈光中主编：《非法证据排除规则实施问题研究》，北京大学出版社 2014 年版。

8. 陈光中主编：《公正审判与认罪协商》，法律出版社 2018 年版。

9. 陈光中主编：《中国刑事二审程序改革之研究》，北京大学出版社 2011 年版。

10. 陈景辉："比例原则的普遍化与基本权利的性质"，载《中国法学》2017 年第 5 期。

11. 陈林林："论上诉不加刑"，载《法学研究》1998 年第 4 期。

12. 陈鹏："界定行政处罚行为的功能性考量路径"，载《法学研究》2015 年第 2 期。

13. 陈朴生：《刑事诉讼法实务》，作者 1987 年自版。

14. 陈朴生主编：《刑事诉讼法论文选辑》，五南图书出版公司 1984 年版。

15. 陈瑞华："非法证据排除程序再讨论"，载《法学研究》2014 年第 2 期。

16. 陈瑞华："'认罪认罚从宽'改革的理论反思——基于刑事速裁程序运行经验的考察"，载《当代法学》2016 年第 4 期。

17. 陈瑞华："认罪认罚从宽制度的若干争议问题"，载《中国法学》2017 年第 1 期。

18. 陈瑞华："有效辩护问题的再思考"，载《当代法学》2017 年第 6 期。

19. 陈瑞华："论监察委员会的调查权"，载《中国人民大学学报》2018 年第 4 期。

20. 陈瑞华："论国家监察权的性质"，载《比较法研究》2019 年第 1 期。

21. 陈瑞华："刑事诉讼基础理论研究的若干思考"，载《比较法研究》2024 年第 1 期。

22. 陈瑞华：《刑事证据法的理论问题》（第二版），法律出版社 2018 年版。

23. 陈瑞华：《刑事审判原理论》（第三版），法律出版社 2020 年版。

24. 陈瑞华：《刑事诉讼法》，北京大学出版社 2021 年版。

25. 陈瑞华：《刑事程序的法理》（上、下），商务印书馆 2021 年版。

26. 陈瑞华：《刑事证据法》（第四版），北京大学出版社 2021 年版。

27. 陈瑞华：《程序正义理论》（第二版），商务印书馆 2022 年版。

28. 陈卫东："认罪认罚从宽制度研究"，载《中国法学》2016 年第 2 期。

29. 陈卫东："职务犯罪监察调查程序若干问题研究"，载《政治与法律》2018 年第 1 期。

30. 陈兴良："犯罪范围的扩张与刑罚结构的调整《刑法修正案（九）》述评"，载《法律科学（西北政法大学学报）》2016 年第 4 期。

31. 陈兴良："刑法的刑事政策化及其限度"，载《华东政法大学学报》2013 年第 4 期。

32. 陈兴良：《教义刑法学》（第三版），中国人民大学出版社 2017 年版。

33. 陈兴良：《规范刑法学》（第五版）（上、下），中国人民大学出版社 2023 年版。

34. 陈学权："刑事陪审中法律问题与事实问题的区分"，载《中国法学》2017 年第 1 期。

35. 陈运财："不对称上诉制度之初探"，载《检察新论》2011 年（总）第 9 期。

36. 陈运财："刑事诉讼第三审构造之探讨"，载《月旦法学杂志》2007 年第 4 期。

37. 戴长林、罗国良、刘静坤：《中国非法证据排除制度：原理·案例·适用》（修订版），法律出版社 2017 年版。

38. 丁国锋："刑事速裁一审终审呼声渐高"，载《法制日报》2015 年 11 月 2 日，第 5 版。

39. 董坤："侦查讯问录音录像制度的功能定位及发展路径"，载《法学研究》2015 年第 6 期。

40. 樊传明："陪审员是好的事实认定者吗？——对《人民陪审员法》中职能设定的反思与推进"，载《华东政法大学学报》2018 年第 5 期。

41. 樊传明："陪审制导向何种司法民主？——观念类型学分析与中国路径"，载《法制与社会发展》2019 年第 5 期。

42. 冯俊伟："《监察法》实施中的证据衔接问题"，载《行政法学研究》2019 年第 6 期。

43. 傅郁林："审级制度的建构原理"，载《中国社会科学》2002 年第 4 期。

44. 高通："德国刑事协商制度的新发展及其启示"，载《环球法律评论》2017 年第 3 期。

45. 顾永忠：《刑事上诉程序研究》，中国人民公安大学出版社 2003 年版。

46. 郭烁："为被告人利益抗诉与上诉不加刑原则之适用——以上诉理由之限制为中心"，载《法学研究》2022 年第 4 期。

47. 郭松："被追诉人的权利处分：基础规范与制度构建"，载《法学研究》2019 年第 1 期。

48. 何荣功："我国轻罪立法的体系思考"，载《中外法学》2018 年第 5 期。

49. 侯学宾："司法批复衰落的制度竞争逻辑"，载《法商研究》2016 年第 3 期。

50. 胡云腾主编：《认罪认罚从宽制度的理解与适用》，人民法院出版社 2018 版。

51. 胡铭：《审判中心与刑事诉讼》，中国法制出版社 2016 年版。

52. 胡铭："审判中心、庭审实质化与刑事司法改革——基于庭审实录和裁判文书的实证研究"，载《法学家》2016 年第 4 期。

53. 胡铭："认罪协商程序：模式、问题与底线"，载《法学》2017 年第 1 期。

54. 胡铭："审判中心与被害人权利保障中的利益衡量"，载《政法论坛》2018 年第 1 期。

55. 胡铭：《认罪认罚从宽制度的实践逻辑》，浙江大学出版社 2020 年版。

56. 胡铭："认罪认罚案件中的量刑协商和量刑建议"，载《当代法学》2022 年第 2 期。

57. 胡铭：《司法制度的中国模式与实践逻辑》，商务印书馆 2023 年版。

58. 黄朝义："刑事第二审构造及其未来走向"，载《月旦法学杂志》2007 年第 4 期。

59. 黄河："裁判者的认知与刑事卷宗的利用"，载《当代法学》2019 年第 5 期。

60. 黄河："德国刑事诉讼中协商制度浅析"，载《环球法律评论》2010 年第 1 期。

61. 黄茂荣：《法学方法与现代民法》，作者自版，2021 年。

62. 黄舒芃：《什么是法释义学？以二次战后德国宪法释义学的发展为借镜》，台湾大学出版中心 2020 年版。
63. 江必新主编：《最高人民法院刑事诉讼法司法解释理解与适用》（上、下），人民法院出版社 2015 年版。
64. 贾志强："回归法律规范：刑事值班律师制度适用问题再反思"，载《法学研究》2022 年第 1 期。
65. 李浩主编：《员额制、司法责任制改革与司法的现代化》，法律出版社 2017 年版。
66. 李少平主编：《最高人民法院关于适用〈中华人民共和国刑事诉讼法〉的解释理解与适用》，人民法院出版社 2021 年版。
67. 李训虎："变迁中的英美补强规则"，载《环球法律评论》2017 年第 5 期。
68. 林俊益：《程序正义与诉讼经济》，元照出版有限公司 2000 年版。
69. 林偶之："日本二审法院如何审查裁判员认定的事实"，载《西南政法大学学报》2019 年第 5 期。
70. 林山田：《刑法通论》（上、下），北京大学出版社 2012 年版。
71. 林喜芬："我国刑事审级制度功能考辨与变迁改良"，载《东方法学》2009 年第 5 期。
72. 林永谋：《刑事诉讼法释论》（上、中、下），作者 2007 年自版。
74. 林钰雄："相对上诉理由之体系——以台湾法律审的经验为例"，载陈光中主编：《中国刑事二审程序改革之研究》，北京大学出版社 2011 年版。
75. 林钰雄：《新刑法总则》，元照出版有限公司 2020 年版。
76. 林钰雄：《刑事法理论与实践》，中国人民大学出版社 2008 年版。
77. 林钰雄：《刑事诉讼法》（上、下），元照出版有限公司 2013 年版。
78. 林裕顺："人民参与上诉制度之比较研究"，载《月旦法学杂志》2018 年第 11 期。
79. 刘方勇、廖永安："我国人民陪审员制度运行实证研究——以中部某县级市为分析样本"，载《法学家》2016 年第 4 期。
80. 刘计划："抗诉的效力与上诉不加刑原则的适用——基于余金平交通肇事案二审改判的分析"，载《法学》2021 年第 6 期。
81. 刘磊："刑事上诉审之构造"，载《中国刑事法杂志》2007 年第 4 期。
82. 刘晓虎："违法所得的没收、返还、责令退赔是否受上诉不加刑的限制"，载《人民法院报》2018 年 2 月 28 日，第 6 版。
83. 刘峥："人民陪审员制度中的区分事实审和法律审"，载《人民法院报》2018 年 10 月 20 日，第 2 版。
84. 龙宗智："论建立以一审庭审为中心的事实认定机制"，载《中国法学》2010 年第 2 期。

85. 龙宗智："余金平交通肇事案法理重述"，载《中国法律评论》2020 年第 3 期。
86. 龙宗智："审级职能定位改革的主要矛盾及试点建议"，载《中国法律评论》2022 年第 2 期。
87. 龙宗智："'以审判为中心'的改革及其限度"，载《中外法学》2015 年第 4 期。
88. 卢建平："犯罪门槛下降及其对刑法体系的挑战"，载《法学评论》2014 年第 6 期。
89. 卢建平："余金平交通肇事案事实认定与法律适用争议评析"，载《中国法律评论》2020 年第 3 期。
91. 闵春雷："以审判为中心：内涵解读及实现路径"，载《法律科学（西北政法大学学报）》2015 年第 3 期。
92. 闵春雷："认罪认罚案件中的有效辩护"，载《当代法学》2017 年第 4 期。
93. 闵春雷："回归权利：认罪认罚从宽制度的适用困境及理论反思"，载《法学杂志》2019 年第 12 期。
94. 闵春雷："认罪认罚案件中的无罪辩护"，载《当代法学》2023 年第 6 期。
95. 牟绿叶："我国刑事上诉制度多元化的建构路径——以认罪认罚案件为切入点"，载《法学研究》2020 年第 2 期。
96. 牟绿叶："'有限的整体主义'：非法证据排除程序中的证据评价方式"，载《法制与社会发展》2021 年第 6 期。
97. 牟绿叶："人民陪审员参与刑事审判的上诉审构造"，载《当代法学》2021 年第 4 期。
98. 裴显鼎主编：《非法证据排除程序适用指南》，法律出版社 2018 年版。
99. 秦前红主编：《监察法学教程》，法律出版社 2019 年版。
100. 全国人大常委会法制工作委员会刑法室编：《关于修改中华人民共和国刑事诉讼法的决定条文说明、立法理由及相关规定》，北京大学出版社 2012 年版。
101. 沈冠伶："第三审许可上诉制之探讨——以通常诉讼事件为中心及着重于'原则上重要性'之标准建立"，载《台北大学法学论丛》2005 年（总）第 57 期。
102. 沈宜生："英国刑事上诉制度"，载《法学新论》2010 年（总）第 27 期。
103. 施鹏鹏："审判中心：以人民陪审员制度改革为突破口"，载《法律适用》2015 年第 6 期。
104. 施鹏鹏："刑事既判力理论及其中国化"，载《法学研究》2014 年第 1 期。
105. 时延安："犯罪化与惩罚体系的完善"，载《中国社会科学》2018 年第 10 期。
106. 时延安："隐形双轨制：刑法中保安处分的教义学阐释"，载《法学研究》2013 年第 3 期。
107. 孙远："'分工负责、互相配合、互相制约'原则之教义学原理——以审判中心主义为视角",载《中外法学》2017年第1期。

108. 孙远:"论刑事上诉审构造",载《法学家》2012年第4期。

109. 孙长永:"比较法视野下认罪认罚案件被告人的上诉权",载《比较法研究》2019年第3期。

110. 孙长永:"认罪认罚案件的证明标准",载《法学研究》2018年第1期。

111. 汪海燕:"被追诉人认罪认罚的撤回",载《法学研究》2020年第5期。

112. 汪海燕:"认罪认罚案件上诉问题实证研究——基于B市508件案例的分析",载《中国应用法学》2023年第3期。

113. 汪海燕:"认罪认罚从宽制度视野下的'以审判为中心'",载《中国法学》2023年第6期。

114. 王超:"刑事初审程序对刑事第二审构造的影响",载《华东政法大学学报》2008年第2期。

115. 王超:《刑事上诉制度的功能与构造》,中国人民公安大学出版社2008年版。

116. 王锴、王心阳:"如何监督监督者——兼谈对监察委员会的诉讼监督问题",载《浙江社会科学》2017年第8期。

117. 王兆鹏:"上诉二审的鸿沟——理论与实证研究",载《军法专刊》2008年第5期。

118. 王兆鹏:"事后审之事实审查",载《月旦法学杂志》2008年第11期。

119. 王兆鹏、蔡羽玄:《上诉及救济程序》,元照出版有限公司2013年版。

120. 魏晓娜:"以审判为中心的刑事诉讼制度改革",载《法学研究》2015年第4期。

121. 魏晓娜:"完善认罪认罚从宽制度:中国语境下的关键词展开",载《法学研究》2016年第4期。

122. 魏晓娜:"依法治国语境下检察机关的性质与职权",载《中国法学》2018年第1期。

123. 魏晓娜:"刑事审判中的事实问题与法律问题——从审判权限分工的视角展开",载《中外法学》2019年第6期。

124. 魏晓娜:《人民陪审员制度改革研究》,中国政法大学出版社2021年版。

125. 吴从周:《概念法学、利益法学与价值法学:探索一部民法方法论的演变史》,中国法制出版社2011年版。

126. 吴洪淇:"证据排除抑或证据把关:审查起诉阶段非法证据排除的实证研究",载《法制与社会发展》2016年第5期。

127. 吴寿涛:"二审对受贿罪改判并适用罚金刑是否违背上诉不加刑原则",载《人民法院报》2016年8月10日,第6版。

128. 吴宏耀:"非法证据排除的规则与实效——兼论我国非法证据排除规则的完善进路",

载《现代法学》2014 年第 4 期。

129. 吴宏耀："美国非法证据排除规则的当代命运"，载《比较法研究》2015 年第 1 期。

130. 吴宏耀："我国值班律师制度的法律定位及其制度构建"，载《法学杂志》2018 年第 9 期。

131. 吴宏耀："认罪认罚从宽制度的体系化解读"，载《当代法学》2020 年第 4 期。

132. 谢澍："认罪认罚从宽制度中的证明标准"，载《东方法学》2017 年第 5 期。

133. 谢登科："论认罪认罚案件被告人上诉权及其限定"，载《暨南学报（哲学社会科学版）》2022 年第 5 期。

134. 熊秋红："禁止双重危险原则之建构"，载陈泽宪主编：《刑事法前沿》（第三卷），中国人民公安大学出版社 2006 年版。

135. 熊秋红："认罪认罚从宽的理论审视与制度完善"，载《法学》2016 年第 10 期。

136. 熊秋红："监察体制改革中职务犯罪侦查权比较研究"，载《环球法律评论》2017 年第 2 期。

137. 熊秋红："刑事速裁程序立法兼顾现实性与正当性"，载《检察日报》2018 年 11 月 9 日，第 3 版。

138. 熊秋红："比较法视野下的认罪认罚从宽制度——兼论刑事诉讼'第四范式'"，载《比较法研究》2019 年第 5 期。

139. 熊秋红："认罪认罚从宽制度中的量刑建议"，载《中外法学》2020 年第 5 期。

140. 熊选国主编：《刑事诉讼法司法解释释疑》，中国法制出版社 2002 年版。

141. 徐益初："论上诉不加刑原则"，载《法学研究》1985 年第 4 期。

142. 薛智仁："刑事程序之不利益变更禁止原则"，载《月旦法学杂志》2012 年第 10 期。

143. 杨波："审判中心主义视域下刑事冤错案防范机制研究"，载《当代法学》2017 年第 5 期。

144. 杨波："刑事诉讼事实形成机理探究"，载《中国法学》2022 年第 2 期。

145. 杨立新："认罪认罚从宽制度理解与适用"，载《国家检察官学院学报》2019 年第 1 期。

146. 杨云骅："协商失败后不利陈述之禁止使用"，载《月旦法学教室》2004 年第 8 期。

147. 杨云骅："刑事上诉第三审采'严格法律审兼采上诉许可制'的疑虑"，载《月旦法学杂志》2018 年第 11 期。

148. 易延友："我国刑事审级制度的建构与反思"，载《法学研究》2009 年第 3 期。

149. 易延友："非法证据排除规则的中国范式——基于 1459 个刑事案例的分析"，载《中国社会科学》2016 年第 1 期。

150. 易延友：《证据法学：原则、规则、案例》，法律出版社 2017 年版。
151. 易延友："非法证据排除规则的立法表述与意义空间"，载《当代法学》2017 年第 1 期。
152. 易延友：《刑事诉讼法》（第五版），法律出版社 2019 年版。
153. 易延友："论人民法院不得启动不利于被告人的再审"，载《政治与法律》2023 年第 5 期。
154. 尹章华："刑事诉讼第三审及非常上诉之比较研究"，载《法学丛刊》1993 年第 1 期。
155. 喻海松：《刑法的扩张——〈刑法修正案（九）〉及新近刑法立法解释司法适用解读》，人民法院出版社 2015 年版。
156. 张建伟：《证据法要义》（第二版），北京大学出版社 2014 年版。
157. 张建伟："审判中心的实质内涵与实现途径"，载《中外法学》2015 年第 4 期。
158. 张建伟：《刑事诉讼法通义》（第二版），北京大学出版社 2016 年版。
159. 张建伟："以审判为中心的认识误区与实践难点"，载《国家检察官学院学报》2016 年第 1 期。
160. 张建伟："认罪认罚从宽处理：中国式辩诉交易？"，载《探索与争鸣》2017 年第 1 期。
161. 张建伟："协同性司法：认罪认罚从宽制度的诉讼类型分析"，载《环球法律评论》2020 年第 2 期。
162. 张明楷：《外国刑法纲要》，法律出版社 2020 年版。
163. 张明楷：《刑法学》（上、下），法律出版社 2021 年版。
164. 张卫平：《转换的逻辑：民事诉讼体制转型分析》（修订版），法律出版社 2007 年版。
165. 张翔：《基本权利的规范建构》，法律出版社 2017 年版。
166. 周新："论认罪认罚案件救济程序的改造模式"，载《法学评论》2019 年第 6 期。
167. 朱孝清："认罪认罚从宽制度中的几个理论问题"，载《法学杂志》2017 年第 9 期。
168. 朱孝清："职务犯罪侦查措施研究"，载《中国法学》2006 年第 1 期。
169. 最高人民法院政治部编著：《〈中华人民共和国人民陪审员法〉条文理解与适用》，人民法院出版社 2018 年版。
170. 左卫民："当代中国刑事诉讼法律移植：经验与思考"，载《中外法学》2012 年第 6 期。
171. 左卫民："认罪认罚何以从宽：误区与正解——反思效率优先的改革主张"，载《法学研究》2017 年第 3 期。
172. 左卫民："如何打造具有法理合理性的刑事诉讼法——审思 2018 年刑事诉讼法修正案"，载《比较法研究》2019 年第 3 期。

173. 左卫民:"七人陪审合议制的反思与建言",载《法学杂志》2019 年第 4 期。
174. 左卫民:"量刑建议的实践机制:实证研究与理论反思",载《当代法学》2021 年第 4 期。
175. 左卫民:"刑事诉讼中的'人':一种主体性研究",载《中国法学》2021 年第 5 期。
176. 左卫民等:《庭审实质化改革实证研究》,法律出版社 2021 年版。

三、英文文献

1. Aaron Lockwood, "The Primary Jurisdiction Doctrine: Competing Standards of Appellate Review", *Washington & Lee Law Review*, Vol. 64, 2007.

2. Alan Brudner, *Punishment and Freedom: A Liberal Theory of Penal Justice*, Oxford: Oxford University Press, 2009.

3. Alex Ellerson, "The Right to Appeal and Appellate Procedural Reform", *Columbia Law Review*, Vol. 91, 1991.

4. Amanda Peters, "The Meaning, Measure, and Misuse of Standards of Review", *Lewis & Clark Law Review*, Vol. 13, 2009.

5. Andreas Mosbacher, "The Decision of the Federal Constitutional Court of 19 March 2013 on Plea Agreements", *German Law Journal*, Vol. 15, 2014.

6. Andrew Keogh, *Criminal Appeals and Review Remedies for Magistrates' Court Decisions*, London: Blackstone Press Limited, 1999.

7. Andrew Wistrich, Chris Guthrie & Jeffrey Rachlinski, "Can Judges Ignore Inadmissible Information? The Difficulty of Deliberately Disregarding", *University of Pennsylvania Law Review*, Vol. 153, 2005.

8. Antonio Cassese ed., *The Oxford Companion to International Criminal Justice*, Oxford: Oxford University Press, 2009.

9. Bent Flyvbjerg, *Making Social Science Matter: Why Social Inquiry Fails and How it Can Succeed Again*, New York: Cambridge University Press, 2001

10. Bron McKillop, "Review of Convictions after Jury Trials: The New French Jury Court of Appeal", *Sydney Law Review*, Vol. 28, 2006.

11. Carlo Guarnieri et al., *The Power of Judges: A Comparative Study of Courts and Democracy*, Oxford: Oxford University Press, 2002.

12. Carol Brook et al., "A Comparative Look at Plea Bargaining in Australia, Canada, England, New Zealand and the United States", *William & Mary Law Review*, Vol. 57, 2016.

13. Carolyn Dineen King, "A Matter of Conscience", *Houston Law Review*, Vol. 28, 1991.
14. Chris Corns, "Leave to Appeal in Criminal Cases: The Victoria Model", *Current Issues in Criminal Justice*, Vol. 29, 2017.
15. Christopher Slobogin, "Plea Bargaining and the Substantive and Procedural Goals of Criminal Justice: From Retribution and Adversarialism to Preventive Justice and Hybrid–Inquisitorialism", *William & Mary Law Review*, Vol. 57, 2016.
16. Clifford Geertz, *The Interpretations of Cultures*, New York: Basic Books Inc., 1973.
17. Clifford Godiner, "Interlocutory Appeal of Preindictment Suppression Motions under Rule 41 (e)", *Michigan Law Review*, Vol. 84 (1986).
18. Daniel Jones, Greg Stewart & Joel Bennathan, *Criminal Appeal Handbook*, West Sussex: Bloomsbury Professional Ltd, 2015.
19. Daniel Jutras, "The Narrowing Scope of Appellate Review: Has the Pendulum Swung Too Far?", *Manitoba Law Journal*, Vol. 32, 2006.
20. Darryl Brown et al. ed., *The Oxford Handbook of Criminal Process*, Oxford: Oxford University Press, 2019.
21. David Carney, "Waiver of the Right to Appeal Sentencing in Plea Agreements with the Federal Government", *William & Mary Law Review*, Vol. 40, 1999.
22. David Garland, *Punishment and Modern Society: A Study in Social Theory*, Chicago: The University of Chicago Press, 1993.
23. David Garland, *The Culture of Control: Crime and Social Order in Contemporary Society*, Chicago: The University of Chicago Press, 2001.
24. David Ormerod, Adrian Waterman & Rudi Fortson, "Prosecution Appeals: Too Much of A Good Thing?", *Criminal Law Review*, No. 3, 2010.
25. David Ormerod et al., *Blackstone's Criminal Practice*, New York: Oxford University Press, 2011.
26. David Ormerod, "R. v Quillan (Gray): Appeal—Ruling of No Case to Answer", *Criminal Law Review*, No. 8, 2015.
27. Dražan Djukić, "The Right to Appeal in Comparative Perspective", *Journal of Appellate Practice and Process*, Vol. 19, 2018.
28. Edward Imwinkelried, "Trial Judges–Gatekeepers or Usurpers–Can the Trial Judge Critically Assess the Admissibility of Expert Testimony without Invading the Jury's Province to Evaluate the Credibility and Weight of the Testimony", *Marquette Law Review*, Vol. 84, 2000.
29. Elspeth Cypher, *Massachusetts Practice Series: Criminal Practice and Procedure*, 4th ed., St

Paul, MN: Thomson Reuters, 2014.

30. Folker Bittmann, "Consensual Elements in German Criminal Procedural Law", *German Law Journal*, Vol. 15, 2014.

31. George Fletcher, *Basic Concepts of Criminal Law*, New York: Oxford University Press, 1998.

32. Hannah Quirk, "Identifying Miscarriages of Justice: Why Innocence in the UK is Not the Answer", *Modern Law Review*, Vol. 70, 2007.

33. Henry Monaghan, "Constitutional Fact Review", *Columbia Law Review*, Vol. 85, 1985.

34. Herbert Packer, "Two Models of the Criminal Process", *University of Pennsylvania Law Review*, Vol. 113, 1964.

35. Ian Dennis, "Prosecution Appeals and Retrial for Serious Offences", *Criminal Law Review*, No. 8, 2004.

36. J. A. Jolowicz, "Appeal and Review in Comparative Law: Similarities, Differences and Purposes", *Melbourne University Law Review*, Vol. 15, 1986.

37. J. R. Spencer, "Does Our Present Criminal Appeal System Make Sense?", *Criminal Law Review*, No. 8, 2006.

38. Jacqueline Ross & Stephen Thaman, *Comparative Criminal Procedure*, Northampton: Edward Elgar Publishing, 2016.

39. Joachim Herrmann, "Bargaining Justice-A Bargain for German Criminal Justice?", *University of Pittsburg Law Review*, Vol. 53, 1992.

40. John Jackson & Nikolai Kovalev, "Lay Adjudication in Europe: The Rise and Fall of the Traditional Jury", *Oñati Socio-Legal Series*, Vol. 6, 2016.

41. John Jackson & Nikolay Kovalev, "Lay Adjudication and Human Right in Europe", *Columbia Journal of European Law*, Vol. 13, 2006.

42. John Jackson & Sarah Summers, *The Internationalisation of Criminal Evidence*, New York: Cambridge University Press, 2012.

43. John Langbein, *Comparative Criminal Procedure: Germany*, St. Paul, MN: West Publishing Co., 1977.

44. John Oakley, "The Screening of Appeals: The Ninth Circuit's Experience in the Eighties and Innovations for the Nineties", *BYU Law Review*, Vol. 1991, 1991.

45. Joshua Dressler & Alan C. Michaels, *Understanding Criminal Procedure (Volume 2: Adjudication)*, 4th ed., New York: LexisNexis, 2006.

46. Justin Murray, "A Contextual Approach to Harmless Error Review", *Harvard Law Review*,

Vol. 130, 2017.

47. Kate Stith, "Risk of Leal Error in Criminal Cases: Some Consequences of the Asymmetry in the Right to Appeal", *The University of Chicago Law Review*, Vol. 57, 1990.

48. Katerina Kokkas, "Fourth Amendment Standing and the General Rule of Waiver", *University of Chicago Legal Forum*, Vol. 2018, 2018.

49. Keith Findley, "Innocence Protection in the Appellate Process", *Marquette Law Review*, Vol. 93, 2009.

50. Kevin Casey, Jade Camara & Nancy Wright, "Standards of Appellate Review in the Federal Circuit: Substance and Semantics", *The Federal Circuit Bar Journal*, Vol. 11, 2001.

51. LauraNirider, Joshua Tepfer & Steven Drizin, "Combating Contamination in Confession Cases", *The University of Chicago Law Review*, Vol. 79, 2012.

52. Liz Campbell, Andrew Ashworth & Mike Redmayne, *The Criminal Process*, 5th ed., Oxford: Oxford University Press, 2019.

53. Maike Frommann, "Regulating Plea-Bargaining in Germany: Can the Italian Approach Serve as a Model to Guarantee the Independence of German Judges", *Hanse Law Review*, Vol. 5, 2009.

54. Manfred Nowak, *Introduction to the International Human Rights Regime*, Leiden: Martinus Nijhoff Publishers, 2003.

55. Marc Arkin, "Rethinking the Constitutional Right to a Criminal Appeal", *UCLA Law Review*, Vol. 39, 1992.

56. Martin Wasik & Andrew Ashworth, "Issues in Sentencing Procedure", *Criminal Law Review*, No. 5, 2020.

57. Masahito Inouye, "Introduction of the Saiban-in System and Reformation of Criminal Procedure in Japan", *Seoul Law Journal*, Vol. 55, 2014.

58. Máximo Langer, "From Legal Transplant to Legal Translations: The Globalization of Plea Bargaining and the Americanization Thesis in Criminal Procedure", *Harvard International Law Journal*, Vol. 45, 2004.

59. Michael Bohlander, *Principles of German Criminal Procedure*, Oxford: Hart Publishing, 2012.

60. Mike McConville & Geoffrey Wilson, *The Handbook of The Criminal Justice Process*, Oxford: Oxford University Press, 2002.

61. Mike McConville & Luke Marsh, *Criminal Judges: Legitimacy, Courts, and State-Induced Guilty Pleas in Britain*, Northampton: Edward Elgar Publishing, 2014.

62. Mirjan Damaška, *Evidence Law Adrift*, New Haven: Yale University Press, 1997.

63. Mirjan Damaška, "Evidentiary Barriers to Conviction and Two Models of Criminal Procedure: A Comparative Study", *University of Pennsylvania Law Review*, Vol. 121, 1973.

64. Mirjan Damaška, "Of Hearsay and Its Analogues", *Minnesota Law Review*, Vol. 76, 1992.

65. Mirjan Damaška, "Structures of Authority and Comparative Criminal Procedure", *The Yale Law Journal*, Vol. 83, 1975.

66. Nancy King & Michael O'Neil, "Appeal Waivers and the Future of Sentencing Policy", *Duke Law Journal*, Vol. 55, 2005.

67. J. F. Nijboer & W. J. J. M. Sprangers ed., *Harmonisation in Forensic Expertise*, Amsterdam: Thela Thesis Press, 2000.

68. PaulCarrington, "Justice on Appeal in Criminal Cases: A Twentieth–Century Perspective", *Marquette Law Review*, Vol. 93, 2009.

69. Paul Roberts, *Roberts & Zuckerman's Criminal Evidence*, 3rd ed., Oxford: Oxford University Press, 2022.

70. Paul Taylor, *Taylor On Criminal Appeals*, 2nd ed., Oxford: Oxford University Press, 2012.

71. Peter Joy, "The Criminal Discovery Problems: Is Legislation a Solution?", *Washburn Law Journal*, Vol. 52, 2013.

72. Peter Marshall, "A Comparative Analysis of the Right to Appeal", *Duke Journal of Comparative & International Law*, Vol. 22, 2011.

73. Petra Viebig, *Illegally Obtained Evidence at the International Criminal Court*, Hague: ASSER Press, 2016.

74. Philip Reichel & Yumi Suzuki, "Japan's Lay Judge System: A Summary of Its Development, E-valuation, and Current Status", *International Criminal Justice Review*, Vol. 25, 2015.

75. R. A. Duff et al., *The Boundaries of Criminal Law*, Oxford: Oxford University Press, 2010.

76. R. A. Duff et al., *The Trial on Trial (volume I)*, Oxford: Hart Publishing, 2004.

77. R. A. Duff, *Answering for Crime: Responsibility and Liability in the Criminal Law*, Oxford: Hart Publishing, 2009.

78. Regina Rauxloh, "Formalization of Plea Bargaining in Germany: Will the New Legislation Be Able to Square the Circle?", *Fordham International Law Journal*, Vol. 34, 2011.

79. Regina Rauxloh, "Plea Bargaining in Germany: Doctoring the Symptoms without Looking at the Root Causes", Journal *of Criminal Law*, Vol. 78, 2014.

80. Richard Nobles & David Schiff, "The Right to Appeal and Workable Systems of Justice", *Modern Law Review*, Vol. 65, 2002.

81. Robert Parker & Ron Chapman, "Accepting Reality: The Time for Adopting Discretionary Review in the Courts of Appeals Has Arrived", *SMU Law Review*, Vol. 50, 1997.
82. Robert Stern, "When to Cross-Appeal Or Cross-Petition: Certainty Or Confusion", *Harvard Law Review*, Vol. 87, 1974.
83. Rosemary Pattenden, *English Criminal Appeals: 1844-1994*, Oxford: Clarendon Press, 1996.
84. Rosemary Pattenden, "Prosecution Appeals Against Judge's Rulings", *Criminal Law Review*, No. 12, 2000.
85. Rosemary Pattenden, "The Standards of Review for Mistake of Fact in the Court of Appeal Criminal Division", *Criminal Law Review*, No. 1, 2009.
86. Ryuichi Hirano, "Diagnosis of the Current Code of Criminal Procedure", translated by Daniel Foote, *Law in Japan*, Vol. 22, 1989.
87. Setsuo Miyazawa, "Citizen Participation in Criminal Trials in Japan: The Saiban-in System and Victim Participation in Japan in International Perspectives", *International Journal of Law, Crime and Justice*, Vol. 42, 2014.
88. Shawn Marie Boyne, *The German Prosecution Service: Guardians of the Law?*, New York: Springer, 2014.
89. Stefan König & Stefan Harrendorf, "Negotiated Agreements and Open Communication in Criminal Trials: The Viewpoint of the Defense", *German Law Journal*, Vol. 15, 2014.
90. Stefan Trechsel, *Human Rights in Criminal Proceedings*, Oxford: Oxford University Press, 2005.
91. Stephanie Roberts, "Fresh Evidence and Factual Innocence in the Criminal Division of the Court of Appeal", *The Journal of Criminal Law*, Vol. 81, 2017.
92. Stephanos Bibas & Richard Bierschbach, "Integrating Remorse and Apology into Criminal Procedure", *The Yale Law Journal*, Vol. 114, 2004.
93. Stephen Thaman, *World Plea Bargaining*, Durham: Carolina Academic Press, 2010.
94. Susan Klein, Aleza Remis & Donna Lee Elm, "Waiving the Criminal Justice System: An Empirical and Constitutional Analysis", *American Criminal Law Review*, Vol. 52, 2015.
95. T. Alexander Aleinikoff, "Constitutional Law in the Age of Balancing", *The Yale Law Journal*, Vol. 96, 1987.
96. Thomas Marvell, "Is There an Appeal from the Caseload Deluge", *The Judges' Journal*, Vol. 24, 1985.
97. Thomas Weigend, "The Decay of the Inquisitorial Ideal: Plea Bargaining Invades German Criminal Procedure", in John Jackson et al. ed., *Crime, Procedure and Evidence in a Comparative*

  and International Context, Oxford: Hart Publishing, 2008.

98. Timothy O'Neil, "Standards of Review in Illinois Criminal Case: The Need for Major Reform", *Southern Illinois University Law Journal*, Vol. 17, 1992.

99. Wayne LaFave, *Search and Seizure: A Treatise on the Fourth Amendment* (*volume* 6), St Paul, MN: Thomson Reuters, 2017.

100. Wayne LaFave, Jerold Israel & Nancy King et al., *Criminal Procedure*, 5th ed., St Paul, MN: West Academic Publishing, 2009.

101. William Schabas, *The European Convention on Human Rights: A Commentary*, Oxford: Oxford University Press, 2015.

102. Yale Kamisar et al., *Modern Criminal Procedure*, 13th ed., St Paul, MN: Thomson Reuters, 2012.